Sammlung ratio
Heft 16

Lesebuch Latein

Oberstufe 1

bearbeitet von
Michael Lobe, Elisabeth Kattler, Reiner Streun und
Christian Zitzl

C. C. BUCHNER VERLAG

Sammlung ratio
Die Klassiker der lateinischen Schullektüre
Herausgegeben von Michael Lobe

Heft 16: **Lesebuch Latein. Oberstufe 1**
wurde bearbeitet von Michael Lobe, Elisabeth Kattler, Reiner Streun
und Christian Zitzl

1. Auflage, 5. Druck 2020
Alle Drucke dieser Auflage sind, weil untereinander unverändert, nebeneinander benutzbar.

Dieses Werk folgt der reformierten Rechtschreibung und Zeichensetzung. Ausnahmen bilden Texte, bei denen künstlerische, philologische oder lizenzrechtliche Gründe einer Änderung entgegenstehen.

Lektorat: Barbara Szlagor
Gestaltung: ideen.manufaktur, Bochum
Druck und Bindung: mgo360 GmbH & Co. KG, Bamberg

www.ccbuchner.de

ISBN 978-3-7661-**7726**-1

Inhaltsverzeichnis

Die Sache ...

Cicero (106–43 v. Chr.) haben Sie bisher als glänzenden Redner, vielleicht auch als Politiker kennengelernt, der auf der Höhe seines Ruhms als Konsul die Verschwörung des Catilina niederschlug. Das ist aber nur eine Facette dieses ungemein vielseitigen Mannes, der sich zeitlebens mit der griechischen Philosophie beschäftigte und das Kunststück fertigbrachte, seinen Landsleuten die Fülle der philosophischen Ideen, Schulen und Denker Griechenlands in lateinischer Sprache und Begrifflichkeit zu erschließen.

Catull (ca. 84–54 v. Chr.) kennen Sie bereits als den Dichter, der Liebesgedichte auf Lesbia verfasste und Mitglied der „Neoteriker" (*poetae novi*) war, eines exklusiven Kreises junger und avantgardistischer Dichter. Nun lernen Sie Catull von einer weiteren Seite kennen – als einen *angry young man*, der das politische Geschehen Roms und das Gebaren berühmter Akteure wie Pompeius, Cicero, Cäsar u.a. auf bissige Weise in seinen Spottepigrammen kommentiert.

Horaz (65–8 v. Chr.) steht mit seinen Gedichten in der Übergangsphase zwischen dem Ende der römischen Republik und der frühen Kaiserzeit unter Octavian / Augustus. Die Zerrissenheit der Epoche spiegelt sich in seinem Lebenslauf: Als junger Student ergreift er in der Auseinandersetzung zwischen den Verfechtern der alten Republik und den Vertretern einer neuen, monarchistischen Staatsordnung Partei für die republikanisch gesinnten Cäsarmörder, bis er sich zwar zögernd, aber letztlich doch zu den Vorzügen des Prinzipats bekennt. In seinen Satiren thematisiert er auf selbstironische Weise die Brüche seiner Biographie und seiner Zeit.

Seneca (ca. 0–65 n. Chr.) ist Erzieher des jungen Nero, später nach dem Kaiser zweitmächtigster Mann im Staate, fällt aber bei diesem in Ungnade und wird von ihm zum Selbstmord gezwungen. Er ist unglaublich reich und mächtig – und zugleich stoischer Philosoph, der materielle Bescheidenheit predigt und ideelle Werte wie Weisheit und *virtus* als höchste Güter preist: Schon die Zeitgenossen und viele Nachgeborene haben ihm den Widerspruch zwischen Leben und Lehre zum Vorwurf gemacht – ob zu Recht, mögen Sie nach der Lektüre seiner philosophischen Essays in Briefform selbst ermessen.

Petron (?–66 n. Chr.) tritt, nachdem Seneca sich mit seinem früheren Zögling Nero überworfen hat, am Kaiserhof die Rolle des „Schiedsrichters über guten Geschmack" an. Qualifiziert dazu dürfte ihn sein Auftreten als geistreicher wie gebildeter Lebemann haben, dem sich Nero, der sich selbst als Künstler verstand, verbunden fühlte. Aber wie sein Vorgänger Seneca wird auch der Epikureer Petron ein Opfer Neros und muss sich auf Befehl des Kaisers umbringen. Petron hinterlässt einen gigantischen satirischen Roman, der die Gesellschaft der neronischen Epoche karikierend darstellt.

Die in diesem Lesebuch versammelten Auszüge aus den Werken der oben kurz vorgestellten Autoren hätten die Jahrtausende nicht überdauert, wenn die in ihnen festgehaltenen Erkenntnisse und Anregungen nicht übertragbar gewesen wären. Stets fanden Leser späterer Epochen zahlreiche Anknüpfungspunkte an die eigene Zeit, sei es, dass sie die geistvolle Tiefe der **philosophischen Grundfragen** erkannten, wie sie Cicero und Seneca behandelten, sei es, dass sie in der **satirisch-komischen Schilderung menschlichen Fehlverhaltens** durch Catull, Horaz und Petron Charaktere und Laster ihrer Zeit wiedererkennen konnten. Ob und inwiefern die Schriften auch heute noch Gültigkeit und Aktualität beanspruchen können, mögen Sie selbst bei Ihrer Lektüre beurteilen.

Autoren und Herausgeber wünschen Ihnen viel Vergnügen und Freude beim Lesen und Gewinnen neuer Einsichten!

... und wie ich etwas daraus mache!

Sie befinden sich nun in der Oberstufe, die zur Hochschulreife führt – eine Phase, in der Sie selbst für Ihre Leistungen verantwortlich sind und Ihr Lernen systematisch planen sollten, um sich auf die Anforderungen des Abiturs wie des Studiums angemessen vorzubereiten. Folgende Tipps sollen Ihnen dabei helfen.

Vorbereitung / Nachbereitung des Unterrichts

Wortschatz

Lernen Sie selbständig vorab den kapitelweise konzipierten Lernwortschatz, wobei Sie ein Vokabelheft oder ein Karteikartensystem zur regelmäßigen Wiederholung anlegen sollten. Die Lernpsychologie geht davon aus, dass erst nach ca. 16maligem Wiederholen eine Vokabel verlässlich im Langzeitgedächtnis gespeichert ist. Notieren Sie ebenso alle Ihnen unbekannten Vokabeln, die sich aus der Beschäftigung mit den Texten ergeben: So bauen Sie sukzessive den für Klausuren wie Abitur relevanten autoren- und themenspezifischen Wortschatz auf. Je mehr Vokabeln Sie beherrschen, desto sicherer können Sie übersetzen, desto weniger Zeit verlieren Sie durch Nachschlagen im Wörterbuch und desto konzentrierter und effektiver können Sie am Text arbeiten. Auf den S. 12f. finden Sie hilfreiche Tipps zum intelligenten Wörtererschließen bzw. zur erfolgreichen Arbeit mit dem Wörterbuch.

Präparation des Textes

1. Lesen Sie zunächst den gesamten Text und markieren Sie Ihnen unbekannte Wörter, die Sie nicht im Kommentar finden. Klären Sie diese mithilfe eines Wörterbuchs und notieren Sie diese in ein Vokabelheft oder auf eine Karteikarte.
2. Machen Sie sich nun an das Übersetzen: Tipps für ein systematisches Vorgehen bieten die S. 18f. zur Übersetzungsmethodik. Auftretende Grammatikschwierigkeiten sollten Sie zunächst begrifflich dingfest machen (in den Kästen über dem Text finden Sie die jeweils wichtigsten Grammatikphänomene aufgeführt) und in einer Grammatik klären. Sollten Sie trotzdem nicht weiterkommen, markieren Sie sich diese Stelle, um gezielt im Unterricht danach fragen zu können.
3. Lesen Sie ihre Übersetzung noch einmal mit kritischem Auge: Ist sie sprachlich korrekt und stilistisch flüssig? Sind die Inhalte verstehbar? Erst wenn diese Kriterien erfüllt sind, können Sie Ihre Aufgabe guten Gewissens als erledigt betrachten.

Während des Unterrichts

Verhalten Sie sich oberstufenreif, indem Sie den Unterricht durch Fragen und Beiträge aktiv mitgestalten und eine strukturierte Technik des Mitschreibens entwickeln – mit je einem Ordner für jedes der vier Semesterthemen und Unterabteilungen etwa zur Grammatik und zu Textinterpretationen. Heften Sie Arbeitsblätter und Handouts von Referaten an entsprechender Stelle ab. Diese protokollierende Tätigkeit trainiert Sie dazu, Wesentliches zu erfassen und festzuhalten, schafft eine Lerngrundlage für die Einzelklausuren und bildet eine nach Semesterthemen geordnete Zusammenstellung wissenswerter Fakten für das Abitur.

Erstellung von Referaten

Machen Sie ein Referat zu Ihrer Herzensangelegenheit: Sie sind Experte mit dem Ziel, in möglichst knapper Zeit Ihren Mitschülern auf lebendige und interessante Weise ein bestimmtes Thema nahezubringen.

1. Verschaffen Sie sich zuerst einen Überblick über das Thema: Das sollte keinesfalls ausschließlich über Internetseiten wie wikipedia geschehen, denn im Unterschied zu gedruckten Wissensquellen sind Internetinhalte durch kein Qualitätssicherungsverfahren wie eine Redaktion oder ein Lektorat gegangen. Deshalb ist es Ihre Pflicht, Lexika, Fachbücher und Fachzeitschriften zu dem von Ihnen gewählten Thema einzusehen.
2. Erstellen Sie aus Ihren Quellen ein Exzerpt, d.h. eine Gesamtzusammenstellung der wesentlichen Inhalte – ganz so wie eine Biene aus verschiedenen Blumen ihren Honig macht.
3. Haben Sie selbst nun einen Überblick und Wissen über das Thema, müssen Sie den Stoff sinnvoll gliedern, etwa bei einem Autorenreferat in Zeithintergrund, Biographie, Werk und Wirkung.
4. Achten Sie bei der Abfassung des Referats darauf, dass Sie die wesentlichen Gesichtspunkte erfassen und für Nichtfachleute nachvollziehbar in eigenen Worten darstellen – denn nur, was Sie selbst in Worte fassen können, haben Sie vollständig verstanden. Klären Sie des Weiteren alle Ihnen unbekannten Sachverhalte und Fremdwörter, denn als Referent müssen Sie in der Lage sein, auf Nachfragen zu Ihrem Thema kompetent zu antworten.
5. Erstellen Sie ein auf die Reihenfolge Ihres Referats abgestimmtes Handout, auf dem sich nur die allerwichtigsten Fakten sowie die von Ihnen genutzten Informationsquellen finden. Geben Sie sich Mühe damit, denn es dient den Zuhörern während des Referats als Hilfsmittel zur Orientierung und bietet Platz für ergänzende Notizen, später ist es Erinnerungsstütze und Lernhilfe.
6. Planen Sie für das Referat Bildmaterial ein, das Sie über OH-Projektor oder Beamer an die Wand projizieren (z. B. Landkarten o. Ä.). Dabei gilt: Weniger ist mehr. Zeigen Sie nur, was einen Sachverhalt zu veranschaulichen hilft und was Sie auch selbst erklären könnten!
7. Halten Sie Ihr Referat probeweise vor Eltern, Geschwistern oder Freunden: Dadurch können Sie feststellen, ob Sie die geplante Zeit (max. 15 Min.) einhalten oder das Referat evtl. kürzen müssen; zugleich üben Sie das freie Sprechen ein und haben nicht zuletzt die Chance auf Kritik, die zur Verbesserung der Referatsinhalte oder Ihres Vortragsstils beitragen kann.

Klausurvorbereitung

Die beste Vorbereitung auf eine schriftliche Prüfung ist die regelmäßige konzentrierte Mitarbeit im Unterricht sowie kontinuierliche und sorgfältige Unterrichtsvorbereitung zuhause. Denn nur über einen längeren Zeitraum können wesentliche Techniken des Übersetzens und Interpretierens anspruchsvoller Texte eingeübt, die nötige Wortschatz- und Grammatikkenntnis sowie Hintergrundwissen erworben, Lücken erkannt und geschlossen werden. Was den **Übersetzungsteil** der Klausur angeht, sollten Sie also über Wochen bzw. Monate v.a. durch schriftliche Übersetzungen geübt haben. Für den **Zusatzteil** sollten Sie aus Ihren Unterrichtsmitschriften, den Referat-Handouts, Arbeitsblättern und Informationskapiteln aus dem Buch Karteikarten mit den wesentlichen Inhalten erstellen. Der große Vorteil dieses Verfahrens ist, dass Sie sich das selbst strukturierte, formulierte und auf das Wichtigste reduzierte Wissen leicht einprägen können und so wichtige Stoffgebiete für das Abitur bereits lernfreundlich zusammengestellt haben.

1 Marcus Tullius Cicero – *philosophia vitae dux*

M. Tullius Cicero (106–43 v. Chr.), Kapitolinische Museen, Rom

Cicero (106–43 v. Chr.) war kein Philosoph, sondern Redner, Anwalt und Politiker. Dennoch spielt er für die Geschichte der abendländischen Philosophie eine entscheidende Rolle.

Schon als jungen Mann begeistert die Philosophie Cicero. So strebt er zwar eine politische Karriere an, ist aber davon überzeugt, dass ein Staatsmann als Redner und Politiker ohne Philosophie nicht perfekt sein könne. Deshalb betreibt er intensive philosophische Studien bei Antiochos von Askalon, Philon von Larisa und Diodotos (→ EV).

Cicero stimmt grundsätzlich der Physik und dem hohen moralischen Anspruch (Streben nach *virtus*) der Stoa (→ GW, S. 145) zu; am meisten überzeugt ihn aber der Standpunkt der skeptischen Akademie (→ GW, S. 146): Nach ihr gibt es – wie schon bei Sokrates und Platon (→ GW, S. 144.) angelegt – keine Kenntnis des Wahren, weshalb der Orientierungspunkt allen Philosophierens nur das Wahrscheinliche (*verisimile*) sein kann. Folglich wählt Cicero als skeptischer Eklektiker aus allen philosophischen Angeboten das aus, was ihm am wahrscheinlichsten scheint. Die epikureische Philosophie lehnt er zeitlebens ab. Da er wie Aristoteles (→ GW, S. 144) die Wesenbestimmung des Menschen als *zoon politikon* im Einsatz für den Staat sieht, kann er der Lehre Epikurs (→ GW, S. 145f.) mit ihrer Aufforderung zum Rückzug ins Privatleben nur wenig abgewinnen. So lässt er zwar in allen seinen philosophischen Werken auch Epikureer ausführlich zu Wort kommen, doch stets so, dass eine klare Distanz deutlich bleibt.

Ganz in der Tradition des Sokrates sind für Cicero Gespräche (*in utramque partem disserere*) der geeignete Ort für die Philosophie. Bei diesen Gesprächen bleibt er freilich nicht stehen. Denn er ist felsenfest davon überzeugt, dass sich *virtus* nur in der Praxis bewähre und sich deshalb von dieser nicht loslösen lasse. Konsequenterweise sucht er den idealen Staat nicht wie Platon (→ GW, S. 144) im Reich der Ideen, sondern versucht, ihn in Rom zu verwirklichen. Deshalb hat die Philosophie für Cicero zunächst eher dienende Funktion für die Rhetorik (*ancilla eloquentiae*). Als er aber gegen Ende seines Lebens infolge des Aufstiegs Cäsars immer mehr in der politischen Unbedeutsamkeit versinkt, versucht er zunächst, die Römer mit staatsphilosophischen Schriften von seinen Ideen zu überzeugen, da er wie Sokrates von der grundsätzlichen Lernfähigkeit des Menschen ausgeht. Als er damit nur wenig Erfolg hat, wendet er sich – nicht zuletzt zum Selbsttrost – der Philosophie zu, die für ihn nun zur *magistra vitae* wird. Notgedrungen geht Cicero ganz in ihr auf und schafft in nur wenigen Jahren die Akzeptanz und Terminologie für jede weitere philosophische Beschäftigung in lateinischer Sprache.

Aber lassen wir Cicero selbst zu Wort kommen (*Tusc. disp.* 1,5–7).

1 Philosophia iacuit usque ad hanc aetatem nec ullum habuit lumen litterarum Latinarum. Quae inlustranda et excitanda nobis est, ut, si occupati profuimus aliquid civibus nostris, prosimus etiam, si possumus, otiosi. In quo eo magis nobis est elaborandum, quod multi iam esse libri Latini dicuntur scripti inconsiderate ab optimis illis quidem viris, sed non satis eruditis. Fieri autem potest, ut recte quis sentiat et id, quod sentit, polite eloqui non possit. Sed mandare quemquam litteris cogitationes suas, qui eas nec disponere nec inlustrare possit nec delectatione aliqua allicere lectorem, hominis est intemperanter abutentis et otio et litteris. Itaque suos libros ipsi legunt cum suis, nec quisquam attingit praeter eos, qui eandem licentiam scribendi sibi permitti volunt. Quare, si aliquid oratoriae laudis nostra attulimus industria, multo studiosius philosophiae fontes aperiemus, e quibus etiam illa manabant.

Sed ut Aristoteles, vir summo ingenio, scientia, copia, cum motus esset Isocratis rhetoris gloria, dicere docere etiam coepit adulescentes et prudentiam cum eloquentia iungere, sic nobis placet nec pristinum dicendi studium deponere et in hac maiore et uberiore arte versari. Hanc enim perfectam philosophiam semper iudicavi, quae de maximis quaestionibus copiose posset ornateque dicere.

Die Philosophie ist bis zu unserer Zeit vernachlässigt worden und in lateinischer Sprache überhaupt noch nicht hervorgetreten. Es ist also unsere Aufgabe, ihr Ansehen und Leben zu geben, um unsern Mitbürgern, denen wir in unserer staatlichen Tätigkeit vielleicht etwas genützt haben, auch in der Muße zu dienen, so weit wir können. Wir müssen uns dabei umso mehr Mühe geben, als es schon viele lateinische Bücher darüber geben soll, unbedacht geschrieben von Männern, die zwar hochachtbar, aber reichlich ungebildet sind. Es kann gewiss vorkommen, dass einer richtige Ansichten hat, aber diese Ansichten nicht elegant zu formulieren versteht; dass aber einer seine Gedanken niederschreibt und sie weder zu ordnen noch gut auszudrücken, noch den Leser durch irgendwie gefällige Form anzuziehen vermag, das beweist einen unerlaubten Missbrauch der eigenen Freizeit und der Sprache. So werden denn auch ihre Bücher nur von ihnen selbst und ihren Anhängern gelesen, und keiner rührt sie an außer denen, die sich dieselbe Zügellosigkeit im Schreiben gestatten möchten. Wenn also unsere Arbeit in der Vergangenheit etwas zum Ruhm der römischen Redekunst beigetragen hat, so werden wir uns jetzt mit noch größerem Eifer bemühen, die Quellen der Philosophie zu erschließen; ihnen entströmte ja auch schon unsere Redekunst.

Aber wie Aristoteles, ein Mann von höchster Begabung, Gelehrtheit und Gedankenfülle, die jungen Leute auch in der Redekunst zu unterweisen begann, als ihn der Ruhm des Redners Isokrates dazu antrieb, und es unternahm, die Weisheit mit der Beredsamkeit zu verknüpfen, so möchten auch wir gleichzeitig das alte Interesse für die Redekunst bewahren und uns dieser größeren und reicheren Wissenschaft zuwenden. Denn dies habe ich seit jeher für die vollkommene Philosophie gehalten, fähig zu sein, über die wichtigsten Fragen gedankenreich und schön zu reden.
(Übersetzung: O. Gigon)

1. *Philosophari est mihi necesse - paucis, nam omnino haud placet.* - „Zu philosophieren ist für mich notwendig - freilich nur in geringem Umfang, denn als Hauptgegenstand gefällt sie mir nicht." Überprüfen Sie in Gruppenarbeit anhand der Biographie Ciceros, ob Cicero dieser Maxime des Ennius (→ EV) gerecht wurde.
2. Arbeiten Sie die Argumente heraus, mit denen sich Cicero als kompetenten Autor für die Abfassung philosophischer Schriften darstellt. Nehmen Sie unter Berücksichtigung von S. 8 Stellung dazu, ob diese Selbsteinschätzung berechtigt ist.

1.1 Die Philosophie: Streben nach Erkenntnis

Quae quidem ego non ferrem, nisi me in philosophiae portum contulissem – „Ich würde das freilich nicht aushalten, wenn ich mich nicht in den Hafen der Philosophie begeben hätte," schreibt Cicero im Januar 44 – kurz vor der Ermordung Cäsars – an seinen Freund Curius (*Ad fam.* 7,30, 2). Angesichts der für Cicero deprimierenden politischen Lage in Rom findet er Trost in der Philosophie. Deshalb stimmt er einen Hymnus (→ i) auf die Philosophie an (*Tusc. disp.* 5,5).

W virtūs, vitium, parēre, iungere, lēx, mōs

G PC

2 [...] O vitae philosophia dux,
o virtutis indagatrix expultrixque vitiorum!
Quid non modo nos,
sed omnino vita hominum
sine te esse potuisset?
Tu urbes peperisti.
Tu dissipatos homines in societatem vitae convocavisti.
Tu eos inter se
primo domiciliis,
deinde coniugiis,
tum litterarum et vocum communione iunxisti.
Tu inventrix legum,
tu magistra morum et disciplinae fuisti.
Ad te fugimus.
A te opem petimus.
Tibi nos, ut antea magna ex parte,
sic nunc penitus totosque tradimus.
Est autem unus dies bene et ex praeceptis tuis actus
peccanti immortalitati anteponendus.
Cuius igitur potius opibus utamur quam tuis,
quae et vitae tranquillitatem largita nobis es
et terrorem mortis sustulisti?

indāgātrīx, īcis: Erforscherin
expultrīx, īcis ← expellere
dissipātus: *hier* ungesellig
convocāre → A1
inventrīx, īcis → A1
immortālitās, ātis → A1
largīrī, largior, largītus sum: schenken

i Hymnus

Religiöser Lobgesang auf eine Gottheit, die in Du-Anreden und Relativsätzen in vielfältigen Facetten ihres Wirkens – seit dem griechischen Dichter Pindar (→ EV) – in lyrischer Form gepriesen wird.

M Sokrates (Cicero, *Tusc. disp.* 5,10f.)

Ciceros Lobpreis der Philosophie wäre ohne die Person des Sokrates (→ GW, S. 144) nicht denkbar. Deshalb kommt er im weiteren Verlauf von Buch 5 der *Tusculanae disputationes* auch auf Sokrates und dessen Bedeutung für sein eigenes Philosophieren zu sprechen:

Socrates autem primus philosophiam devocavit e caelo et in urbibus conlocavit et in domus etiam introduxit et coegit de vita et moribus rebusque bonis et malis quaerere.

Cuius multiplex ratio disputandi rerumque varietas et ingeni magnitudo Platonis memoria et litteris consecrata plura genera effecit dissentientium philosophorum.

E quibus nos id potissimum consecuti sumus, quo Socratem usum arbitrabamur, ut nostram ipsi sententiam tegeremus, errore alios levaremus et in omni disputatione, quid esset simillimum veri, quaereremus.

Sokrates hat als erster die Philosophie vom Himmel herunter gerufen, sie in den Städten angesiedelt, sie sogar in die Häuser hineingeführt, und sie gezwungen, nach dem Leben, den Sitten und dem Guten und Schlechten zu forschen.

Seine vielfache Art des Diskutierens, die Verschiedenheit der Probleme und Größe des Geistes ist durch die Erinnerung und Bücher Platons festgehalten worden und hat mehrere Arten von Philosophen mit verschiedenen Meinungen hervorgebracht.

Wir haben davon vor allem dies übernommen, was auch Sokrates, wie wir glaubten, angewandt hat, dass wir unsere eigene Meinung zurückhielten, die anderen aber von ihrem Irrtum befreiten und bei jeder Untersuchung fragten, was der Wahrheit am nächsten käme.

(Übersetzung: O. Gigon)

1. Beachten Sie die Regeln der Wortbildung auf S. 13 und erschließen Sie die Bedeutung von *convocare, inventrix, immortalitas.*
2. Paraphrasieren Sie den Inhalt des Textes.
3. a) Lesen Sie M und formulieren Sie für jeden der drei Absätze eine passende Überschrift.
   b) Recherchieren Sie zur sog. „Sokratischen Wende" und erklären Sie den Inhalt von Absatz 1.
4. Entwickeln Sie in Partnerarbeit ein Schaubild, das die Beziehungen von Sokrates, Plato und Cicero zum Ausdruck bringt, und präsentieren Sie Ihr Ergebnis Ihren Mitschülern.

Sokrates (470–399 v. Chr.), Nationalmuseum, Rom

i *Tusculanae disputationes*

Cicero behandelt in dieser im Herbst 45 v. Chr. fertig gestellten Schrift pro Buch ein Thema, indem er – wie im aristotelischen Dialog üblich – als Hauptredner in einem zusammenhängenden Vortrag auf eine zuvor aufgestellte These antwortet. Behandelt werden: Die Verachtung des Todes (Buch 1); das Ertragen von Schmerz (Buch 2); die Linderung von Krankheit (Buch 3); der Umgang mit anderen Affekten (Buch 4); die Tugend als Weg zum Glück (Buch 5).

Nachschlagen im Wörterbuch

1. Wörter finden

Die meisten Wörter eines lateinischen Textes erscheinen in flektierten Formen. Deshalb können Sie diese nur ausnahmsweise in der Form des Erscheinens im Wörterbuch nachschlagen. Beachten Sie also bei der Benutzung eines Wörterbuches die folgenden Grundregeln:

- **Verben** erscheinen nicht im Infinitiv, sondern in der 1. Pers. Sg. Ind. Präs.: Finden Sie einen Eintrag auf *-ō*, handelt es sich um ein „normales" Verb; finden Sie einen Eintrag auf *-or*, liegt ein Deponens vor. Formen von *esse* finden Sie unter der 1. Person *sum*. Andere unregelmäßig gebildete Formen sind im Wörterbuch mit einem Verweis auf den Eintrag, unter dem Sie suchen müssen, verzeichnet.
- **Substantive** erscheinen im Nom. Sg. unter Angabe des Geschlechts. Mit dieser Hilfe können Sie Adjektive, Pronomina bzw. Formen des PPP Substantiven meist sicher zuordnen. Wichtig für die konkrete Bestimmung einer Wortform im Kontext ist der Genitiv. Dieser steht nach dem Eintrag des Wortes im Nom. Sg., z. B. *imperator, -oris*. Anhand der Genitivendung können Sie Substantive ihrer Deklination zuordnen: a-Dekl.: *-ae*; o-Dekl.: *-i*; e-Dekl.: *-ei*; u-Dekl.: *-us*; 3. Dekl.: *-is*. Diese Zuordnung erleichtert Ihnen die Bestimmung einer Form; so kann z. B. die Endung *-i* in der o-Dekl. m den Gen. Sg. bzw. den Nom. Pl. bezeichnen, in der 3. Dekl. aber den Dat. Sg., mitunter auch den Abl. Sg.
- **Adjektive der a- und o-Deklination** und **Pronomina** erscheinen im Nom. Sg. m; die Formen des Femininums und Neutrums sind zusätzlich angegeben, z.B. *adversus, a, um*. **Adjektive der 3. Deklination** erscheinen ebenfalls im Nom. Sg. m. Bei dreiendigen Adjektiven erscheint dazu die Form im Femininum und Neutrum; bei zweiendigen nur die Form im Neutrum; bei einendigen Adjektiven erscheint nur die Form im Nominativ, dazu die Form im Gen. Sg., aus der man den für die Zuordnung des Wortes wichtigen Stamm ablesen kann. Bei allen Adjektiven verweist der Eintrag im Wörterbuch auch darauf, wie das vom jeweiligen Adjektiv gebildete Adverb lautet.

2. Bedeutungen finden

Haben Sie das richtige Wort gefunden, gilt es, die für die jeweilige Textstelle zutreffende Bedeutung zu finden:

- Arbeiten Sie bei der Übersetzung zunächst mit der als Erstes angegebenen Grundbedeutung des Wortes – gerade bei Wörtern mit sehr vielen Bedeutungsnuancen wie *res* ist das hilfreich.
- Für eine treffende Übersetzung müssen Sie stets den Kontext beachten. Erst daraus ergibt sich z. B. die zutreffende Übersetzung von *consulere* – je nachdem, ob es ein Dativ- oder ein Akkusativobjekt nach sich zieht – oder *virtus* (Tugend oder Tapferkeit).
- Arbeiten Sie genau, d. h. werfen Sie stets auch einen Blick auf das vorhergehende und nachfolgende Wort. Das hilft Ihnen, Vertauschungen – z. B. zwischen *eo* (dorthin) und *eo* (1. Pers. von *ire*) – zu vermeiden.

3. Informationen nutzen

- Benutzen Sie Ihr Wörterbuch auch als Grammatikhilfe. Sie finden z. B. bei den Subjunktionen *ut* bzw. *cum* vermerkt, welche verschiedenen Sinnrichtungen ein von diesen Subjunktionen eingeleiteter Adverbialsatz haben kann.
- Im Wörterbuch sind auch alle naturlangen Vokale mit einem Strich über dem Vokal gekennzeichnet. Diese Angaben können Sie bei der metrischen Analyse von Versen in Zweifelsfällen als Hilfe heranziehen.

Wortbildungsregeln nutzen

Wenn Sie jedes Wort im Wörterbuch nachschlagen, bekommen Sie bei der Übersetzung von Texten ein Zeitproblem. Deshalb ist es sinnvoll, dass Sie sich mit den folgenden Wortbildungsregeln vertraut machen. Mit ihrer Kenntnis können Sie die Bedeutung vieler Wörter problemlos und schnell erschließen. Voraussetzung ist eine gewisse Sicherheit im Grundwortschatz.

1. Präfixe

Präfixe werden vorne an ein Wort angehängt und sind vor allem hilfreich für die Erschließung der Bedeutung von Verben und Adjektiven, z. B.:

in- / im-	Verneinung oder Gegenteil	*in-iustus* *im-pius*	ungerecht gottlos
re- / red-	Rückbezug oder Wiederholung	*re-portare* *re-petere* *red-ire*	zurückbringen wiederholen zurückgehen
dis- / dif-	Trennung	*dis-currere* *dif-fundere*	auseinanderlaufen verbreiten; zerstreuen
a- / ab-	Trennung	*a-vertere* *ab-ducere*	abwenden wegführen
con- / com- / col-	Vereinigung Verstärkung	*con-venire* *com-mutare* *col-loqui*	zusammenkommen verändern sich unterhalten

2. Suffixe

Suffixe werden hinten an ein Wort angehängt und sind vor allem hilfreich für die Erschließung der Bedeutung von Substantiven und Adjektiven, z. B.:

-tudo	Eigenschaft	*fortitudo* *altitudo*	Tapferkeit Höhe; Tiefe
-tas	Eigenschaft	*mortalitas* *caritas*	Sterblichkeit Liebe
-ia	Eigenschaft	*scientia* *sapientia*	Wissen, Kenntnis Weisheit
-tor / -trix	Täter	*victor / victrix* *genitor / genetrix*	Sieger / Siegerin Erzeuger / Erzeugerin
-io / -tio / -sio	Handlung im Verlauf	*cognitio* *locutio* *illusio*	das Erkennen das Sprechen das Verspotten
-ilis	Möglichkeit	*mobilis* *credibilis*	beweglich glaubhaft
-osus	Fülle	*gloriosus* *periculosus*	ruhmvoll gefährlich
-tus	Ausstattung	*barbatus* *armatus*	bärtig bewaffnet

Nach Cicero beruht das Glück nicht allein auf dem, was nützt (*utile*) bzw. auf dem, was angenehm ist (*iucundum*), sondern letztlich nur auf dem, was ehrenhaft ist (*honestum*). Diesen unverrückbaren Grundsatz seines Denkens legt Cicero auch in Buch 5 seiner *Tusculanae disputationes* (→ **i**, S. 11) dar (*Tusc. disp.* 5,67-68; 70).

W		**G**
attingere iūdicāre praecipere	incendere imitārī collocāre	Abl. qualitatis Gerundium, attribut. und prädikat. Gerundiv

3 Etenim, quae pars optima est in homine, in ea situm esse necesse est illud, quod quaeris, optimum. Quid est autem in homine sagaci ac bona mente melius? Eius bono fruendum est igitur, si beati esse volumus. Bonum autem mentis est virtus. Ergo hāc beatam vitam contineri necesse est. Hinc omnia, quae pulchra, honesta, praeclara sunt, ut supra dixi - sed dicendum idem illud paulo uberius videtur - plena gaudiorum sunt. Ex perpetuis autem plenisque gaudiis cum perspicuum sit vitam beatam exsistere, sequitur, ut ea exsistat ex honestate.

Sed ne verbis solum attingamus ea, quae volumus ostendere, proponenda quaedam quasi moventia sunt, quae nos magis ad cognitionem intellegentiamque convertant. Sumatur enim nobis quidam praestans vir optimis artibus, isque animo parumper et cogitatione fingatur! Primum ingenio eximio sit, necesse est. Tardis enim mentibus virtus non facile comitatur. Deinde ad investigandam veritatem studio incitato. Ex quo triplex ille animi fructus exsistet: unus in cognitione rerum positus et in explicatione naturae; alter in discriptione expetendarum fugiendarumque rerum et in ratione bene vivendi; tertius in iudicando, quid cuique rei sit consequens, quid repugnans, in quo inest omnis cum subtilitas disserendi, tum veritas iudicandi. [...]

Haec tractanti animo et noctes et dies cogitanti exsistit illa a deo Delphis praecepta cognitio, ut ipsa se mens agnoscat coniunctamque cum divina mente se sentiat, ex quo insatiabili gaudio compleatur. Ipsa enim cogitatio de vi et natura deorum studium incendit illius aeternitatem imitandi, neque se in brevitate vitae collocatam putat.

etenim ~ enim - **etenim, quae pars ...,** **in eā** ~ etenim in eā parte, quae ...
sagāx, ācis → A1 b)
über, eris → A1 b)
perspicuum est (+ AcI): es ist deutlich, dass
moventia, ium n Pl.: Beweggründe
praestāns, antis: vortrefflich
parumper Adv.: für kurze Zeit
cōgitātiō, ōnis: *hier* Phantasie
tardus: langsam
comitārī: begleiten - **investigāre:** erforschen - **vēritās, ātis** → A1 a)
incitātus → A1 b)
studiō incitātō <sit, necesse est>
triplex, icis: dreifach - **positus <est>**
discriptiō, ōnis: Einteilung
repugnāre: widersprechen
inesse: enthalten sein
subtīlitās, ātis → A1 b)
<hominī> haec tractantī
animō tractāre: im Geist bedenken
Delphīs: in Delphi - **agnōscere:** erkennen - **ex quō:** wodurch
īnsatiābilis: unerschöpflich
cōgitātiō, ōnis → A1 b)
aeternitās, ātis → A1 a)
brevitās, ātis → A1 a)
collocātam <esse> putat

1. a) Beachten Sie die Regeln der Wortbildung auf S. 13 und erschließen Sie die Bedeutung von *veritas*, *aeternitas* und *brevitas*.
   b) Erschließen Sie mithilfe eines Wörterbuches die Bedeutung von *sagax*, *uber*, *incitatus*, *subtilitas* und *cogitatio*. Beachten Sie dabei den jeweiligen Kontext (→ S. 12).
2. Weisen Sie in Absatz 1 stoisches Gedankengut (→ GW, S. 147) nach.
3. Paraphrasieren Sie, wie die von Cicero in Absatz 2 und 3 empfohlene Orientierung an einem Vorbild dem Menschen zum Glück verhilft.
4. Recherchieren Sie zum Apollo-Tempel in Delphi und erklären Sie, was Cicero mit *illa a deo Delphis praecepta cognitio* (Z. 25) meint.
5. Lesen Sie M und diskutieren Sie zunächst mit Ihrem Nachbarn und dann im Plenum, ob Tugend lehrbar ist.

M Ist Tugend lehrbar? (Cicero, *Epistulae ad Atticum* 10,12)

In seinen Briefen an Atticus (→ EV) kommt Cicero des Öfteren auf den sehr untugendhaften Lebenswandel seines Sohnes zu sprechen, was ihn aber nicht von seinem Glauben an die Lehrbarkeit der *virtus* abbringen kann. So sagt er am Ende eines Briefes: ἀρετὴ *non est* διδακτόν: *Quod mihi persuaderi non potest.* – „Tugend ist nicht lehrbar: Davon kann man mich nicht überzeugen."

Apollo-Tempel in Delphi
(7. Jh. v. Chr.; wiederaufgebaut 4. Jh. v. Chr.)

1.2 Der Mensch: Wahrheitssucher und Gemeinschaftswesen

Was ist der Mensch? Für Cicero ist er ein *animal rationale et sociale*, dessen Glück im *honestum* begründet liegt. Diese letztlich auf Aristoteles zurückgehende Überzeugung stellt Cicero allen weiteren in *De officiis* (→ i) getroffenen Aussagen voran (*De off.* 1,11-14).

W		G
genus	cavēre	Substantivierung von
causā (nachgestellt) m. Gen.	efficere	Adjektiven, Pronomina und Partizipien
intellegere	honestus	AcI / NcI

4 Principio generi animantium omni est a natura tributum, ut se, vitam corpusque tueatur, declinet ea, quae nocitura videantur, omniaque, quae sint ad vivendum necessaria, anquirat et paret, ut pastum, ut latibula, ut alia generis eiusdem. Commune item animantium omnium est coniunctionis appetitus procreandi causa et cura quaedam eorum, quae procreata sint. Sed inter hominem et beluam hoc maxime interest, quod haec tantum, quantum sensu movetur, ad id solum, quod adest quodque praesens est, se accommodat, paulum admodum sentiens praeteritum aut futurum. Homo autem, quod rationis est particeps, per quam consequentia cernit, causas rerum videt earumque praegressus et quasi antecessiones non ignorat, similitudines comparat rebusque praesentibus adiungit atque adnectit futuras, facile totius vitae cursum videt ad eamque degendam praeparat res necessarias. [...]

Imprimisque hominis est propria veri inquisitio atque investigatio. Itaque cum sumus necessariis negotiis curisque vacui, tum avemus aliquid videre, audire, addiscere cognitionemque rerum aut occultarum aut admirabilium ad beate vivendum necessariam ducimus. Ex quo intellegitur, quod verum, simplex sincerumque sit, id esse naturae hominis aptissimum. [...]

Nullum aliud animal pulchritudinem, venustatem, convenientiam partium sentit. Quam similitudinem natura ratioque ab oculis ad animum transferens multo etiam magis pulchritudinem, constantiam, ordinem in consiliis factisque conservandam putat cavetque, ne quid indecore effeminateve faciat, tum in omnibus et opinionibus et factis ne quid libidinose aut faciat aut cogitet. Quibus ex rebus conflatur et efficitur id, quod quaerimus, honestum, quod etiamsi nobilitatum non sit, tamen honestum sit, quodque vere dicimus, etiamsi a nullo laudetur, natura esse laudabile.

prīncipiō: zunächst
animantium Gen. Pl. ~ animālium

anquīrere, anquīrō: suchen
paret ← parāre
pāstus, ūs m: Futter
latibulum: Versteck
coniunctiō, ōnis → A2
appetitus, ūs → A2
prōcreāre: fortpflanzen, (er)zeugen
bēlua ~ bēstia – **tantum, quantum:** *hier* nur dann, wenn
sē accommodāre: sich anpassen
admodum Adv.: *hier* nur
praeteritum → A1
futūrum → A1
cōnsequentia → A1
praegressus, ūs: Vorstufe
antecessiō, ōnis: Wirkursache
adiungit ~ iungit
adnectere, adnectō: anknüpfen
dēgendam ~ agendam

inquīsītiō, ōnis: Suche
investigātiō, ōnis: Erforschung
avēmus ~ cupimus – **addiscere** ← ad-discere – **cognitiō, ōnis:** LW3

sincērus: rein

venustās, ātis: Anmut
convenientia: Harmonie
trānsferre ← trāns-ferre

indecōrē Adv.: unschön
effēminātē Adv.: weibisch
libīdinōsē Adv. → A2
cōnflāre: bilden
nōbilitāre: berühmt machen

1. Erschließen Sie die Bedeutung von *praeteritum, futurum, consequentia.* Beachten Sie, dass es sich um substantivierte Partizipien handelt, und finden Sie jeweils eine treffende Übersetzung.
2. Beachten Sie die Regeln der Wortbildung auf S. 13 und erschließen Sie die Bedeutung von *coniunctio*, *appetitus*, *libidinose*.
3. Arbeiten Sie die Kernaussage von jedem der drei Absätze thesenartig heraus.
4. Nehmen Sie unter Verwendung von Zitaten aus dem Text Stellung zu der darin von Cicero vorgetragenen Sicht des Menschen.
5. Vergleichen Sie in Partnerarbeit die Gedanken H. Grönemeyers zum Menschsein (→ M) mit den im Text getroffenen Aussagen.
6. Betrachten Sie die Abbildung und überprüfen Sie am Text, ob sie in der Tradition Ciceros stehen könnte.

Auguste Rodin (1840-1917):
Der Denker, Nationalgalerie, Berlin

M Mensch (Herbert Grönemeyer)

... Und der Mensch heißt Mensch,
weil er vergisst, weil er verdrängt,
und weil er schwärmt und stählt,
weil er wärmt, wenn er erzählt,
und weil er lacht, weil er lebt,
du fehlst

... Und der Mensch heißt Mensch,
weil er irrt und weil er kämpft,
und weil er hofft und liebt,
weil er mitfühlt und vergibt,
und weil er lacht, weil er lebt,
du fehlst

... Und der Mensch heißt Mensch,
weil er vergisst, weil er verdrängt,
und weil er schwärmt und glaubt,
sich anlehnt und vertraut,
und weil er lacht und weil er lebt,
du fehlst

i *De officiis*

Diese philosophische Schrift behandelt in Buch 1 das Ehrenhafte (*honestum*) und seine Teilbereiche (4 Kardinaltugenden), in Buch 2 das Nutzdenken (*utile*) und in Buch 3 den scheinbaren Widerstreit zwischen dem *honestum* und dem *utile*. Diese gegen Ende des Jahres 44 v. Chr. abgefasste Pflichtenlehre ist nicht nur Ciceros philosophisches Vermächtnis, sondern auch seine wichtigste und wirkmächtigste philosophische Schrift – zu den vielen begeisterten Lesern über die Jahrhunderte gehörten große Geister der Aufklärung wie der französische Philosoph Voltaire und der preußische König Friedrich der Große.

Im ersten Text dieser Ausgabe begegnen Sie folgenden Sätzen:

Bsp. 1:
Philosophia iacuit usque ad hanc aetatem nec ullum habuit lumen litterarum Latinarum.

Bsp. 2:
Fieri autem potest, ut recte quis sentiat et id, quod sentit, polite eloqui non possit.

Wenn Sie, wie bei Cicero üblich, längere Satzperioden vor sich haben, müssen Sie diese systematisch und planvoll analysieren, um sie richtig übersetzen zu können. Zunächst stellen Sie fest, ob es sich um einen einfachen Hauptsatz oder um ein Satzgefüge mit Hauptsatz und Nebensätzen handelt. In Bsp. 1 ist das einfach: Der Konnektor *nec* markiert keine Unterordnung, sondern zeigt an, dass zwei Hauptsätze auf der gleichen Ebene miteinander verbunden werden, also eine „Satzreihe" bilden (vgl. „Satzreihe oder Satzgefüge?", S. 19).

In Bsp. 2 können die gesetzten Kommata ein Hinweis darauf sein, dass dieser Satz in Haupt- und Nebensätze untergliedert ist. Gehen Sie schrittweise vor:

Schritt 1: Markieren Sie zunächst **alle Nebensätze**, zu denen auch **indirekte Fragesätze** gehören. **Nebensätze** werden entweder mit **Subjunktionen** (*ut, cum, quamquam, si* etc.) oder mit **Relativpronomina** (*qui, quae, quorum* etc.), manchmal auch mit **Korrelativa** (*quantum, qualis* etc.) eingeleitet. **Indirekte Fragesätze** erkennen Sie an **Fragepronomina** (*quis, quid*) bzw. **Fragewörtern** (*quare, quemadmodum, num, an, utrum ... an*) und am **Modus des Konjunktivs.** Also markieren Sie entsprechend einschließlich der Prädikate:

Fieri autem potest, ut recte quis sentiat et id, quod sentit, polite eloqui non possit.

Schritt 2: Nach diesem Ausschlussverfahren haben Sie nun den **Hauptsatz** ermittelt:

Fieri autem potest.

Schritt 3: Jetzt können Sie sich daran machen, die **Nebensätze in ein logisches Gefüge zu bringen,** am besten mit der sog. **Einrückmethode.** Hier wird der Hauptsatz links notiert, die Nebensätze etwas nach rechts darunter eingerückt, damit so ihre Abhängigkeit deutlich wird.
Dabei unterscheidet man **Nebensätze erster, zweiter (, dritter etc.) Ordnung:** Ein **Nebensatz erster Ordnung** heißt so, weil er direkt vom Hauptsatz abhängt, ein **Nebensatz zweiter Ordnung** ist vom Nebensatz erster Ordnung abhängig usf. Hier ist der *ut*-Satz direkt vom Hauptsatz abhängig, also ein Nebensatz erster Ordnung. Festzustellen ist, dass der *ut*-Satz zwei Prädikate führt, wie der Konjunktiv deutlich macht.

HS Fieri autem potest,
  NS1 ut recte quis sentiat
  NS1 et id (...) polite eloqui non possit.

Nun ordnen Sie den verbleibenden Nebensatz logisch ein: Bei einem Relativpronomen wie *quod* findet sich oft ein Bezugswort, hier das Pronomen *id*. Es ergibt sich also:

HS Fieri autem potest,
  NS1 ut recte quis sentiat
  NS1 et **id** (...) polite eloqui non possit.
    NS2 **quod** sentit

Schritt 4: Nachdem Sie so eine **Übersicht über den Gesamtsatz** geschaffen haben, wenden Sie sich nun den **Einzelsätzen** zu, wobei Sie jeweils **vom Prädikat** ausgehen sollten. Im Falle des Hauptsatzes müssen Sie das nicht vorhandene Subjekt aus dem Prädikat erschließen: „Es kann geschehen." Hier vertritt der *ut*-Satz das zu ergänzende Subjekt. Das Subjekt des *ut*-Nebensatzes ist *quis* (*aliquis!*). Beim *quod*-Nebensatz findet sich kein Subjekt: In diesem Fall müssen Sie das Subjekt aus dem vorherigen Satz ergänzen, also *(ali)quis*. „Es kann aber geschehen, dass irgendeiner es richtig meint und das, was er meint, nicht geschliffen ausdrücken kann."

„Suchscheinwerfer" vor dem Übersetzen

Satzreihe oder Satzgefüge?

Subjunktionen sind **Signalwörter für Nebensätze** – im Unterschied zu den **Konjunktionen, die das Weiterführen eines Satzes auf derselben Ebene markieren**, wie z. B. *ut ... sic* „wie ... so", *nec/neque* „und nicht", *atque* „und dazu", *non solum ... sed etiam* „nicht nur, sondern auch", *aut* „oder" bzw. *aut ... aut* „entweder ... oder", *sive ... sive* „sei es dass ... oder dass", *plus/magis/minus ... quam* „mehr/weniger ... als", *tam ... quam* „so ... wie", *tantum ... quantum* „so groß ... wie".

Ungewöhnliche Stellung von Subjunktionen bzw. Relativpronomina

Bei Cicero steht die **Subjunktion bzw. das Relativpronomen häufig mitten im Satz.** Suchen Sie gezielt nach solch versteckten Wörtern, um nicht irrtümlich Nebensätze als Hauptsätze aufzufassen.

Bsp. 1: Ex perpetuis autem plenisque gaudiis **cum** perspicuum sit vitam beatam exsistere, sequitur, ut ea exsistat ex honestate.

Bsp. 2: Nunc autem explicabo, voluptas ipsa **quae** qualisque sit.

Relativer Satzanschluss

Wenn ein Relativpronomen am Satzanfang steht, handelt es sich um einen relativen Satzanschluss. Oft ist es **Platzhalter für ein Hauptwort aus dem Satz vorher** – achten Sie für die richtige Zuordnung auf das Genus.

Bsp.: Philosophia iacuit usque ad hanc aetatem nec ullum habuit lumen litterarum Latinarum. **Quae** (= Philosophia) inlustranda et excitanda nobis est ...

Ein relativer Satzanschluss kann aber auch die **Gesamtaussage des vorherigen Satzes** bündelnd aufgreifen: Meist geschieht das durch ein Neutrum wie *Quod* (Sg. n) oder *Quae* (Pl. n) bzw. in festen Wendungen wie: *quibus ex rebus* „daraus", *quod cum ita sit / quae cum ita sint* „da dies so ist" bzw. „deshalb".

Achtung – Stolpersteine!

ut heißt meistens „(so)dass, damit". Wenn aber das Prädikat im Indikativ steht, muss *ut* mit „wie" übersetzt werden; *ne* wird meist mit „dass / damit nicht" wiedergegeben, aber Achtung, wenn *quidem* dabeisteht (*ne ... quidem* „nicht einmal")!

quod ist meist ein Relativpronomen im Neutrum, kann aber auch eine Subjunktion in den Bedeutungen „weil" (kausal) bzw. „dass" (faktisch) sein.

quam heißt als Vergleichspartikel „wie", im Verbund mit Komparativen wie *minus* oder *magis* „als" – und vor superlativischen Wendungen „möglichst" (*quam plurimi*).

Vorsicht bei Konjunktiven

Häufig lässt der Konjunktiv auf einen Nebensatz schließen, weil viele Subjunktionen (etwa *ut* „dass, damit" oder *cum* in den Bedeutungen „weil", „obwohl", „nachdem", „während hingegen") bzw. Relativsätze mit adverbialem Nebensinn (final, kausal, konsekutiv, konzessiv) ihn erfordern. Allerdings können **auch Hauptsätze im Konjunktiv** stehen, etwa im Hortativ, Jussiv, Deliberativ oder Optativ.

Häufige schlussfolgernde Wendungen

necesse est (ut) sit/ necesse est esse notwendigerweise gibt es ...
ita fit, ut so geschieht es, dass ...
sequitur, ut daraus folgt, dass ...
ex quo efficitur, ut daher wird bewirkt, dass ...

1.2 Der Mensch: Wahrheitssucher und Gemeinschaftswesen

Das Beste am Menschen ist sein Geist. Die Götter gaben den Menschen Geist, nicht um wie die Epikureer zurückgezogen zu leben, sondern um für das Wohl der gegenwärtigen und zukünftigen Generationen zu wirken. Diese Überzeugung lässt Cicero den Stoiker M. Cato vortragen (*De fin.* 3,64–66; 68).

W		**G**
cēnsēre	cōnsequī	Gen. partitivus, subiectivus und obiectivus
consulere (+ Dat.)	nāscī	Subjunktion ut
d cere (+ dopp. Akk.)	impellere	

5 Mundum autem censent regi numine deorum eumque esse quasi communem urbem et civitatem hominum et deorum et unumquemque nostrum eius mundi esse partem. Ex quo illud natura consequi, ut communem utilitatem nostrae anteponamus. Ut enim leges omnium salutem singulorum saluti anteponunt, sic vir bonus et sapiens et legibus parens et civilis officii non ignarus utilitati omnium plus quam unius alicuius aut suae consulit. Nec magis est vituperandus proditor patriae quam communis utilitatis aut salutis desertor propter suam utilitatem aut salutem. Ex quo fit, ut laudandus is sit, qui mortem oppetat pro re publica, quod deceat cariorem nobis esse patriam quam nosmet ipsos. Quoniamque illa vox inhumana et scelerata ducitur eorum, qui negant se recusare, quominus ipsis mortuis terrarum omnium deflagratio consequatur, quod vulgari quodam versu Graeco pronuntiari solet, certe verum est etiam iis, qui aliquando futuri sint, esse propter ipsos consulendum.

Ex hac animorum affectione testamenta commendationesque morientium natae sunt. Quodque nemo in summa solitudine vitam agere velit ne cum infinita quidem voluptatum abundantia, facile intellegitur nos ad coniunctionem congregationemque hominum et ad naturalem communitatem esse natos. Impellimur autem natura, ut prodesse velimus quam plurimis imprimisque docendo rationibusque prudentiae tradendis.

Itaque non facile est invenire, qui, quod sciat, ipse non tradat alteri. Ita non solum ad discendum propensi sumus, verum etiam ad docendum. Atque ut tauris natura datum est, ut pro vitulis contra leones summa vi impetuque contendant, sic ii, qui valent opibus atque id facere possunt – ut de Hercule et de Libero accepimus – ad servandum genus hominum natura incitantur.

<Stōicī> cēnsent

nātūrā cōnsequī <cēnsent>
nātūrā cōnsequī: die natürliche Folge sein – **nostrae <ūtilitātī> antepōnere:** LW2
<ūtilitātī> ūnīus alicuius aut suae <ūtilitātī> – vituperāre ~ reprehendere
prōditor, ōris: Verräter
dēsertor, ōris ← dēserere, vgl. L

mortem oppetere: in den Tod gehen
nōsmet ~ nōs
inhūmānus ~ nōn hūmānus – **negant sē** ~ dīcunt sē nōn
mortuus ← mors
dēflagrātiō, ōnis: völlige Vernichtung durch Brand – **versus, ūs:** Vers
prōnūntiāre → A1

animōrum affectiō, ōnis: Gemütsverfassung – **testāmentum:** Testament
commendātiō, ōnis → A1
quodque ~ et quod – **sōlitūdō, inis:** Einsamkeit, Stille
abundantia → A1
coniūnctiō, ōnis → A1
congregātiō, ōnis: Geselligkeit
commūnitās, ātis ← commūnis
ratiō, ōnis: *hier* Lehrsatz

K. nōn facile est invenīre <eum>, quī <id>, quod sciat ... – **prōpēnsus:** geneigt
taurus: Stier
vitulus: Kalb

Herculēs, is: EV
Līber, erī: Gott des Weines: Bacchus

Atque etiam Iovem cum Optimum et Maximum dicimus cumque eundem Salutarem, Hospitalem, Statorem, hoc intellegi volumus, salutem hominum in eius esse tutela. Minime autem convenit, cum ipsi inter nos viles neglectique simus, postulare, ut deis immortalibus cari simus et ab iis diligamur. Quemadmodum igitur membris utimur, priusquam didicimus, cuius ea causa utilitatis habeamus, sic inter nos natura ad civilem communitatem coniuncti et consociati sumus. Quod ni ita se haberet, nec iustitiae ullus esset nec bonitati locus. [...]

Cum autem ad tuendos conservandosque homines hominem natum esse videamus, consentaneum est huic naturae, ut sapiens velit gerere et administrare rem publicam atque, ut e natura vivat, uxorem adiungere et velle ex ea liberos.

Salūtāris, is: *hier* Retter
Hospitālis, is: *hier* Schützer des Gastrechtes – **Stator, ōris:** *hier* Erhalter
tutēla: Schutz

cuius ea causā ūtilitātis habeāmus ~ cuius ūtilitātis causā ea habeāmus
cōnsociāre: vereinigen

bonitās, ātis: Rechtschaffenheit

cōnsentāneum est: es ist gemäß

ē (+ Abl.): *hier* gemäß

1. Erschließen Sie mithilfe eines Wörterbuches die Bedeutung von *pronuntiare*, *commendatio*, *abundantia* und *coniunctio*. Beachten Sie dabei den jeweiligen Kontext (→ S. 12).
2. Analysieren Sie die Sätze in Z. 12–17 und Z. 43–46 mithilfe der Einrückmethode (→ S. 18).
3. Arbeiten Sie in Stichpunkten die Argumentationslinie Ciceros heraus.
4. In Absatz 3 führt Cicero Herkules als Beispiel an. Recherchieren Sie zu Herkules und erklären Sie, warum gerade dieser mythologische Held den Stoikern als Inbegriff von Verantwortung gelten konnte.
5. Nehmen Sie Stellung zu Ciceros Überzeugung, dass der Mensch nur dadurch glücklich werden kann, dass er in der Gesellschaft Verantwortung übernimmt.

Herkules, Wandmalerei, Herculaneum (1. Jh. n. Chr.)

i ***De finibus bonorum et malorum***

Cicero schrieb das Werk vermutlich im Mai/Juni 45 v. Chr. und behandelte darin in Dialogform die Frage nach dem höchsten Gut. Im ersten Dialog vertritt der Epikureer L. Manlius Torquatus die Überzeugung Epikurs (Buch 1), der Cicero selbst widerspricht (Buch 2). Im zweiten Dialog stellt der Stoiker M. Cato die stoische Lehre dar (Buch 3), der wiederum Cicero selbst von akademischer Seite aus widerspricht (Buch 4). Im dritten Gespräch (Buch 5) legt M. Pupius Piso die akademische und peripatetische Lehre dar, worauf Cicero ein kurzes, von stoischer Strenge geprägtes Schlusswort spricht.

1.3 Das Glück: *virtus* oder *voluptas*?

Für Cicero ist das höchste Gut (*summum bonum*) identisch mit dem, was ehrenhaft (*honestum*) ist. Nichts kann aber ohne Tugend (*virtus*) ehrenhaft sein. *Honestum* und *virtus* sind folglich identisch. Zugleich begründen sie das Glück des Menschen. Einen Beweis dafür lässt Cicero den Stoiker M. Cato vortragen (*De fin.* 3,27–29).

W			**G**
	cernere concēdere cōnstituere	contingere dēcernere ob (+ Akk.)	Relativsätze doppelter Akk.

6 Quod est bonum, omne laudabile est.
Quod autem laudabile est, omne est honestum.
Bonum igitur quod est, honestum est.
Satisne hoc conclusum videtur? Certe.
Quod enim efficiebatur ex iis duobus, quae erant sumpta, in eo vides esse conclusum.
Duorum autem, e quibus effecta conclusio est, contra superius dici solet non omne bonum esse laudabile.
Nam, quod laudabile sit, honestum esse conceditur.
Illud autem perabsurdum:
Bonum esse aliquid, quod non expetendum sit,
aut expetendum, quod non placens,
aut, si id, non etiam diligendum.
Ergo et probandum. Ita etiam laudabile. Id autem honestum.
Ita fit, ut, quod bonum sit, id etiam honestum sit.

Deinde quaero,
quis aut de misera vita possit gloriari aut de non beata.
De sola igitur beata.
Ex quo efficitur
gloriatione – ut ita dicam – dignam esse beatam vitam,
quod non possit nisi honestae vitae iure contingere.
Ita fit, ut honesta vita beata vita sit.
Et quoniam is, cui contingit, ut iure laudetur,
habet insigne quiddam ad decus et ad gloriam,
ut ob ea, quae tanta sint, beatus dici iure possit,
idem de vita talis viri rectissime dicetur.
Ita, si beata vita honestate cernitur,
quod honestum est, id bonum solum habendum est.
Quid vero? Negarine ullo modo possit numquam quemquam stabili et firmo et magno animo, quem fortem virum dicimus, effici posse, nisi constitutum sit non esse malum

laudābilis: LW4

conclūsum: Schlussfolgerung

ex iīs duōbus, quae erant sūmpta: aus diesen beiden Voraussetzungen

esse: *hier* bestehen

Duōrum ... contrā superius: gegen die erste der beiden Voraussetzungen

conclūsiō, ōnis: Schlussfolgerung

perabsurdus: völlig widersinnig

K. aut <aliquid> expetendum, quod nōn placēns sit, aut, sī id <sit>, nōn etiam dīligendum <esse>.

glōriātiō, ōnis: Verherrlichung

īnsīgne quiddam ad decus: ein gewisser Vorrang an Glanz

honestās, ātis ← honestus

stabilis: standhaft

dolorem? Ut enim, qui mortem in malis ponit, non potest eam non timere, sic nemo ulla in re potest id, quod malum esse decreverit, non curare idque contemnere. Quo posito et omnium adsensu adprobato illud adsumitur eum, qui magno sit animo atque forti, omnia, quae cadere in hominem possint, despicere ac pro nihilo putare. Quae cum ita sint, effectum est nihil esse malum, quod turpe non sit. Atque iste vir altus et excellens, magno animo, vere fortis, infra se omnia humana ducens, is, inquam, quem efficere volumus, quem quaerimus, certe et confidere sibi debet ac suae vitae et actae et consequenti et bene de sese iudicare statuens nihil posse mali incidere sapienti. Ex quo intellegitur idem illud: Solum bonum esse, quod honestum sit, idque esse beate vivere: honeste, id est cum virtute, vivere.

Quō ... adsūmitur: Nachdem das festgesetzt und mit Zustimmung aller anerkannt worden ist, ergibt sich daraus Folgendes:
dēspicere: verachten

altus: *hier* erhaben
īnfrā Präp. m. Abl.: unterhalb von

incidere: *hier* passieren, zustoßen

1. **a)** Paraphrasieren Sie den Inhalt des Textes.
   b) Nehmen Sie in Gruppen zu der von Cicero vorgetragenen Ansicht Stellung, dass nur derjenige glücklich werden kann, der Tod und Schmerz nicht als Übel ansieht.
2. Beschreiben Sie mithilfe eines Wörterbuches, worin Ciceros Verständnis von *honestum* über die Bedeutung des englischen Wortes *honesty* hinausgeht.
3. Erläutern Sie die Aussageabsicht der Karikatur. Geben Sie dabei an, auf welchen antiken Philosophen sie eine Anspielung enthält.

CartoonStock

Anders als Cicero sahen die Epikureer die *voluptas* als das höchste Gut (*summum bonum*) an. Was sie unter *voluptas* verstanden und warum diese den Weisen immer glücklich macht, lässt Cicero den Epikureer L. Manlius Torquatus erklären (*De fin.* 1,37; 40; 42a; 62).

W tollere, mollis, sequī m. Akk., iucundus, famēs, succēdere

G Abl. absolutus, Subjunktion cum

7 Nunc autem explicabo, voluptas ipsa quae qualisque sit, ut tollatur error omnis imperitorum intellegaturque ea, quae voluptaria, delicata, mollis habeatur disciplina, quam gravis, quam continens, quam severa sit. Non enim hanc solam sequimur, quae suavitate aliqua naturam ipsam movet et cum iucunditate quadam percipitur sensibus, sed maximam voluptatem illam habemus, quae percipitur omni dolore detracto. Nam quoniam, cum privamur dolore, ipsa liberatione et vacuitate omnis molestiae gaudemus, omne autem id, quo gaudemus, voluptas est, ut omne, quo offendimur, dolor, doloris omnis privatio recte nominata est voluptas. Ut enim, cum cibo et potione fames sitisque depulsa est, ipsa detractio molestiae consecutionem affert voluptatis, sic in omni re doloris amotio successionem efficit voluptatis. [...] Extremum autem esse bonorum voluptatem ex hoc facillime perspici potest: Constituamus aliquem magnis, multis, perpetuis fruentem et animo et corpore voluptatibus nullo dolore nec impediente nec impendente. Quem tandem hoc statu praestabiliorem aut magis expetendum possimus dicere? Inesse enim necesse est in eo, qui ita sit affectus, et firmitatem animi nec mortem nec dolorem timentis, quod mors sensu careat, dolor in longinquitate levis, in gravitate brevis soleat esse, ut eius magnitudinem celeritas, diuturnitatem allevatio consoletur. [...] Praeterea et appetendi et refugiendi et omnino rerum gerendarum initia proficiscuntur aut a voluptate aut a dolore. Quod cum ita sit, perspicuum est omnes rectas res atque laudabiles eo referri, ut cum voluptate vivatur. Quoniam autem id est vel summum bonorum vel ultimum vel extremum – quod Graeci τέλος nominant –, quod ipsum nullam ad aliam rem, ad id autem res referuntur omnes, fatendum est summum esse bonum iucunde vivere. [...]

K. explicabō, quae quālisque voluptās ipsa sit, ut ... intellegātur, quam ... sevēra ea disciplīna sit, quae voluptāria ... habeātur

imperītī, ōrum: die Ahnungslosen, Laien – **voluptārius:** genusssüchtig

disciplīna: LW2

continēns, entis: maßvoll

suāvitās, ātis: Liebreiz

iucunditās, ātis ← iucundus

percipere, percipiō: *hier* genießen

dētractō ← PPP von dē-trahere

līberātiō, ōnis ← līberāre

vacuitās, ātis ~ lībertās

prīvātiō, ōnis: das Freisein (von)

pōtiō, ōnis: Getränk

dētractiō, ōnis ← dē-trahere

cōnsecūtiō, ōnis ← cōnsequī

āmōtiō, ōnis ← ā-movēre

successiō, ōnis ← suc-cēdere

fruī: LW3

impendēre, impendeō: bedrohen

praestābilis, e: vorzüglich

expetendus: LW3

firmitās, ātis: Stärke

longinquitās, ātis → A1

gravitās, ātis → A1

celeritās, ātis → A1

diūturnitās, ātis → A1

allevātiō, ōnis: Linderung – **cōnsolārī, cōnsolor:** durch Trost lindern

refugiendī ~ fugiendī

quod cum ita sit: LW6

perspicuus: deutlich

laudābilis, e: LW4 – **eō referrī:** sich darauf beziehen – **τέλος:** Ziel

referre: *hier* beziehen

Sic enim ab Epicuro sapiens semper beatus inducitur: Finitas habet cupiditates; neglegit mortem; de deis immortalibus sine ullo metu vera sentit; non dubitat, si ita melius sit, migrare de vita. His rebus instructus semper est in voluptate. Neque enim tempus est ullum, quo non plus voluptatum habeat quam dolorum. Nam et praeterita grate meminit et praesentibus ita potitur, ut animadvertat, quanta sint ea quamque iucunda, neque pendet ex futuris, sed exspectat illa, fruitur praesentibus ab iisque vitiis, quae paulo ante collegi, abest plurimum et, cum stultorum vitam cum sua comparat, magna afficitur voluptate. Dolores autem si qui incurrunt, numquam vim tantam habent, ut non plus habeat sapiens, quod gaudeat, quam quod angatur.

sapiēns, entis: LW5 - **indūcere:** *hier* einführen, definieren

migrāre ~ cēdere

incurrere: anstürmen

angī, angor: sich ängstigen

1. Beachten Sie die Regeln der Wortbildung auf S. 13 und erschließen Sie die Bedeutung von *longinquitas, gravitas, celeritas, diuturnitas*.
2. Analysieren Sie nach einer Ihnen geläufigen Methode die Sätze in Z. 20-24 und Z. 38-43 (→ S. 18).
3. a) Belegen Sie am Text, dass *voluptas* der Schlüsselbegriff epikureischer Philosophie (→ S. 145f.) ist.
   b) Erklären Sie in Partnerarbeit, warum die Lehre Epikurs zum Hedonismus führen kann, damit aber nichts zu tun hat.
4. a) Nennen Sie mindestens drei Gründe, warum Sie der stoische Glücksweg mehr (weniger) überzeugt als der epikureische (→ S. 145f. bzw. 147).
   b) Vergleichen Sie in Gruppen Ihre eigenen Argumente mit denjenigen Ihrer Mitschüler.

Epikur (341-271 v. Chr.),
Archäologisches Institut der Universität Göttingen

Über das Übersetzen hinaus müssen Sie in der Lage sein, Texte in ihrer Komplexität und Vielschichtigkeit zu erfassen. Dies geschieht in einer dreigeteilten, zusammenhängenden Interpretation, die sich in **Überblick** (1), **Einblick** (2) und **Ausblick** (3) untergliedern lässt.

1. Überblick

Grundsätzlich sollte die Deutung mit einer **knapp gefassten Einleitung** beginnen, die dem Leser einen **ersten Überblick** ermöglicht. Hier sollten der **Autor**, der **Titel** und die **Gattung des Werks**, aus dem der Text stammt, genannt werden, evtl. auch in aller Kürze die zugrunde liegende **geschichtliche Situation** und in einem Satz eine **Einordnung des Textausschnitts in das Gesamtwerk** erfolgen bzw. das **Thema des Textes** genannt werden.

Tipp: Berücksichtigen Sie ggf. Überschrift bzw. Vorspanntext des zu interpretierenden Abschnittes, da diese oft schon Sinnrichtung bzw. wichtige Hinweise für die Deutung vorgeben.

2. Einblick

Darauf folgt die **eigentliche Interpretation**, die sich detailliert mit dem Text auseinandersetzt und durch die **genaue Beschreibung seines Inhalts und seiner Form** einen **vertieften Einblick** ermöglicht. Voranstellen sollten Sie eine knapp und präzise formulierte, **strukturierte Wiedergabe des Inhalts bzw. des Gedankengangs**, damit der Leser über den Inhalt informiert ist. Im Anschluss zeigen Sie nun **ausgewählte sprachliche und stilistisch-formale Feinheiten des Textes** auf (vgl. **Tipp** und GW: Stilmittel, S. 152f.). Denken Sie bitte daran, dass das bloße Aufzählen von Stilmitteln nichts zum Verständnis des Textes beiträgt: Sie müssen **stets die Funktion eines Stilmittels** für die jeweilige Textaussage herausarbeiten. Wichtig ist außerdem, dass Sie Ihre Behauptungen durch **Original-Zitate aus dem Text** unter **Angabe der Zeile bzw. des Verses** belegen.

Die hier vorgeschlagene Zweiteilung in Wiedergabe des Inhalts und Darstellung von Sprache und Form ist nicht verbindlich: Denkbar ist auch, dass in die strukturierte Inhaltszusammenfassung bereits die detaillierten Beobachtungen zu Sprache und Stilistik einfließen.

Tipp: Untergliedern Sie den Text zunächst in Sinnabschnitte, die Sie mit selbst formulierten Überschriften sowie der genauen Zeilen- bzw. Versangabe versehen. Markieren Sie dann mit verschiedenfarbigen Stiften einzelne Textelemente nach von Ihnen ausgewählten Untersuchungskriterien, etwa auffällige Stilmittel, Häufung bestimmter Wortfelder, zu erklärende Metaphern etc. Keinesfalls geht es dabei um Vollständigkeit: Sie sollten z. B. nicht alle Stilmittel heraussuchen, sondern wenige aussagekräftige, deren Funktion für die Textaussage Sie dann deutlich machen.

3. Ausblick

Zur Abrundung Ihrer Deutung ist **ein knappes Fazit oder ein Ausblick** elegant, aber **nicht zwingend erforderlich.** Ein solcher Schlussgedanke könnte in einer **Aktualisierung** bestehen, indem z. B. der Text mit unserer Gegenwart in Beziehung gesetzt wird; als Alternative dazu können Sie knapp auf den **Fortgang des geschilderten Ereignisses** verweisen oder auf eine **Parallel- oder Kontrastdarstellung bei einem anderen antiken Autor** hinweisen.

Praxisbeispiel

Interpretation zu Cicero, *De fin.* 1,37; 40; 42a; 62 (T7, Z. 33-45)

Cicero, berühmter römischer Redner, Anwalt und Politiker, beschäftigte sich seit seinem Studium (u.a. in Athen) zeitlebens mit der Philosophie, die ihm Trost in privatem Leid und in Zeiten politischer Anfeindung bot. Zweck seiner philosophischen Werke war, seinen Landsleuten in ihrer Sprache Zugänge zu Denkschulen und Ideen der griechischen Philosophie zu verschaffen. Im vorliegenden Abschnitt aus dem Werk *De finibus bonorum et malorum* geht es um den Lustbegriff des griechischen Philosophen Epikur. (= **erster Überblick**)

Der Textauszug lässt sich in drei Sinnabschnitte unterteilen. In den Z. 33-36 (*Sic enim ... in voluptate*) wird das Ideal des Weisen (*sapiens*, Z. 33) nach Epikur beschrieben: Er befindet sich immer im Zustand der Lust (*in voluptate*, Z. 36), weil er kaum Begierden kennt (Z. 33f.), keine Angst vor dem Tod und den Göttern hat (Z. 34f.), ja sogar vor der Selbsttötung nicht zurückscheut (Z. 34f.). Der zweite Abschnitt (*Neque ... afficitur voluptate*, Z. 37-43) handelt von den Techniken, die der Weise anwendet, um in *voluptas* zu leben: Er vergegenwärtigt sich dankbar vergangenes Glück (Z. 38), erwartet ruhig die Zukunft (Z. 40f.) und genießt die Gegenwart (Z. 39f.). Dazu trägt bei, dass er seine weise Lebensführung mit den Lebensläufen törichter Menschen vergleichen kann (Z. 42f.). Der letzte Abschnitt (*Dolores ... angatur*, Z. 43-45) thematisiert seinen Umgang mit Schmerzen: Immer weiß er Freude (*quod gaudeat*, Z. 45) und Besorgnis (*quod angatur*, Z. 46) in der Waage zu halten. (= **strukturierte Inhaltswiedergabe**)

Die Alliteration *sapiens semper beatus* (Z. 33) deutet auf stilistischer Ebene an, dass das Glück des Weisen ein immerwährender Zustand ist. Das folgende Hyperbaton *Finitas ... cupiditates* (Z. 33f.) macht durch die Voranstellung des Partizips *finitas* augenfällig, worin die Besonderheit des epikureischen Umgangs mit Leidenschaften besteht: Der Weise gesteht ihnen nur begrenzten Einfluss auf seine Person zu, um Unabhängigkeit vor äußeren Dingen zu bewahren. In einer Klimax mit wachsenden Gliedern bildet sich stilistisch die aufsteigende Linie seiner geistigen Grundsätze ab - angefangen von der Geringschätzung der Leidenschaften bis hin zu einem möglichen Selbstmord als letztem Garanten seiner Selbstbestimmtheit (*Finitas ... de vita*, Z. 33-36). Die lange hypotaktische Satzperiode (*Nam et ... afficitur voluptate*, Z. 38-43) ahmt auf formaler Ebene den dauerhaften Glückszustand des epikureischen Weisen nach, der dank seines raffinierten Umgangs mit den Zeitstufen der Vergangenheit, Zukunft und Gegenwart sein psychisches Wohlbefinden langfristig zu bewahren vermag. In der aus dem militärischen Bereich stammenden Wortwahl *incurrere* (Z. 44) und *vis tanta* (Z. 44) versucht Cicero das überfallartige und gewalttätige Auftreten physischer bzw. seelischer Schmerzen abzubilden, gegen das der Weise sich zu wappnen weiß. (= **sprachliche und stilistisch-formale Feinheiten des Textes**)

Die in diesem Text angesprochenen Themen wie Umgang mit Leidenschaften, Tod, Glaube und Schmerzen sind nach wie vor aktuell, unterliegen aber veränderten Rahmenbedingungen: Fortschritte in der Wissenschaft, Technik und Medizin haben die Lebenserwartung der Menschen in der modernen Industriegesellschaft gesteigert. Medikamente vermögen körperliche wie seelische Schmerzen einzudämmen. Für Fragen der rechten Lebensgestaltung und des Glaubens erklären sich Coaches und Psychiater bzw. Kirchen oder andere Glaubensgemeinschaften für zuständig. Dass die Philosophie als Liebe zur Weisheit für die Frage nach einem gelingenden Leben zuständig sein könnte, ist im Unterschied zur Antike kaum noch im Bewusstsein der Moderne verankert. (= **aktualisierender Ausblick**)

1.4 Die Götter: Aussteiger oder Weltverwalter?

Dass es Götter gibt, war zwischen Stoikern und Epikureern nicht umstritten. Ihren Einfluss auf das Glück des Menschen schätzten beide Schulen aber völlig verschieden ein. Die epikureische Position lässt Cicero den Epikureer Velleius vortragen (*De nat.* 1,50–56).

W		G
solēre mōlīrī tuērī	efficere impōnere accidere	indirekte Fragesätze / Zeitenfolge Steigerung der Adjektive Abl. comparationis

8 [...] Quaerere a nobis, Balbe, soletis, quae vita deorum sit quaeque ab eis degatur aetas.

Ea videlicet, qua nihil beatius, nihil omnibus bonis affluentius cogitari potest. Nihil enim agit, nullis occupationibus est implicatus, nulla opera molitur, sua sapientia et virtute gaudet, habet exploratum fore se semper cum in maximis tum in aeternis voluptatibus.

Hunc deum rite beatum dixerimus, vestrum vero laboriosissimum. Sive enim ipse mundus deus est, quid potest esse minus quietum, quam nullo puncto temporis intermisso versari circum axem caeli admirabili celeritate. Nisi quietum autem, nihil beatum est. Sive in ipso mundo deus inest aliquis, qui regat, qui gubernet, qui cursus astrorum, mutationes temporum, rerum vicissitudines ordinesque conservet, terras et maria contemplans hominum commoda vitasque tueatur, ne ille est inplicatus molestis negotiis et operosis.

Nos autem beatam vitam in animi securitate et in omnium vacatione munerum ponimus. Docuit enim nos idem, qui cetera, natura effectum esse mundum, nihil opus fuisse fabrica tamque eam rem esse facilem, quam vos effici negetis sine divina posse sollertia, ut innumerabiles natura mundos effectura sit, efficiat, effecerit. Quod quia, quemadmodum natura efficere sine aliqua mente possit, non videtis, ut tragici poetae, cum explicare argumenti exitum non potestis, confugitis ad deum.

Cuius operam profecto non desideraretis, si immensam et interminatam in omnes partes magnitudinem regionum videretis, in quam se iniciens animus et intendens ita late longeque peregrinatur, ut nullam tamen oram ultimi videat, in qua possit insistere. In hac igitur immensitate latitudinum, longitudinum, altitudinum infinita vis innumerabilium

Balbus: EV
dēgere: verbringen
vidēlicet Adv.: natürlich
affluēns, entis (+ Abl.): reich an etw.
implicāre (+ Abl.): verwickeln in etw.
explōrātum habēre: sicher wissen

rīte → A1 – **labōriōsus:** geplagt
mundus: LW5 – **nūllō pūnctō temporis intermissō** (Abl. abs.): ohne Unterbrechung – **versārī:** *hier* sich drehen
axis, is: Achse – **admīrābilis:** LW4
quiētus ← quiēscere
inesse: enthalten sein
mūtātiō, ōnis ← mūtāre
vicissitūdō, inis → A1
nē (+ Ind.): wahrlich
operōsus: mühsam

vacātiō, ōnis: das Freisein
pōnere in (+ Abl.): LW6
K. īdem, quī cētera <docuit>
fabrica: *hier* Kunstfertigkeit
sollertia → A1
Quod quia, quemadmodum nātūra ~ Quia nōn vidētis, quemadmodum id nātūra – **tragicī poētae:** Tragödiendichter – **explicāre argūmentī exitum:** den Handlungsknoten lösen
cōnfugere ~ fugere – **immēnsus:** unermäßlich (groß), unendlich
interminātus: unbegrenzt – **sē inicere:** *hier* sich versenken – **sē intendere:** sich anstrengen – **lātē longēque peregrīnārī:** weit und breit durchwandern – **immēnsitās, ātis:** Unendlichkeit – **lātitūdō, inis** ← lātus
longitūdō, inis ← longus – **altitūdō, inis** ← altus – **īnfīnītus:** LW5

volitat atomorum, quae interiecto inani cohaerescunt tamen inter se et aliae alias apprehendentes continuantur. Ex quo efficiuntur eae rerum formae et figurae, quas vos effici posse sine follibus et incudibus non putatis. Itaque imposuistis in cervicibus nostris sempiternum dominum, quem dies et noctes timeremus. Quis enim non timeat omnia providentem et cogitantem et animadvertentem et omnia ad se pertinere putantem curiosum et plenum negotii deum? Hinc vobis exstitit primum illa fatalis necessitas, quam εἱμαρμένην dicitis, ut, quicquid accidat, id ex aeterna veritate causarumque continuatione fluxisse dicatis. Quanti autem haec philosophia aestimanda est, cui tamquam aniculis, et his quidem indoctis, fato fieri videantur omnia. Sequitur μαντική vestra, quae Latine divinatio dicitur, qua tanta imbueremur superstitione – si vos audire vellemus –, ut haruspices, augures, harioli, vates, coniectores nobis essent colendi.

His terroribus ab Epicuro soluti et in libertatem vindicati nec metuimus eos, quos intellegimus nec sibi fingere ullam molestiam nec alteri quaerere, et pie sancteque colimus naturam excellentem atque praestantem.

Sed elatus studio vereor, ne longior fuerim. Erat autem difficile rem tantam tamque praeclaram incohatam relinquere.

volitāre: schwirren – **interiectō inānī** (Abl. abs.) obwohl leerer Raum dazwischen liegt – **cohaerēscere:** sich verbinden – **apprehendere:** (bei der Hand) fassen – **continuārī:** ununterbrochen fortlaufen – **follis, is:** Blasebalg – **incūs, ūdis** → A1
cervīx, īcis: Nacken – **sempiternus** ~ aeternus

cūriōsus: neugierig

exsistere: LW3

εἱμαρμένη: Schicksal

vēritās, ātis ← vērus – **continuātiō, ōnis:** ununterbrochene Folge
quantī (Gen. pret.): wie hoch
anicula: altes Mütterchen
μαντική: Mantik – **dīvīnātiō, ōnis:** Weissagung – **superstitiōne imbuī:** mit Aberglauben erfüllt werden
haruspex, icis: Opferschauer
augur, uris: Vogelschauer – **hariolus:** Wahrsager – **vātēs, is:** Seher
coniector, ōris: Traumdeuter
terror, ōris ← terrēre – **Epicūrus:** EV
eōs ~ deōs – **molestia:** LW7

excellēns, entis: LW6 – **praestāns, antis:** vortrefflich

incohāre: anfangen

i

De natura deorum

Cicero thematisiert in diesem vermutlich vor der Ermordung Cäsars veröffentlichten Dialog in drei Büchern das Wesen der Götter. Im ersten Buch verteidigt der Epikureer C. Velleius die Lehre Epikurs, wird aber vom Akademiker C. Aurelius Cotta widerlegt. Im zweiten Buch entwickelt der Stoiker Q. Lucius Balbus die stoische Lehre, die aber im dritten Buch genauso scharf von C. Aurelius Cotta kritisiert wird wie zuvor die Lehre Epikurs.

De rerum natura

(Vom Werden und Wesen der Welt)

Der Dichter Lukrez (ca. 94–55 v. Chr.) schrieb ein Lehrgedicht in Hexametern über die epikureische Philosophie. Lukrez will wie Epikur durch die wissenschaftliche Erklärung von Naturerscheinungen die Leser von Angst und Aberglauben befreien. Das sechsbändige Werk beeindruckte bereits die Zeitgenossen sehr, u.a. Cicero.

M 1 Eine Welt aus Atomen (Cicero, *De nat.* 1,68; 2,93)

Mögen sie [die Götter] meinetwegen aus Atomen bestehen. Dann sind sie also nicht ewig. Denn was aus Atomen besteht, ist irgendwann einmal entstanden; ist es indes entstanden, so gab es keine Götter vor ihrer Entstehung; und wenn es einen Ursprung der Götter gibt, ist auch ihr Untergang unausweichlich, wie du vorhin bei der Welt Platons zu erklären versuchtest. Wo also bleibt dann eure bekannte Glückseligkeit und Ewigkeit, zwei Attribute, die ihr der Gottheit zuschreibt? [...] Muss ich mich hier nicht wundern, dass jemand die Überzeugung vertritt, bestimmte feste, unteilbare Atome bewegten sich durch ihre Schwerkraft und unser so herrlich ausgestattetes, wunderbares Weltall entstehe durch den zufälligen Zusammenprall dieser Körper? Wenn jemand das für möglich hält, verstehe ich nicht, wieso er nicht gleichfalls denkt, es könnten sich – wenn man die zahllosen Formen der 21 Buchstaben, seien sie golden oder sonst wie, irgendwo zusammenwürfe – aus diesen auf die Erde geschütteten Buchstaben die Annalen des Ennius ergeben, sodass man sie nacheinander lesen könnte. Vermutlich vermag aber nicht einmal bei einem einzigen Vers der Zufall so viel zustande zu bringen.

(Übersetzung: U. Blank-Sangmeister)

M 2 Was kann man wissen?

Ja, es ist unsinnig, wahrhaft unsinnig, aus dieser Welt herauszutreten und nach dem zu forschen, was außerhalb von ihr liegt – als ob alles innerhalb dieser Welt bereits bekannt wäre. Wie kann man denn etwas Unbekanntes messen wollen, wenn man noch gar kein Maß für das Bekannte hat! Oder wie kann der Sinn des Menschen etwas sehen, was die Welt selbst nicht in sich begreift.

(Plinius der Ältere, 2,4. Übersetzung: M. Giebel)

Tractatus Logico-Philosophicus (1922), letzter Satz: Whereof one cannot speak, thereof one must be silent.

(Ludwig Wittgenstein)

Atome

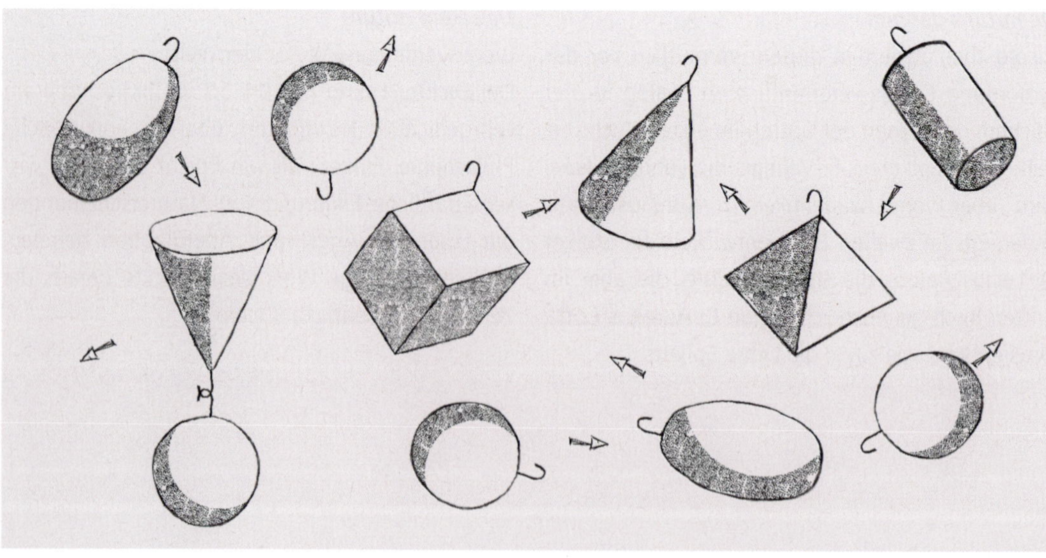

1. Erschließen Sie mithilfe eines Wörterbuches die Bedeutung von *rite, vicissitudo, sollertia* und *incus*. Beachten Sie dabei den jeweiligen Kontext (→ S. 12).
2. a) Vergleichen Sie anhand der im Text verwendeten Adjektive und Verben die stoische mit der epikureischen Gottesvorstellung.
   b) Interpretieren Sie die Z. 1–16 nach dem auf S. 26f. präsentierten Muster.
3. a) Erschließen Sie in Partnerarbeit anhand der Abbildung und **M 1**, worin der größte Unterschied zwischen der epikureischen und stoischen Gottesvorstellung liegt.
   b) Stellen Sie sich Ihre Ergebnisse gegenseitig in Kleingruppen vor. Arbeiten Sie dann miteinander aus Z. 35–39 und Z. 49–52 heraus, warum Lukrez in seinem Lehrgedicht *De rerum natura* (→ **i**, S. 29) Epikur als neuen Gott feiert.
4. Grenzen Sie die in antiker Epik (z. B. in Ovids *Metamorphosen*; → **i**) vermittelte Gottesvorstellung von der Gottesvorstellung Epikurs und der Stoa ab.
5. a) Recherchieren Sie zunächst zum Begriff „Theodizee".
   b) Diskutieren Sie auf Basis Ihrer Rechercheergebnisse und **M 2** in Gruppen die Frage, ob Gott existiert.

i Götter im Epos

Unter einem Epos versteht man ein langes Gedicht in daktylischen Hexametern. Als „Erfinder" des Epos in schriftlicher Form gilt Homer mit seiner *Ilias* und *Odyssee* (ca. 2. Hälfte des 8. Jh.s v. Chr.). In seinen Epen durchdringen sich die Welt der Menschen und die der Götter. Im Mittelpunkt steht zwar ein Ereignis auf der Erde (z. B. der trojanische Krieg), dieses wird aber maßgeblich durch das Wirken der Götter beeinflusst. Diese greifen nicht nur – in Menschengestalt verwandelt – direkt in die Ereignisse ein, sondern verhalten sich auch sonst wie Menschen (*Anthropomorphismus*). Als Musterbeispiel dafür können Ovids *Metamorphosen* gelten, in denen den Göttern kein menschlicher Affekt fremd ist: Sie sind froh und traurig, lieben und hassen, handeln aus Zorn und Neid. Nur eines unterscheidet sie von den Menschen: Sie sind und bleiben unsterblich.

Willensfreiheit,
aus: Gehirn und Geist 3/2006, S. 6

Anders als die Epikureer sind die Stoiker davon überzeugt, dass die Götter stets am Wohl von Welt und Mensch arbeiten. Dies lässt Cicero den Stoiker Balbus erörtern (*De nat.* 2,76-80):

W		G
praeclārus māior, ius subicere	intellegere sustinēre sōlum Adv.	Konjunktionen Kondizionalsätze

9 Primum igitur aut negandum est esse deos [...] aut, qui deos esse concedant, iis fatendum est eos aliquid agere idque praeclarum. Nihil est autem praeclarius mundi administratione. Deorum igitur consilio administratur. Quod si aliter est, aliquid profecto sit necesse est melius et maiore vi praeditum quam deus, quale id cumque est - sive inanima natura sive necessitas vi magna incitata haec pulcherrima opera efficiens, quae videmus. Non est igitur natura deorum praepotens neque excellens, si quidem ea subiecta est ei vel necessitati vel naturae, qua caelum maria terrae regantur. Nihil est autem praestantius deo. Ab eo igitur mundum necesse est regi. Nulli igitur est naturae oboediens aut subiectus deus. Omnem ergo regit ipse naturam.

Etenim si concedimus intellegentes esse deos, concedimus etiam providentes et rerum quidem maximarum. Ergo utrum ignorant, quae res maximae sint quoque eae modo tractandae et tuendae, an vim non habent, qua tantas res sustineant et gerant? At et ignoratio rerum aliena naturae deorum est et sustinendi muneris propter inbecillitatem difficultas minime cadit in maiestatem deorum. Ex quo efficitur id, quod volumus, deorum providentia mundum administrari.

Atqui necesse est, cum sint di - si modo sunt, ut profecto sunt - animantes esse nec solum animantes, sed etiam rationis compotes inter seque quasi civili conciliatione et societate coniunctos, unum mundum ut communem rem publicam atque urbem aliquam regentes. Sequitur, ut eadem sit in iis, quae humano in genere, ratio, eadem veritas utrobique sit eademque lex, quae est recti praeceptio pravique depulsio. Ex quo intellegitur prudentiam quoque et mentem a deis ad homines pervenisse. Cumque sint in nobis consilium ratio prudentia, necesse est deos haec ipsa habere maiora, nec habere solum, sed etiam his uti in maximis et optimis rebus. [...] Nihil autem nec maius nec melius mundo. Necesse est ergo eum deorum consilio et providentia administrari.

mundus: LW5
administrāre: LW5
necesse est: LW3 *K.* necesse est, <ut> profectō aliquid sit ...
praeditus (+ Abl.): ausgestattet (mit)
quāle id cumque est: wie beschaffen auch immer das ist - **inanimus:** unbeseelt - **necessitās, ātis**: LW8
incitāre: LW5
praepotēns, entis: übermächtig
excellēns, entis: LW6
praestāns, antis: vortrefflich
oboedīre: gehorchen

etenim ~ enim

quōque eae modō ~ et quōmodo eae
tractāre: behandeln

īgnōrātiō, ōnis → A1
inbēcillitās, ātis: Schwäche
difficultās, ātis → A1
cadere in (+ Akk.): vereinbar sein mit

animāns, antis: beseelt
conciliātiō, ōnis: Verbindung
societās, ātis → A1
aliquī, aliqua, aliquod: LW8

vēritās, ātis ← vērus
utrobīque Adv.: auf beiden Seiten
praeceptiō, ōnis: Verordnung
dēpulsiō, ōnis: Abwehr

prūdentia: LW5

administrāre: LW5, vgl. Z. 4

1. Beachten Sie die Regeln der Wortbildung auf S. 13 und erschließen Sie die Bedeutung von *ignoratio*, *difficultas* und *societas*.
2. Untersuchen Sie in Partnerarbeit, ob mit dem in Z. 11 genannten Gott Jupiter gemeint ist.
3. Interpretieren Sie nach dem Muster von S. 26f. den Abschnitt Z. 22–34.
4. Vergleichen Sie Ton und Argumentationsstil des Epikureers Velleius in Text 8 und M mit dem des Stoikers Balbus in Text 9. Begründen Sie, welcher Stil Ihnen für das Thema angemessener erscheint.
5. Lesen Sie M und formulieren Sie eine Widerlegung des Beweises des Balbus.
6. Die stoische Gottesvorstellung wurzelt in der platonischen Annahme eines Weltbaumeisters (→ i). Nehmen Sie Stellung zur stoisch-platonischen und der epikureischen Weltdeutung.

Jupiter (o. J.), Kapitolinische Museen, Rom

M *Providentia* (pronoia) (Cicero, *De nat.* 1,21f.)

[Velleius:] An euch beide [gemeint sind Platon und Balbus] richte ich jedoch die Frage, warum die Baumeister der Welt plötzlich hervorgetreten sind, aber zahllose Jahrhunderte lang geschlafen haben. Denn wenn auch noch keine Welt existierte, so gab es doch die Zeit. [...] Weswegen also, dies meine Frage, Balbus, war eure Pronoia [Vorsehung] während dieser unermesslichen Zeitspanne untätig? Scheute sie die Mühe? Aber ein Gott empfindet keine, und es gab auch gar keine, da alle Kräfte der Natur, Himmel, Feuer, Erde und Wasser der göttlichen Macht gehorchten.
(Übersetzung: U. Blank-Sangmeister)

i Demiurg (δημιουργός: Handwerker):

Er wird in Platons naturphilosophischem Werk *Timaios* als Ursache der Welt vorausgesetzt. Indem er den Kosmos nach dem Idealbild der platonischen Ideen ordnet und gestaltet, erschafft er aus dem Chaos der Elemente die Welt auf ewig. Zusammen mit der materiellen Welt bildet der Demiurg aus Güte und von Vernunft geleitet eine Weltseele, mit der er den Kosmos beseelt. Den anderen von ihm geschaffenen Gottheiten weist er die Aufgabe zu, den Menschen aus Materie und Bestandteilen der Weltseele zu schaffen.

1.5 Ciceros Tod

Ist mit dem Tod alles aus (Epikur)? Oder kehrt die Seele des Menschen in einem anderen Körper wieder (Pythagoras)? Oder kehrt sie nach einem rechtschaffenen Leben in einen glücklichen Urzustand zurück (Platon, Stoa)? Cicero dürfte auf Letzteres gehofft haben. Im Jahr 43 v. Chr. fiel er den Proskriptionen der Triumvirn Antonius, Oktavian und Lepidus zum Opfer, wie Livius in seinem Geschichtswerk *Ab urbe condita* (*fragm.* 60) schildert.

10 Marcus Cicero hatte unmittelbar vor der Ankunft der Triumvirn die Stadt verlassen, da er – so, wie es auch war – für gewiss hielt, dass er ebenso wenig dem Antonius entrissen werden könne wie dem Cäsar Brutus und Cassius. Zunächst war er auf sein Landgut nach Tusculum geflohen, von dort brach er auf Schleichwegen zu seinem Landgut nach Formiae auf, um in Caieta ein Schiff zu besteigen. Als den von dort in See Gestochenen aber bald widrige Winde zurücktrieben, bald aber auch er selbst das durch den blindwütigen Wellengang verursachte Schlingern des Schiffes nicht mehr ertragen konnte, packte ihn schließlich der Überdruss sowohl an der Flucht als auch am Leben und er kehrte zum etwas höher gelegenen Landhaus, das nur wenig mehr als eine Meile vom Meer entfernt war, zurück und sagte: „So will ich also in der so oft von mir geretteten Heimat sterben!" Es gilt als hinreichend gesichert, dass seine Sklaven tapfer und treu zum Kampf bereit waren, er selbst aber ihnen befahl, die Sänfte abzusetzen und ruhig zu erdulden, was das ungerechte Schicksal erzwang. Als er darauf den Kopf aus der Sänfte streckte und unerschütterlich seinen Nacken hinhielt, wurde ihm der Kopf abgehauen. Damit war aber der dummen Grausamkeit der Soldaten noch kein Ende. Auch die Hände hackten sie ihm ab, unter dem Vorwurf, dass diese gegen Antonius geschrieben hatten. Dann brachten sie den Kopf zu Antonius und auf dessen Befehl wurde er zwischen den Händen auf der Rednerbühne ausgestellt, wo jener als Konsul, wo er oft als ehemaliger Konsul und wo er gerade in diesem Jahr gegen Antonius mit einer so großen Bewunderung für seine Redekunst gehört worden war wie keine menschliche Stimme jemals zuvor. Vor Tränen konnten die Menschen kaum ihre Augen emporheben und die verstümmelten Glieder ihres Mitbürgers anschauen.
(Übersetzung: Ch. Zitzl)

Ermordung Ciceros, Lithographie (19. Jh.), Privatsammlung

M 1 Cicero im Urteil eines Historikers (Livius, *Ab urbe condita, fragm.* 61)

Er wurde 63 Jahre alt, ein Alter, in dem sein Tod natürlich erscheinen könnte, wenn er nicht die Folge einer Gewalttat gewesen wäre. Seine Begabung war vom Glück gesegnet, sowohl was seine Werke als auch was den Lohn dafür angeht. Das Schicksal meinte es lange gut mit ihm. Trotz seines dauerhaften Glücks fügte es ihm aber bisweilen schwere Wunden zu: die Verbannung; den Untergang der Partei, auf deren Seite er gestanden hatte; den tieftraurigen und bitteren Tod seiner Tochter. Keinen dieser Unglücksfälle ertrug er so, wie es eines Mannes würdig war, außer seinen eigenen Tod.

(Übersetzung: Ch. Zitzl)

M 2 Cicero im Urteil eines Philosophen (Seneca, *De brevitate vitae* 5)

Marcus Cicero, hin- und hergeworfen zwischen Männern wie Catilina und Clodius, wie Pompejus und Crassus, die teils seine erklärten Feinde, teils zweideutige Freunde waren, während er mitsamt der Republik schwankte und sie vor dem Untergang zu bewahren suchte, schließlich bei Seite gedrückt, doch weder im Glück beruhigt noch gewappnet gegen das Unglück – wie oft verwünscht er selbst sein Konsulat, das nicht ohne Grund, aber maßlos gepriesen wird! Wie kläglich äußert er sich in einem Brief an Atticus zu jener Zeit, wo Pompejus, der Vater, bereits überwunden war, der Sohn aber in Hispanien die Niederlage wieder gut zu machen suchte. „Was ich hier tue", schreibt er, „fragst du? Ich weile in meinem Tusculanum, ein Halbfreier." Daran schließen sich noch weitere Äußerungen, teils Weherufe über die vergangene Zeit, teils Klagen über die Gegenwart, teils verzweifelnde Hinweise auf die Zukunft. Einen Halbfreien nannte sich Cicero. Aber wahrlich, nie wird ein Weiser sich zu einer solchen Erniedrigung seines Namens hergeben, niemals wird er ein Halbfreier sein, er, der doch immer im Besitz der ungeschmälerten und vollen Freiheit ist, aller Bande ledig, sein eigener Herr und emporragend über die anderen. Denn was könnte den überragen, der über dem Schicksal steht.

(Übersetzung: O. Apelt)

1. Recherchieren Sie zu Ciceros politischer Karriere und erklären Sie, wie Livius (→ M 1) zu seiner Feststellung, Cicero habe viel Glück gehabt, kommen konnte.
2. Überprüfen Sie in Partnerarbeit, ob der Tod Ciceros als „stoisch" bezeichnet werden kann.
3. Nehmen Sie Stellung zu der von Livius und Seneca vorgetragenen Kritik am Philosophen Cicero (→ M 1 und M 2).

Seneca wird um die Zeitenwende als Sohn des römischen Rhetors Lucius Annaeus Seneca, bekannt als Seneca der Ältere, im spanischen Córdoba geboren und erhält in Rom eine gründliche Ausbildung in Rhetorik und Philosophie. Dort gelangt Seneca als Anwalt und Senator zunächst zu großem Ansehen. Aufgrund einer Hofintrige wird er aber im Jahr 41 n. Chr. von Kaiser Claudius nach Korsika verbannt; erst 49 n. Chr. wird er auf Anregung der neuen Frau des Claudius, Agrippina, wieder zurückgerufen und mit der Erziehung Neros, des Adoptivsohns von Claudius, beauftragt. Ein Jahr später steigt Seneca zum Prätor und schließlich zum Konsul auf. Nachdem Nero nach Claudius' Tod im Jahr 54 n. Chr. den Kaiserthron bestiegen hat, gehört Seneca zusammen mit Sextus Afranius Burrus (gest. 62 n. Chr.) zu dessen engsten Beratern. Neros moralisches und maßvolles Verhalten während der ersten fünf Jahre seiner Herrschaft ist vor allem auch das Verdienst Senecas, der gemeinsam mit Burrus bis 59 n. Chr. maßgeblichen Einfluss auf die Reichspolitik hat und zu einem der reichsten Männer Roms wird.

Einen großen Teil seines Vermögens verdankt Seneca Kaiser Nero. Dieser entfremdet sich mit zunehmendem Alter zunächst von seiner Mutter Agrippina, was in deren Ermordung gipfelt. Obwohl Seneca Nero gegen Agrippina unterstützt hat, entledigt sich der Kaiser bald darauf auch Senecas, dessen Ratschläge er überdrüssig geworden ist. So wird Seneca 65 n. Chr. der Beteiligung an der von Gaius Calpurnius Piso (gest. 65 n. Chr.) angeführten Verschwörung gegen Nero bezichtigt und zum Selbstmord gezwungen.

Damit ereilt ihn genau das Schicksal, das er als letzten Ausweg (*ultima ratio*) in seinen philosophischen Schriften empfohlen hat. In diesen behandelt er, der Lehre der Stoa (→ GW, S. 147) verpflichtet, in zwei sich einander ergänzenden Schriftengruppen sowohl den „aktiven" als auch den „kontemplativen" Bereich des Lebens. Mit der *vita activa* befassen sich vor allem die Schriften, in denen er thematisiert, was die Gemeinschaft erhält bzw. zerstört (*De clementia; De beneficiis; De ira*). Die *vita contemplativa* steht hingegen im Zentrum der Schriften, in denen er sich damit auseinandersetzt, wie der Mensch inmitten eines von vielfältigsten Störfaktoren bedrängten Lebens dennoch glücklich werden kann (*De constantia sapientis; De brevitate vitae; De tranquillitate animi; De vita beata*). Die Grundlage dieser als *Dialogi* bekannten philosophisch-moralischen Traktate Senecas bilden die in den *Naturales Quaestiones* vorgetragenen Erkenntnisse über die physikalischen Grundlagen des Lebens.

Ihre Summe stellen die ca. 63–64 n. Chr. entstandenen *Epistulae morales ad Lucilium* dar, eine Sammlung von 124 moralphilosophischen Briefen an Lucilius. Ob dieser Lucilius wirklich lebte – wie heute etliche Wissenschaftler vermuten, die in ihm einen jüngeren, epikureischen Freund Senecas sehen –, oder ob er nur eine literarische Erfindung Senecas darstellt, lässt sich nicht mit Gewissheit sagen. Für die in den Briefen vorgetragene Lebensphilosophie Senecas ist das aber nicht entscheidend. Im Grundsatz stoisch, bleiben seine Briefe offen für epikureische Gedanken (wie z. B. die Hochschätzung der Freundschaft) und platonische Elemente (wie z. B. die Hoffnung auf die Rückkehr der Seele an ihren himmlischen Ursprungsort).

Damit haben die *Epistulae morales* ihre Anziehungskraft bis heute nicht verloren. Manche stört aber Senecas unermessliches Vermögen. Auf diesem finanziellen Polster – so wirft man ihm vor – könne man andere bequem dazu auffordern, mit dem Lebensnotwendigen zufrieden zu sein. Die „Wasserpredigt" des im Luxus schwelgenden Philosophen überzeugt deshalb nicht alle. Ob Seneca seiner eigenen Philosophie gemäß lebte, bleibt umstritten. Unumstritten ist aber Senecas sprachliche Brillanz: sein knapper, rhetorisch geschulter und pointierter Stil:

Post amicitiam credendum est, ante amicitiam iudicandum. (3,2)

Concordet sermo cum vita! (75,4)

Desines timere, si sperare desieris. (5,7)

Non quia difficilia sunt, non audemus, sed quia non audemus, difficilia sunt. (104,26)

Si vis amari, ama! (9,6)

Non vitae, sed scholae discimus. (106,12)

Eduardo Barrón (1858–1911): Nero und Seneca, Skulptur am Rathaus von Córdoba, Original im Museo del Prado, Madrid

1. Begründen Sie, welche der genannten Sentenzen Sie sich als Lebensmotto auf ein T-Shirt drucken lassen würden und welche nicht.
2. Muss ein Philosoph arm sein? Nehmen Sie Stellung zu der an Seneca geäußerten Kritik.
3. Betrachten Sie die Abbildung und diskutieren Sie in Gruppen, ob Philosophen als politische Ratgeber taugen.

2.1 Nutze die Zeit!

Seneca reflektiert über den Umgang mit der Zeit (*Ep. mor.* 1).

W			**G**
quīdam, quaedam, quoddam	quisquis, quidquid		Imperativ
alius, alia, aliud	quī-, quae-, quodcumque		Relativsätze mit Nebensinn
aliquis, aliquid	quisquam, quicquam		indirekte Fragesätze, Gen. partitivus

Seneca Lucilio suo salutem

Ita fac, mi Lucili: Vindica te tibi et tempus, quod adhuc aut auferebatur aut subripiebatur aut excidebat, collige et serva! Persuade tibi hoc sic esse, ut scribo: Quaedam tempora eripiuntur nobis, quaedam subducuntur, quaedam effluunt. Turpissima tamen est iactura, quae per neglegentiam fit. Et si volueris attendere, magna pars vitae elabitur male agentibus, maxima nihil agentibus, tota vita aliud agentibus.

Quem mihi dabis, qui aliquod pretium tempori ponat, qui diem aestimet, qui intellegat se cottidie mori? In hoc enim fallimur, quod mortem prospicimus. Magna pars eius iam praeteriit. Quidquid aetatis retro est, mors tenet. Fac ergo, mi Lucili, quod facere te scribis! Omnes horas complectere! Sic fiet, ut minus ex crastino pendeas, si hodierno manum inieceris.

Dum differtur vita, transcurrit. Omnia, Lucili, aliena sunt, tempus tantum nostrum est. In huius rei unius fugacis ac lubricae possessionem natura nos misit, ex qua expellit, quicumque vult. Et tanta stultitia mortalium est, ut, quae minima et vilissima sunt, certe reparabilia, imputari sibi, cum impetravere, patiantur, nemo se iudicet quicquam debere, qui tempus accepit, cum interim hoc unum est, quod ne gratus quidem potest reddere.

Interrogabis fortasse, quid ego faciam, qui tibi ista praecipio. Fatebor ingenue: Quod apud luxuriosum, sed diligentem evenit, ratio mihi constat impensae. Non possum dicere nihil perdere, sed, quid perdam et quare et quemadmodum, dicam. Causas paupertatis meae reddam. Sed evenit mihi, quod plerisque non suo vitio ad inopiam redactis: Omnes ignoscunt, nemo succurrit.

Quid ergo est? Non puto pauperem, cui, quantulumcumque superest, sat est. Tu tamen malo serves tua, et bono tempore incipies. Nam ut visum est maioribus nostris, „sera parsimonia in fundo est". Non enim tantum minimum in imo, sed pessimum remanet. Vale!

Lūcīlius (Vok. Lūcīlī): EV
subripere: stehlen
excidere: entschwinden
effluere: verrinnen
iactūra: Verlust
neglegentia: Nachlässigkeit
in hōc … quod: darin … dass
quidquid aetātis: Gen. partitivus
retrō est: es liegt hinter uns
crāstinum: der morgige Tag
hodiernum: der heutige Tag
manum inicere (+ Dat.): Besitz ergreifen (von etw.)
trānscurrere: vorbeilaufen
lūbricus: schlüpfrig
possessiō, ōnis → A1
stultitia → A1
reparābilis: ersetzbar – **imputāre:** anrechnen
cum (adversativum): während (hingegen)
ingenuus: *hier* offen(herzig) – *K.* <Id>, quod … – **luxuriōsus:** *hier* einer, der im Luxus lebt – **ratiō mihi cōnstat impēnsae:** Mir ist der Grund meines Verlustes bekannt.
paupertās, ātis → A1
ad inopiam redāctus: ein in Not Geratener – **succurrere:** zu Hilfe eilen
quantulumcumque: wie wenig auch immer – **mālō:** erg. mālō, <ut>
sērus: *hier* zu spät
parsimōnia: Sparsamkeit
fundus: Grund, Boden

1. Beachten Sie die Regeln der Wortbildung auf S. 13 und erschließen Sie die Bedeutung von *possessio*, *stultitia* und *paupertas*.
2. Interpretieren Sie den Text nach dem Muster von S. 26f.
3. Erschließen Sie in Partnerarbeit die philosophische Botschaft des Mosaiks, das sich einstmals auf einer Tischplatte in Pompeji befand.
4. Lesen Sie **M** auf S. 81 und vergleichen Sie das Horazgedicht mit Senecas 1. Brief.

i Sprache und Stil Senecas

Senecas Stilkennzeichen ist *brevitas*, Streben nach Kürze. Dieser Stil erfordert höchste Aufmerksamkeit vom Leser: In Farbe ist gekennzeichnet, was jeweils ergänzt werden muss:

Prädikate und/oder Objekte
Id agamus, ut meliorem vitam sequamur (...), non (id agamus), ut contrariam (vitam) (sequamur).

Subjunktionen
(Ut)*Tu quoque idem facias, volo.*

Demonstrativpronomina (*is, ea, id*) im Hauptsatz, die das Relativpronomen bestimmen
Non (is), qui iussus aliquid facit, miser est...
Alioquin (eos), quos emendari volumus, fugamus a nobis et avertimus.

Seneca spornt seinen Adressaten Lucilius (und jeden Leser!) zu philosophischer Lebensweise an. Dazu gebraucht er häufig **Hortative** (***Desinamus**, quod voluimus velle*), **Imperative** (***Excute** te et varie **scrutare** et **observa**!*) bzw. auffordernde **Konjunktive** (*Sic cum inferiore **vivas**...*) und **Jussive** (***Colant** potius te quam **timeant**!*).

Seneca gebraucht öfter Infinitive als Subjekt und Substantivierungen von Adjektiven im Neutrum Plural:
Sapientia est nosse divina et humana ...

Mosaik, Pompeji (1. Jh. n. Chr.)

Übersetzungen analysieren und vergleichen

Kriterien des Übersetzungsvergleichs

Jeder Übersetzer weiß, dass seine Übertragung nur eine Annäherung an den Originaltext darstellen kann – mit dem Ziel, eine angemessene Übersetzung zu versuchen. Das ist keine leichte Aufgabe v.a. bei antiken Texten, die ein großer zeitlicher Abstand von der Gegenwart trennt. Im Übersetzungsakt gilt es, eine fremde Kultur, andere Denkmuster und dementsprechend unterschiedliche Begrifflichkeiten in die eigene Zeit zu übertragen. Eine weitere Hürde ist die subjektive Beschränktheit jeden Übersetzers, der unmöglich die Bedeutungsfülle antiker Worte in seiner Sprache abbilden kann. So schwer die Arbeit für den Übersetzer auch sein mag: Für den Leser kann die parallele Lektüre verschiedener Übersetzungen hilfreich sein. Indem mehrere Übersetzungen nebeneinander unterschiedliche Blickwinkel und Formulierungsideen bereithalten, erhöht sich die Chance für den Leser, der Vielschichtigkeit und der Intention des Originaltextes auf die Spur zu kommen.

Um die Qualität von Übersetzungen beurteilen zu können, bedarf es fester Kriterien, anhand derer man das Original mit der Übersetzung (und Übersetzungen untereinander) vergleichen kann. Folgende **vier Kriterien** bieten sich an:

1. Äußere Form

a) bei Prosatexten: Wie ist der Text angeordnet? Werden andere Absätze eingeführt?

b) bei Gedichten: Handelt es sich um eine Prosaübersetzung oder wurde die Versanordnung des Originals beibehalten? Versucht die Übersetzung, das Versmaß des Originals wiederzugeben?

a) und b) Was ist in der Übersetzung ergänzt, was ausgelassen?

2. Satzbau

Wie sind die Sätze übertragen worden? Wird die lateinische Wortstellung beibehalten oder aufgegeben? Lassen sich Gründe dafür finden? Wird bei Gedichten die Versgrenze in der Übersetzung eingehalten?

3. Wortwahl und stilistische Eigentümlichkeiten

Sind die Wortwahl und der Stil der Übersetzung dem Original angemessen? Ist die Übertragung von Begriffen an manchen Stellen ungenau? Welche Rolle spielen Beiwörter? Wirkt das Deutsch altmodisch oder modern, sachlich oder poetisch, hochsprachlich oder slangartig? Werden Stilmerkmale des Originaltextes (z. B. Alliterationen, Anaphern, Wiederholungen) in der Übersetzung berücksichtigt? Fügt der Übersetzer neue Stilmittel ein? Wie geht er mit Sprachbildern um?

4. Gesamtaussage

Gibt es auffällige inhaltliche Abweichungen zwischen Übersetzung und Original (z. B. Aktualisierungen)? Wird die Gesamtaussage des Originals verändert? Sind die Aussageabsicht und die Tonlage des Originals getroffen? Bleibt seine Wirkung erhalten? Verfolgt die Übersetzung das Ziel, möglichst getreu die Sprachstruktur des Lateinischen nachzuahmen (ausgangssprachliches Übersetzen), oder will sie v.a. einen verständlichen deutschen Text bieten (zielsprachliches Übersetzen)?

Alternativ zu diesen vier Kriterien kann sich ein Übersetzungsvergleich auch an den folgenden **vier übergeordneten Fragestellungen** orientieren:

1. Welche Unterschiede gibt es zwischen den Übersetzungen?
2. Welche Wirkung haben sie?
3. In welchem Verhältnis stehen sie zum Original?

4. Welche der Übersetzungen trifft den Originaltext am besten?

Praxisbeispiel

Übersetzung von Seneca, *Ep. mor.* 1 (T1, Z. 1-8)

Übersetzung 1 (Schülerübersetzung)

Handle so, mein Lucilius: Nimm dich in Anspruch für dich, und sammle und bewahre die Zeit, die entweder weggenommen wurde oder entwendet oder verloren ging. Überzeuge dich davon, dass es so ist, wie ich schreibe, gewisse Zeiten werden uns entrissen, gewisse werden uns entzogen, gewisse entrinnen. Am schändlichsten dennoch ist der Verlust, welcher durch Nachlässigkeit entsteht. Und wenn du Acht geben wolltest, entgleitet ein großer Teil des Lebens den Schlechthandelnden, der größte Teil den Nichtstuenden, das ganze Leben den anders Handelnden.

Übersetzung 2 (D.J.W. Olshausen, Kiel 1811)

Recht so, mein Lucil, gieb Dich Dir selbst wieder und sammle und bewahre die Zeit, die Dir bisher theils geraubt, theils entwandt ward, theils entfiel. Überzeuge Dich, es sey, wie ich schreibe: Ein Theil unserer Zeit wird uns entrissen, ein andrer unvermerkt entzogen, ein dritter entschlüpft. Der schimpflichste Verlust jedoch ist der, welcher aus Nachlässigkeit entspringt; und wenn Du nur Acht geben willst - ein großer Theil des Lebens geht verloren mit Uebelsthun, der größte mit Nichtsthun, das Ganze mit Nebendingen.

Zu Übersetzung 1

Die Übersetzung versucht, möglichst nah am Ausgangstext zu bleiben - auf der Ebene der Wortwahl (*quaedam tempora* „gewisse Zeiten"), der Grammatik (getreu wird das Partizip ins Deutsche übertragen: *male agentibus* „den Schlechthandelnden") und des Satzbaus, wo die originale Wortstellung nachgeahmt wird: *Turpissima tamen est iactura, quae per neglegentiam fit.* „Am schändlichsten dennoch ist der Verlust, welcher durch Nachlässigkeit entsteht." Allerdings wird die präzise Nuancierung der Verben *auferebatur, subripiebatur, excidebat* nicht exakt abgebildet - der offenkundige Zeitdiebstahl durch andere, der unbemerkte Zeitverlust, das Vertrödeln von Zeit („weggenommen wurde oder entwendet oder verloren ging"). An einer Stelle ist die Übersetzung ungenau - *adhuc* ist nicht wiedergegeben.

Zu Übersetzung 2

Die Orthographie (gieb, theils, sey) verrät sofort, dass es sich um eine ältere Übersetzung handelt. Sie nimmt sich gegenüber dem Originaltext einige Freiheiten in der Begrifflichkeit heraus (*Ita fac* „Recht so", *quaedam tempora* „ein Theil unserer Zeit", *magna pars vitae elabitur* „ein großer Theil des Lebens geht verloren"), fügt Adverbien hinzu („theils", „theils", „theils") bzw. bemüht sich abweichend vom Original um abwechslungsreichen Stil, wenn die Aufzählung *quaedam, quaedam, quaedam* mit „ein Theil", „ein andrer", „ein dritter" wiedergegeben wird. Dafür aber trifft die Übersetzung den Geist der eigenen Sprache und vermag - besser als die erste Übersetzung - trotz aller Freiheit sehr präzise die feinen Begriffsunterschiede der Verben *auferebatur, subripiebatur, excidebat* auch in der Zielsprache abzubilden: „theils geraubt, theils entwandt ward, theils entfiel".

2.2 Ändere dich, nicht die Welt!

Wer sein Leben intensiv gelebt hat, braucht sich nicht vor dem Tod zu fürchten (*Ep. mor.* 61).

W		G
tōtus ultimus invītus	miser cārus plēnus (+ Gen.)	Hortativ, PFA / Infinitiv Futur Aktiv Indefinitpronomen (ali)quis

2 Seneca Lucilio suo salutem

Desinamus, quod voluimus, velle! Ego certe id ago, <ne> senex eadem velim, quae puer volui. In hoc unum eunt dies, in hoc noctes, hoc opus meum est, haec cogitatio, imponere veteribus malis finem. Id ago, ut mihi instar totius vitae dies sit. Nec mehercules tamquam ultimum rapio, sed sic illum aspicio, tamquam esse vel ultimus possit.

Hoc animo tibi hanc epistulam scribo, tamquam me cum maxime scribentem mors evocatura sit. Paratus exire sum et ideo fruar vita, quia, quam diu futurum hoc sit, non nimis pendeo. Ante senectutem curavi, ut bene viverem, in senectute, ut bene moriar. Bene autem mori est libenter mori.

Da operam, ne quid umquam invitus facias. Quidquid necesse futurum est repugnanti, id volenti necessitas non est. Ita dico: Qui imperia libens excipit, partem acerbissimam servitutis effugit: facere, quod nolit. Non, qui iussus aliquid facit, miser est, sed, qui invitus facit. Itaque sic animum componamus, ut quidquid res exiget, id velimus, et in primis, ut finem nostri sine tristitia cogitemus!

Ante ad mortem quam ad vitam praeparandi sumus. Satis instructa vita est, sed nos in instrumenta eius avidi sumus. Deesse aliquid nobis videtur et semper videbitur. Ut satis vixerimus, nec anni nec dies faciunt, sed animus. Vixi, Lucili carissime, quantum satis erat. Mortem plenus exspecto. Vale!

in hoc ūnum: zu diesem einzigen Zweck – **cōgitātiō, ōnis:** *hier* Plan

īnstar (+ Gen.) **esse:** gleich große Bedeutung haben wie etw.
mehercul̄ēs ~ herculēs

ēvocāre: *hier* aus dem Leben abberufen

pendēre: LW1

futūrum est ~ erit – **repugnāre:** sich widersetzen

trīstitia ← trīstis

praeparāre ~ parāre

īnstrūmenta n Pl.: *hier* Ausstattung, Inventar

K. nec annī nec diēs faciunt, sed animus, ut satis vīxerimus

1. Interpretieren Sie Z. 1–12 nach dem Muster von S. 26f.

2. Analysieren Sie die Übersetzungen von Martial 5,58, indem Sie sie mit dem Originaltext und untereinander vergleichen (**M**; → S. 40f.).

3. Nennen Sie Gemeinsamkeiten und Unterschiede zwischen Senecas 61. Brief und Martial 5,58 (M) und deuten Sie Ihr Ergebnis.
4. Erörtern Sie den Zusammenhang zwischen dem Schriftzug auf dem Mosaik und der Aufforderung Senecas: *tota vita discendum est mori* (*De brevitate vitae* 7,3).

M Lebenskunst (Martial 5,58)

Cras te victurum, cras dicis, Postume, semper.
Dic mihi, cras istud, Postume, quando venit?
Quam longe cras istud, ubi est? Aut unde petendum?
Numquid apud Parthos Armeniosque latet?
Iam cras istud habet Priami vel Nestoris annos.
Cras istud quanti, dic mihi, possit emi?
Cras vives? Hodie iam vivere, Postume, serum est:
Ille sapit, quisquis, Postume, vixit heri.

„Morgen wird gelebt!" So sprichst du unentwegt. O Postumus, sag: Wann kommt denn dieses „Morgen" an? Wie lange währt dies „Morgen"? Wo ist's, wie zu besorgen? Ist's bei den Parthern und Armeniern verborgen? Das „Morgen" hat vielleicht des Priamus und Nestor Alter schon erreicht. Wie teuer ist denn dieses „Morgen"? O sag mir's! – Leben willst du morgen? Auch heut zu leben ist zu spät. Wer klug ist, Postumus, hat gestern schon gelebt.
(Übersetzung: W. Hofmann)

Morgen wolltest du leben, „morgen" sagst du, Postumus, immer; sag mir: Dieses „morgen", Postumus, wann kommt es? Wie weit entfernt ist dieses „morgen"! Wo ist es? Oder wo zu suchen? Ist es etwa bei den Parthern und Armeniern versteckt? Schon hat dieses „morgen" die Jahre des Priamus oder Nestor. Dieses „morgen", für wie viel, sag mir, könnte man es kaufen? Morgen willst du leben? Schon heute zu leben, Postumus, ist zu spät: Der ist weise, Postumus, der gestern gelebt hat.
(Übersetzung: N. Holzberg)

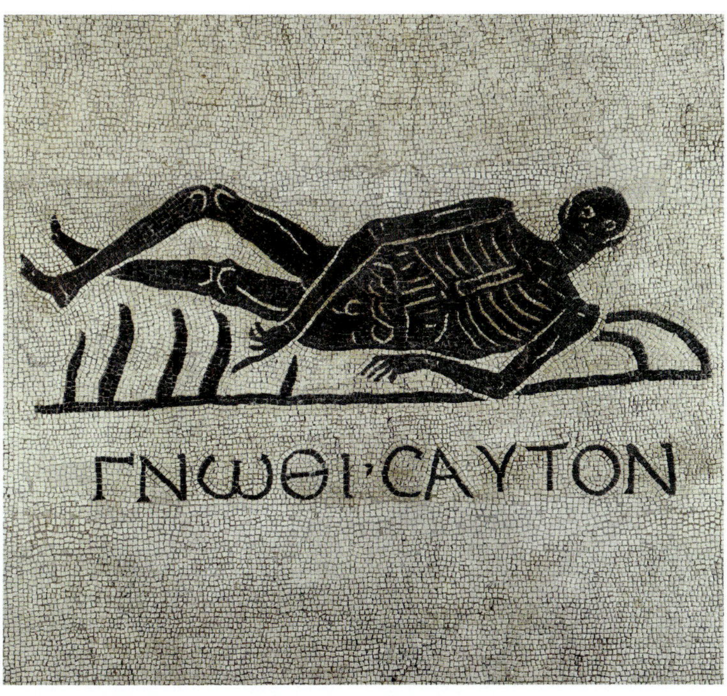

Römisches Mosaik mit der griechischen Inschrift *Gnothi seauton*, Erkenne dich selbst (2. Jh. n. Chr.), Thermen des Diokletian, Römisches Nationalmuseum

2.3 Philosophiere, wenn du weise werden willst!

Der Weg ist die Philosophie, das Ziel die Weisheit (*Ep. mor.* 89,4–6; 8f.).

W		**G**
ā / ab (+ Abl.)	ē / ex (+ Abl.)	Präpositionalausdrücke
inter (+ Akk.)	in (+ Akk. / Abl.)	Gen. possessivus und partitivus
ad (+ Akk.)	per (+ Akk.)	indirekte Fragesätze

3 Primum itaque, si videtur tibi, dicam inter sapientiam et philosophiam quid intersit. Sapientia perfectum bonum est mentis humanae; philosophia sapientiae amor est et adfectatio: haec eo tendit, quo illa pervēnit. Philosophia unde dicta sit, apparet; ipso enim nomine fatetur, quid amet.

Sapientiam quidam ita finierunt, ut dicerent divinorum et humanorum scientiam, quidam ita: Sapientia est nosse divina et humana et horum causas. Supervacua mihi haec videtur adiectio, quia causae divinorum humanorumque pars divinorum sunt. Philosophiam quoque fuerunt qui aliter atque aliter finirent: Alii studium illam virtutis esse dixerunt, alii studium corrigendae mentis. A quibusdam dicta est adpetitio rectae rationis.

Illud quasi constitit, aliquid inter philosophiam et sapientiam interesse. Neque enim fieri potest, ut idem sit, quod adfectatur et quod adfectat. Quomodo multum inter avaritiam et pecuniam interest, cum illa cupiat, haec concupiscatur, sic inter philosophiam et sapientiam. Haec enim illius effectus ac praemium est. Illa venit, ad hanc itur. [...]

Quidam ex nostris, quamvis philosophia studium virtutis esset et haec peteretur, illa peteret, tamen non putaverunt illas distrahi posse. Nam nec philosophia sine virtute est nec sine philosophia virtus. Philosophia studium virtutis est, sed per ipsam virtutem. Nec virtus autem esse sine studio sui potest nec virtutis studium sine ipsa. [...] Ad virtutem venitur per ipsam, cohaerent inter se philosophia virtusque.

Philosophiae tres partes esse dixerunt et maximi et plurimi auctores: Moralem, naturalem, rationalem. Prima componit animum. Secunda rerum naturam scrutatur.

Tertia proprietates verborum exigit et structuram et argumentationes, ne pro vero falsa subrepant.

adfectātiō, ōnis: das (eifrige) Streben

fīniērunt = fīnīvērunt

nōsse = nōvisse

supervacuus: überflüssig

adiectiō, ōnis: Zusatz

K. Fuērunt quoque <iī>, quī philosophiam aliter ...

adpetitiō, ōnis: das Verlangen

cōnstitit ~ cōnstat

adfectāre: erstreben

concupīscere: begehren

effectus, ūs: Wirkung

distrahere: *hier* trennen

studiō suī: Gen. obiectivus

cohaerēre: zusammenhängen

<pars> **mōrālis:** die Ethik
<pars> **nātūrālis:** die Physik
<pars> **ratiōnālis:** die Logik / Dialektik
scrūtārī: erforschen
proprietātēs verbōrum exigit et strūctūram et argūmentātiōnēs: untersucht die eigentümlichen Bedeutungen der Wörter und den Aufbau der Beweisführungen – **subrēpere:** sich (heimlich) einschleichen

1. Beschreiben Sie, in welcher Beziehung *philosophia* und *sapientia* bzw. *philosophia* und *virtus* zueinander stehen.
2. Weisen Sie den drei Teilgebieten der antiken Philosophie ihren jeweiligen Arbeitsbereich zu.
3. Beschreiben Sie in Partnerarbeit die Abbildung des Sokrates. Erläutern Sie, warum dieser Bildnistyp Ausdruck eines Paradigmenwechsels in der Darstellung eines Philosophen ist (→ i).
4. Bereits in der Antike teilte man die Tugend in die vier Kardinaltugenden auf (→ i). Erschließen Sie zu jeder Kardinaltugend die zwei Extreme, zwischen denen sie die goldene Mitte (→ GW, S. 144) darstellt.

Sokrates (469–399 v. Chr.), Britisches Museum, London

i *virtus*

Nach Ansicht der älteren Stoa kann man *virtus* entweder ganz oder gar nicht besitzen. Da *virtus* als Glück jedoch Freiheit von allen Affekten bedeutet, wird Glück zu einem Ziel, das nahezu unerreichbar wird. Der Weise (*sapiens*) tritt deshalb wie der Vogel Phönix auch nur alle 500 Jahre in Erscheinung. Zur *sapientia* bedarf er nicht mehr wie im 5. Jh. v. Chr. der **Kalokagathie**. Nach dieser Idealvorstellung hätte nämlich Sokrates, dem man das Prädikat *sapiens* zuerkannte, nie weise sein können: Denn nur der erfüllt das Ideal des Menschen, der körperliche Schönheit (*kalos*) und edle Gesinnung (*agathos*) in sich vereint.

Virtutes cardinales: Die vier Kardinaltugenden sind die **Tapferkeit** (ἀνδρεία, *Andreia*), die **Gerechtigkeit** (δικαιοσύνη, *Dikaiosyne*), die **Verständigkeit** (σωφροσύνη, *Sophrosyne*) und die **Klugheit** (φρόνησις, *Phronesis*) oder **Weisheit** (σοφία, *Sophia*). Im Mittelalter wurden diese vier Kardinaltugenden um die drei christlichen Tugenden Glaube, Liebe und Hoffnung auf die Sieben Tugenden erweitert.

Die vier Kardinaltugenden, franz. Buchmalerei (um 1300)

2.4 Spiel nicht Philosoph, sei es!

Auf die innere Haltung, nicht Äußerlichkeiten kommt es an (*Ep. mor.* 5,1-5).

W sequī (+ Akk.) · commūnis · carēre (+ Abl.) · omittere · prōmittere · ūtī (+ Abl.)

G Steigerung der Adverbien · Jussiv und Hortativ · Gen. possessivus

4 Seneca Lucilio suo salutem

Quod pertinaciter studes et omnibus omissis hoc unum agis, ut te meliorem cottidie facias, et probo et gaudeo. Nec tantum hortor, ut perseveres, sed etiam rogo. Illud autem te admoneo, ne eorum more, qui non proficere, sed conspici cupiunt, facias aliqua, quae in habitu tuo aut genere vitae notabilia sint.

Asperum cultum et intonsum caput et neglegentiorem barbam et indictum argento odium et cubile humi positum et, quidquid aliud ambitionem perversa via sequitur, evita! Satis ipsum nomen philosophiae, etiam si modeste tractetur, invidiosum est: Quid, si nos hominum consuetudini coeperimus excerpere? Intus omnia dissimilia sint, frons populo nostra conveniat!

Non splendeat toga, ne sordeat quidem! Non habeamus argentum [...], sed non putemus frugalitatis indicium auro argentoque caruisse. Id agamus, ut meliorem vitam sequamur quam vulgus, non ut contrariam! Alioquin, quos emendari volumus, fugamus a nobis et avertimus. Illud quoque efficimus, ut nihil imitari velint nostri, dum timent, ne imitanda sint omnia.

Hoc primum philosophia promittit: sensum communem, humanitatem et congregationem. A qua professione dissimilitudo nos separabit. Videamus, ne ista, per quae admirationem parare volumus, ridicula et odiosa sint! Nempe propositum nostrum est secundum naturam vivere. Hoc contra naturam est: torquere corpus suum et faciles odisse munditias et squalorem appetere et cibis non tantum vilibus uti, sed taetris et horridis.

Quemadmodum desiderare delicatas res luxuriae est, ita usitatas et non magno parabiles fugere dementiae. Frugalitatem exigit philosophia, non poenam. Potest autem esse non incompta frugalitas.

Hic mihi modus placet:

Temperetur vita inter bonos mores et publicos! Suspiciant omnes vitam nostram, sed agnoscant! [...]

pertināx, ācis: beharrlich – **hoc agere, ut:** LW2 – **cottīdiē:** LW1

admonēre ~ monēre

habitus, ūs: *hier* Kleidung

notābilis: auffallend

cultus, ūs: Körperpflege – **intōnsus:** ungeschoren – **neglegēns, entis:** nachlässig – **indictus:** offen geäußert **cubīle, is** n: Lager – **humī:** auf dem Boden – **perversus:** verkehrt **ēvītāre:** vermeiden – **tractāre:** *hier* verwenden – **invidiōsus** → A1 **excerpere** (+ Dat.): herausnehmen (aus) **dissimilis** → A1

splendēre: glänzen – **sordēre:** schmutzig sein – *K.* nōn putēmus indicium frūgālitātis <esse> aurō ...

contrārius ~ adversus

nihil nostri: Gen. partitivus

congregātiō, ōnis: Geselligkeit **professiō, ōnis:** *hier* Ankündigung **dissimilitūdō, inis:** Anderssein **sēparāre:** *hier* ausschließen **admīrātiō, ōnis** ← mīrārī – **rīdiculus:** lächerlich – **odiōsus:** verhasst **facilēs munditiae:** leicht zu erfüllende Formen von Reinlichkeit – **squālor, ōris:** Schmutz – **taeter, tra, trum:** eklig – **horridus:** → A1 – *K.* Quemadmodum luxuriae est ... dēsīderāre, ita dēmentiae <est> ... fugere **dēlicātās rēs:** Leckerbissen

ūsitātus: gewöhnlich – **nōn magnō parābilis:** nicht teuer beschaffbar **incōmptus** → A1

agnōscere: *hier* gelten lassen

1. Beachten Sie die Regeln der Wortbildung auf S. 13 und erschließen Sie die Bedeutung von *invidiosus*, *dissimilis*, *horridus* und *incomptus*.
2. Analysieren Sie nach einer Ihnen geläufigen Methode den Satz *Illud autem* ... (Z. 4–7; → S. 18).
3. Interpretieren Sie die Absätze 1–3 nach dem Muster von S. 26f.
4. Nehmen Sie – vor dem Hintergrund der Biographie Senecas (→ S. 36f.) – in Gruppenarbeit Stellung zu der von ihm in Absatz 5 vertretenen Position.
5. Weisen Sie anhand des Textes und **M** die Aktualität antiker Philosophie nach.
6. Als Nachfolger der antiken Kyniker können die indischen „Sadhus" (→ **i**) gelten. Diskutieren Sie, warum diese zwar fasziniert betrachtet, aber nicht zum Vorbild genommen werden.

Indischer Sadhu

M Haarspalterei? (Seneca, *De brevitate vitae* 12)

Wie? Nennst du der Muße ergeben die, welche stundenlang in der Barbier- und Friseurstube zubringen, wo sie sich den Bartwuchs der letzten Nacht abnehmen lassen, wo über jedes Härchen Rat gehalten, wo jede Verschiebung des Haares ausgeglichen oder bloßgelegte kahle Stellen durch Streichen der Haare nach vorn zu wieder zugedeckt werden? Wie brausen sie gereizt auf, wenn der Barbier sich etwas gehen lässt in dem Wahn, es sei ein Mann, den er unter der Schere habe! Wie entrüstet sind sie, wenn ein Büschelchen aus ihrer Mähne aus Versehen abgeschnitten ist, wenn die Anordnung auch nur das Geringste vermissen lässt, wenn nicht alles in Ringeln fällt, wie sich's gehört!

(Übersetzung: O. Apelt)

i Kyniker

Griechische Philosophenschule, deren Ideal in absoluter Bedürfnislosigkeit bestand; bis heute bekanntester Vertreter dieser wie die Hunde (griech.: *kynes*) lebenden Philosophen ist Diogenes von Sinope; als dessen legitime Nachfolger dürfen heute die indischen **Sadhus** (altindisch: „gute Männer"; „Heilige") angesehen werden, die in völliger Askese jeglicher Zivilisation entsagend ihr Leben unter freiem Himmel führen und sich von Almosen der Bevölkerung ernähren.

2.5 Lass guten Vorsatz zur Haltung werden!

Philosophie ist harte, aber nützliche Arbeit an sich selbst (*Ep. mor.* 16,1-6).

W		G
prōpōnere addere accidere	exigere dēcernere impellere	Deponentia attribut. und prädikat. Gerundiv Infinitiv Passiv

5 Seneca Lucilio suo salutem

Liquere hoc tibi, Lucili, scio, neminem posse beate vivere – ne tolerabiliter quidem – sine sapientiae studio et beatam vitam perfecta sapientia effici, ceterum tolerabilem etiam incohata. Sed hoc, quod liquet, firmandum et altius cottidiana meditatione figendum est. Plus operis est in eo, ut proposita custodias, quam ut honesta proponas. Perseverandum est et assiduo studio robur addendum, donec bona mens sit, quod bona voluntas est.

tolerābilis: erträglich
sapientia: LW3 – **incohātus:** angefangen – **firmāre** ~ cōnfirmāre
cottidiānus: täglich – **fīgere:** *hier* einprägen – **prōpositum:** LW4
custōdīre ← custōs
persevērāre: LW4
donec: solange bis

Itaque non opus est tibi apud me pluribus verbis aut affirmatione tam longa. Intellego multum te profecisse. Quae scribis, unde veniant, scio. Non sunt ficta nec colorata. Dicam tamen, quid sentiam: Iam de te spem habeo, nondum fiduciam. Tu quoque idem facias, volo. Non est, quod tibi cito et facile credas. Excute te et varie scrutare et observa! Illud ante omnia vide, utrum in philosophia an in ipsa vita profeceris!

affirmātiō, ōnis: Beteuerung
prōficere: LW4 – *K.* Sciō, unde veniant, quae scrībis.
colōrātus: *hier* geschminkt
excutere: *hier* genau untersuchen
scrūtārī: erforschen
prōficere: LW4

Non est philosophia populare artificium nec ostentationi paratum. Non in verbis, sed in rebus est. Nec in hoc adhibetur, ut cum aliqua oblectatione consumatur dies, ut dematur otio nausia. Animum format et fabricat, vitam disponit, actiones regit, agenda et omittenda demonstrat, sedet ad gubernaculum et per ancipitia fluctuantium derigit cursum. Sine hac nemo intrepide potest vivere, nemo secure. Innumerabilia accidunt singulis horis, quae consilium exigant, quod ab hac petendum est.

populāris, e: *hier* volkstümlich
ostentātiōnī parātum: erworben, um damit zu prahlen
aliqua: LW4 – **oblectātiō, ōnis:** angenehme Unterhaltung – **dēmere:** wegnehmen – **nausia:** Langeweile
fabricāre: fertigen – **per ancipitia flūctuantium dērigit cursum:** sie lenkt die Bahn der durch gefährliche Situationen Treibenden – **intrepidus:** unerschrocken

Dicet aliquis: „Quid mihi prodest philosophia, si fatum est? Quid prodest, si deus rector est? Quid prodest, si casus imperat? Nam et mutari certa non possunt et nihil praeparari potest adversus incerta, sed aut consilium meum occupavit deus decrevitque, quid facerem, aut consilio meo nihil fortuna permittit.“

rēctor: Lenker
praeparāre ~ parāre

Quidquid est ex his, Lucili, vel si omnia haec sunt, philosophandum est. Sive nos inexorabili lege fata constringunt, sive arbiter deus universi cuncta disposuit, sive casus res humanas sine ordine impellit et iactat, philosophia nos tueri

est … sunt: *hier* zutrifft … zutreffen
inexōrābilis: unerbittlich
cōnstringere: fesseln

debet. Haec adhortabitur, ut deo libenter pareamus, ut fortunae contumaciter. Haec docebit, ut deum sequaris, feras casum.

Sed non est nunc in hanc disputationem transeundum, quid sit iuris nostri, si providentia in imperio est aut si fatorum series illigatos trahit aut si repentina ac subita dominantur. Illo nunc revertor, ut te moneam et exhorter, ne patiaris impetum animi tui delabi et refrigescere. Contine illum et constitue, ut habitus animi fiat, quod est impetus!

adhortārī ~hortārī

contumāx, ācis: trotzig

disputātiō, ōnis: wiss. Erörterung

sit iūris nostrī: in unserer Macht steht – **fātōrum seriēs illigātōs trahit:** der Gang des Schicksals zieht in Fesseln mit sich – **repentīnus:** unvermutet – **dēlābī:** *hier* erlahmen

refrīgēscere: erkalten – **habitus, ūs:** Zustand

1. Grenzen Sie mithilfe eines Wörterbuches die Begriffspaare *mens – voluntas, spes – fiducia* und *habitus – impetus* gegeneinander ab.
2. Arbeiten Sie alle Tipps heraus, die Seneca dem *proficiens* (→ i) mit auf den Weg zum Weisen gibt.
3. Interpretieren Sie die Absätze 3–5 nach dem Muster von S. 26f.
4. Vergleichen Sie die Sitzstatue Chrysipps mit der Epikurs auf S. 25 und erklären Sie die von Ihnen beobachteten Unterschiede.

i Der Typus des *proficiens*

Die alte Stoa eines Chrysipp unterschied streng zwei Typen von Menschen: den Narren ohne jegliche philosophische Bildung (*morus*) und den vollendeten Weisen (*sapiens*). Als die stoische Schule Konkurrenz durch Epikurs Lehre bekam, erfand die sog. „Mittlere Stoa" als Bindeglied zwischen Narr und Weisem den *proficiens*, den Menschen, der Fortschritte auf dem Weg weg vom Narren hin zum Weisen macht. Mit diesem neugeschaffenen Typus des Weisheitssuchers konnten viele Menschen für die Stoa zurückgewonnen werden.

Chrysipp (281–208 v. Chr.), Louvre, Paris

2.6 Perfektioniere die göttliche Gabe der Vernunft!

Nach Senecas Überzeugung ist Glück nur auf dem Weg der Vernunft erreichbar (*Ep. mor.* 41,1-2; 5-6; 8-9).

W simulācrum, spīritus, nūmen, nītī, vitium, salūs

G direkte und indirekte Fragesätze, Steigerung der Adjektive, Relativsätze

6 Seneca Lucilio suo salutem

Facis rem optimam et tibi salutarem, si – ut scribis – perseveras ire ad bonam mentem, quam stultum est optare, cum possis a te impetrare. Non sunt ad caelum elevandae manus nec exorandus aedituus, ut nos ad aurem simulacri, quasi magis exaudiri possimus, admittat. Prope est a te deus, tecum est, intus est.

Ita dico, Lucili: Sacer intra nos spiritus sedet, malorum bonorumque nostrorum observator et custos. Hic prout a nobis tractatus est, ita nos ipse tractat. Bonus vero vir sine deo nemo est. An potest aliquis supra fortunam nisi ab illo adiutus exsurgere? Ille dat consilia magnifica et erecta. In unoquoque virorum bonorum habitat deus. [...]

Vis isto divina descendit. Animum excellentem, moderatum, omnia tamquam minora transeuntem, quidquid timemus optamusque, ridentem, caelestis potentia agitat. Non potest res tanta sine adminiculo numinis stare. Itaque maiore sui parte illic est, unde descendit. Quemadmodum radii solis contingunt quidem terram, sed ibi sunt, unde mittuntur, sic animus magnus ac sacer et in hoc demissus, ut propius divina nossemus, conversatur quidem nobiscum, sed haeret origini suae. Illinc pendet, illuc spectat ac nititur, nostris tamquam melior interest.

Quis est ergo hic animus? Qui nullo bono nisi suo nitet. Quid enim est stultius quam in homine aliena laudare? [...] Lauda in illo, quod nec eripi potest nec dari, quod proprium hominis est. Quaeris, quid sit? Animus et ratio in animo perfecta. Rationale enim animal est homo. Consummatur itaque bonum eius, si id implevit, cui nascitur.

Quid est autem, quod ab illo ratio haec exigat? Rem facillimam: Secundum naturam suam vivere. Sed hanc difficilem facit communis insania. In vitia alter alterum trudimus. Quomodo autem revocari ad salutem possunt, quos nemo retinet, populus impellit? Vale.

persevērāre: LW4

ēlevāre: *hier* emporheben

exōrāre: durch Bitten erweichen
aedituus: Tempelhüter
exaudīre: erhören

observātor ← observāre: LW5 – **prout:** so wie – **tractāre:** *hier* behandeln

supra (+ Akk.) ... **exsurgere:** sich über etw. erheben – **adiūtus:** unterstützt
ērēctus: *hier* erhaben

istō Adv.: dorthin – *K.* Caelestis potentia agitat animum excellentem ... rīdentem <id>, quidquid timēmus ...
excellēns, entis: ausgezeichnet
moderātus ~ modestus: LW4
caelestis ← caelum
adminiculum: Stütze
radius: Strahl

nōssēmus ~ nōvissēmus
conversārī: sich aufhalten
illinc Adv.: von dort – **pendēre:** LW1
nostra n Pl.: unsere Angelegenheiten (die der Menschen)
nitēre: glänzen

cōnsummāre: *hier* zur Vollendung bringen
implēre: vollbringen

secundum: LW4

īnsānia: Wahnsinn
trūdere: stoßen
quōmodo: LW3 – *K.* Quōmodo ... revocārī .... possunt <iī>, quōs ...

1. Interpretieren Sie Absatz 2 nach dem Muster von S. 26f.
2. Beschreiben Sie die Metaphorik von Absatz 3 und erklären Sie, warum man in manchen Kirchen Abbildungen Senecas findet.
3. Erläutern Sie, wie der Mensch nach stoischer Vorstellung (→ S. 147) zu seiner *ratio* kommt und welche Folgen das für das Verhältnis von Mensch und Welt hat.
4. Vergleichen Sie **M 1** und **M 2** und überprüfen Sie, ob diese Texte mit stoischen Denkweisen in Einklang gebracht werden können.
5. Deuten Sie in Gruppenarbeit die Abbildung.

Die Suche nach dem Ich, aus:
GEO Kompakt, 2/1989, S. 69

M 1 Freude, schöner Götterfunken (F. Schiller)

1. Freude, schöner Götterfunken,
Tochter aus Elysium!
Wir betreten feuertrunken,
Himmlische, Dein Heiligtum.
Deine Zauber binden wieder,
was die Mode streng geteilt,
alle Menschen werden Brüder,
wo Dein sanfter Flügel weilt.
Seid umschlungen, Millionen!
Diesen Kuss der ganzen Welt!
|: Brüder, überm Sternenzelt muss ein lieber Vater wohnen. :|

2. Wem der große Wurf gelungen,
eines Freundes Freund zu sein,
wer ein holdes Weib errungen,
mische seinen Jubel ein!
Ja, wer auch nur eine Seele
sein nennt auf dem Erdenrund!
Und wer's nie gekonnt, der stehle
weinend sich aus diesem Bund!
Was den großen Ring bewohnet,
huldige der Sympathie.
|: Zu den Sternen leitet sie, wo der Unbekannte thronet. :|

M 2 Vom selben Stern (Ich und Ich)

Wir alle sind aus Sternenstaub.
In unseren Augen war mal Glanz.
Wir sind noch immer nicht
zerbrochen, wir sind ganz.

Du bist vom selben Stern.
Ich kann deinen Herzschlag
hör'n.
Du bist vom selben Stern, wie ich.
Weil dich die gleiche Stimme lenkt
und du am gleichen Faden
hängst.
Weil du dasselbe denkst, wie ich.

2.7 Setze alles auf die größte menschliche Begabung!

Das einzige vernunftbegabte Lebewesen ist der Mensch (*Ep. mor.* 76,8-11).

W
ergō
itaque
enim
sequī (+ Akk.)
tangere
probāre

G
Satzanalyse

7 [...] Id in quoque optimum esse debet, cui nascitur, quo censetur. In homine quid est optimum? Ratio. Hac antecedit animalia, deos sequitur. Ratio ergo perfecta proprium bonum est, cetera illi cum animalibus satisque communia sunt. Valet: et leones. Formosus est: et pavones. Velox est: et equi. Non dico, in his omnibus vincitur. Non quaero, quid in se maximum habeat, sed quid suum. Corpus habet: et arbores. Habet impetum ac motum voluntarium: et bestiae et vermes. Habet vocem: sed quanto clariorem canes, acutiorem aquilae, graviorem tauri, dulciorem mobilioremque luscinii? Quid est in homine proprium? Ratio. Haec recta et consummata felicitatem hominis implevit. Ergo si omnis res, cum bonum suum perfecit, laudabilis est et ad finem naturae suae pervenit, homini autem suum bonum ratio est, si hanc perfecit, laudabilis est et finem naturae suae tetigit. Haec ratio perfecta virtus vocatur eademque honestum est. Id itaque unum bonum est in homine, quod unum hominis est. Nunc enim non quaerimus, quid sit bonum, sed quid sit hominis bonum. Si nullum aliud est hominis quam ratio, haec erit unum eius bonum, sed pensandum cum omnibus. Si sit aliquis malus, puto, improbabitur; si bonus, puto, probabitur. Id ergo in homine primum solumque est, quo et probatur et improbatur.

cui (Dat. commodi): wofür
antecēdere: übertreffen
animal, ālis: LW6 - **proprius:** LW6
sata, ōrum: *hier* Pflanzen
pāvō, ōnis: Pfau
maximum ... suum prädikat.
voluntārius: freiwillig
vermis, is: Wurm
clārus → A1
acūtus → A1 - **aquila:** Adler
gravis → A1 - **taurus:** Stier
luscinius: Nachtigall
proprius: LW6
cōnsummāre: *hier* zur Vollendung bringen - **implēre:** vollenden
pēnsāre: *hier* erkaufen
improbāre: missbilligen

1. Erschließen Sie mithilfe eines Wörterbuches die Bedeutung von *clarus*, *acutus* und *gravis*. Beachten Sie dabei den jeweiligen Kontext (→ S. 12).
2. Entwickeln Sie in Stichpunkten die Argumentationslinie Senecas. Fassen Sie dann jeden Absatz in einer These zusammen.
3. Benennen Sie alle Stilmittel, mit denen Seneca die Bedeutung der Vernunft zu unterstreichen versucht (→ GW: Stilmittel, S. 152f.).

4. Informieren Sie sich über die *ratio* in der Stoa und bei Epikur (→ GW, S. 145f.; 147).
   a) Arbeiten Sie heraus, warum das Glück des Menschen nicht nur von der *ratio*, sondern von der *recta ratio* abhängt.
   b) Untersuchen Sie in Partnerarbeit, wie die Orientierung an der *recta ratio* in beiden Schulen zu verschiedenen Glückskonzepten führen kann.
   c) Überprüfen Sie in Gruppenarbeit, ob bei der Glückssuche der Rat, das Lustgefühl (*voluptas*) völlig auszuschalten, hilfreich ist.
5. Nehmen Sie anknüpfend an **i** Stellung zur Definition des Menschen als *animal rationale*.

i Intelligenz und Kompetenz

Als wesentliche Elemente der Intelligenz wurden früher allein empirisch nachweisbare kognitive Fähigkeiten, wie z. B. die Fähigkeit zu logischem, abstraktem bzw. räumlichem Denken, die Schnelligkeit der Auffassungsgabe und die Gedächtnisleistung angesehen. Heute rechnet man daneben aber auch weniger greifbare Elemente wie musisch-künstlerische Begabungen, Kreativität und Beziehungsfähigkeit (soziale bzw. emotionale Intelligenz) unter die Faktoren der Intelligenz. Besonders interessant ist, dass emotionale und herkömmliche Intelligenz oftmals nicht voneinander getrennt betrachtet werden können, sondern einander bedingen: Denn Forschungen haben gezeigt, dass, wer einen hohen Intelligenzquotienten (IQ) hat, sehr oft auch eine sehr hohe emotionale Kompetenz (EQ) aufweist.

Kompetenzmodell nach Lehmann / Nieke, Kompetenz-Modell (www.bildung-mv.de/de/search.html?page=2&query=ziertes, 2005)

2.8 Was du nicht willst, das man dir tu …

Seneca äußert für seine Zeit fortschrittliche Gedanken zum Verhalten gegenüber Sklaven (*Ep. mor.* 47,1-2; 10-13; 17).

W		G
cognōscere	cōnsuētūdō	Stilmittel
cōgitāre	cōnsilium	Satzanalyse
orīrī	colere	

8 Seneca Lucilio suo salutem

Libenter ex iis, qui a te veniunt, cognovi familiariter te cum servis tuis vivere. Hoc prudentiam tuam, hoc eruditionem decet. „Servi sunt.“ Immo homines. „Servi sunt.“ Immo contubernales. „Servi sunt.“ Immo humiles amici. „Servi sunt.“ Immo conservi, si cogitaveris tantundem in utrosque licere fortunae. Itaque rideo istos, qui turpe existimant cum servo suo cenare. Quare, nisi quia superbissima consuetudo cenanti domino stantium servorum turbam circumdedit? […] Vis tu cogitare istum, quem servum tuum vocas, ex isdem seminibus ortum eodem frui caelo, aeque spirare, aeque vivere, aeque mori! Tam tu illum videre ingenuum potes quam ille te servum. Variana clade multos splendidissime natos, senatorium per militiam auspicantes gradum, fortuna depressit. Alium ex illis pastorem, alium custodem casae fecit. Contemne nunc eius fortunae hominem, in quam transire, dum contemnis, potes!

Nolo in ingentem me locum immittere et de usu servorum disputare, in quos superbissimi, crudelissimi, contumeliosissimi sumus. Haec tamen praecepti mei summa est: Sic cum inferiore vivas, quemadmodum tecum superiorem velis vivere. Quotiens in mentem venerit, quantum tibi in servum tuum liceat, veniat in mentem tantundem in te domino tuo licere!

„At ego“, inquis, „nullum habeo dominum.“ Bona aetas est: Forsitan habebis. Nescis, qua aetate Hecuba servire coeperit, qua Croesus, qua Darei mater, qua Plato, qua Diogenes? Vive cum servo clementer, comiter quoque! Et in sermonem illum admitte et in consilium et in convictum! […] „Servus est.“ Sed fortasse liber animo. „Servus est.“ Hoc illi nocebit? Ostende, quis non sit! Alius libidini servit, alius avaritiae, alius ambitioni, omnes spei, omnes timori. Dabo consularem aniculae servientem, dabo ancillulae divitem, ostendam nobilissimos iuvenes mancipia pantomimorum.

ērudītiō, ōnis: *hier* Bildung

contubernālis, is: Hausgenosse

humilis: *hier* von niedrigem Stand

cōnservus: Mitsklave – **tantundem** (Akk. n): ebensoviel

K. Quārē <id faciunt>, nisī quia cōnsuētūdō superbissima dominō cēnantī turbam servōrum stantium circumdedit?

sēmen, inis n: Same – **fruī** (+ Abl.): LW2 – **spīrāre:** atmen

K. Fortūna … multōs … dēpressit
Vāriānā clāde: durch die Niederlage des Varus (9 n. Chr. im Teutoburger Wald) – **splendidissimē nātōs:** von glänzendster Herkunft – **senātōrium per mīlitiam auspicantēs gradum:** die durch den Kriegsdienst in den Rang eines Senators aufzusteigen hofften – **dēprimere, -primō, -pressī:** herabdrücken – **immittere:** *hier* einlassen – **contumēliōsus:** beleidigend
summa: *hier* kurze Zusammenfassung
īnferior, ōris: einer, der niedrigeren Stand hat
tantundem (Akk. n): ebensoviel

forsitan Adv.: vielleicht – **Hecuba:** EV

Croesus: EV – **Dārēus:** EV – **Platō:** EV
Diogenēs: EV
cōmiter Adv.: freundlich
convictus, ūs: Tischgesellschaft
fortasse: LW1

quis nōn sit <servus>

ambitiō, ōnis: LW4 – **dare:** *hier* nennen – **cōnsulāris, is:** ehemaliger Konsul – **anicula:** altes Mütterchen
ancillula: junge Magd – **mancipium:** Sklave – **pantomīmus:** Balletttänzer

Nulla servitus turpior est quam voluntaria. Quare non est, quod fastidiosi isti te deterreant, quominus servis tuis hilarem te praestes et non superbe superiorem. Colant potius te quam timeant!

voluntārius: freiwillig

fastīdiōsus: *hier* stolzer Herr

dēterrēre, quōminus (+ Konj.): abschrecken, dass – **hilaris:** heiter

1. Stellen Sie aus dem Text alle Argumente zusammen, die Seneca für einen menschlichen Umgang mit Sklaven vorbringt. Geben Sie an, auf welcher philosophischen Grundüberzeugung der Stoa diese Argumente basieren (→ GW, S. 147).
2. Wählen Sie aus dem Text den Absatz aus, zu dem die Abbildung eine passende Illustration darstellt (→ i).
3. Als guter Rhetoriker verwendet Seneca Beispiele (*exempla*). Recherchieren Sie, welche mythischen und historischen Ereignisse Seneca in Absatz 4 zur Stützung seiner Argumentation heranzieht.
4. Arbeiten Sie in Partnerarbeit heraus, worin für Seneca „Freiheit" besteht. Untersuchen Sie, warum diese Definition von Freiheit dazu beigetragen hat, die Sklaverei auch im Christentum noch lange beizubehalten.

i *Rota Fortunae*

Das Rad der Fortuna ist die Verbildlichung eines philosophischen Gedankens der Antike und des Mittelalters (vgl. 6. *Carmina Burana*, S. 132). Das Rad symbolisiert als Attribut der Glücks- bzw. Schicksalsgöttin Fortuna den steten Wandel des Glücks, sodass man niemanden vor seinem Tod glücklich preisen darf.

Bonifacio Bembo (15. Jh.): Das Rad der Fortuna, italienische Buchmalerei, Pinacoteca di Brera, Mailand

2.9 Strebe nach Vervollkommnung und Freiheit!

Der Schlüssel zum Glück liegt in der *virtus* (*De vita beata* 16; 18).

W		G
cōgere temptāre prohibēre	prōcēdere prōgredī spargere	Futur I und II attribut. und prädikat. Gerundiv Indefinitpronomen aliquis

9 Ergo in virtute posita est vera felicitas. Quid haec tibi virtus suadebit? Ne quid aut bonum aut malum existimes, quod nec virtute nec malitia continget. Deinde, ut sis immobilis et contra malum et ex bono, ut, qua fas est, deum effingas. Quid tibi pro hac expeditione promittit? Ingentia et aequa divinis: Nihil cogeris, nullo indigebis, liber eris, tutus, indemnis. Nihil frustra temptabis, nihil prohibeberis. Omnia tibi ex sententia cedent, nihil adversum accidet, nihil contra opinionem ac voluntatem.

„Quid ergo? Virtus ad beate vivendum sufficit?“ Perfecta illa et divina quidni sufficiat, immo superfluat? Quid enim deesse potest extra desiderium omnium posito? Quid extrinsecus opus est ei, qui omnia sua in se collegit? Sed ei, qui ad virtutem tendit, etiam si multum processit, opus est aliqua fortunae indulgentia adhuc inter humana luctanti, dum nodum illum exsolvit et omne vinculum mortale. Quid ergo interest? Quod arte alligati sunt alii, adstricti, districti quoque: hic, qui ad superiora progressus est et se altius extulit, laxam catenam trahit, nondum liber, iam tamen pro libero. […]

„Aliter“, inquis, „loqueris, aliter vivis.“ Hoc […] Platoni obiectum est, obiectum Epicuro, obiectum Zenoni. Omnes enim isti dicebant non, quemadmodum ipsi viverent, sed, quemadmodum esset et ipsis vivendum. De virtute, non de me loquor. Et cum vitiis convicium facio, imprimis meis facio: Cum potuero, vivam, quomodo oportet. Nec malignitas me ista multo veneno tincta deterrebit ab optimis. Ne virus quidem istud, quo alios spargitis, quo vos necatis, me impediet, quominus perseverem laudare vitam – non quam ago, sed quam agendam scio –, quominus virtutem adorem et ex intervallo ingenti reptabundus sequar.

contingit: es ereignet sich, wird zuteil

quā: *hier* soweit – **deum effingere:** *hier* ein Abbild Gottes sein **expedītiō, ōnis:** Feldzug – **<virtūs> prōmittit indigēre:** bedürfen – **indemnis:** schadlos – **ex sententiā:** *hier* nach deinem Wunsch

sufficere: ausreichen

quidnī Adv.: warum nicht – **superfluere:** im Überfluss ausreichen **dēsīderium ←** dēsīderāre – **positō** (Dat.): für einen, der … – **extrīnsecus** Adv.: von außen – **eī … adhūc … luctantī:** da er sich immer noch abmüht … – **indulgentia** ~ venia **nodus:** Knoten – **exsolvere:** lösen **artē** Adv.: eng – **alligātus:** fest angebunden – **adstrictus:** festgeschnürt – **districtus:** vielseitig beschäftigt – **laxus:** locker – **catēna:** Kette

Platō, ōnis: EV

Epicūrus: EV – **Zēnō, ōnis:** EV

convīcium facere (+ Dat.): schimpfen gegen – **malīgnitās ista multō venēnō tīncta:** diese eure in viel Gift getauchte Bosheit

persevērāre: LW4

adōrāre: anbeten

rēptābundus: kriechend

1. Analysieren Sie nach einer Ihnen geläufigen Methode den Satz *Ne virus* ... (Z. 27–30; → S. 18f.).
2. Erläutern Sie, warum nach Seneca der Schlüssel zum Glück allein in der *virtus* liegen kann.
3. Nehmen Sie Stellung zur Aussage Senecas, dass ein Philosoph das, was er als Lebensmaxime vorgibt, selbst nicht hundertprozentig in seinem Leben umsetzen muss.
4. Anders als für Seneca lag für die Epikureer der Schlüssel zum Glück in der *voluptas*. Weisen Sie nach, dass der theologischen Interpretation von *voluptas* (→ i) ein falsches Verständnis Epikurs zugrunde liegt.

i *voluptas*

In der antiken Mythologie tritt *Voluptas*, z. B. auch in der Begegnung mit Herkules, als Verführerin zum Lebensgenuss und Verkörperung der sexuellen Lust auf. Diese mythologische Deutung unterscheidet sich stark von dem, was Epikur unter *voluptas* verstand (→ GW, S. 145). Im Mittelalter orientierte man sich nicht an Epikur, sondern präzisierte die *voluptas* in den sog. Sieben Todsünden. Sie entstehen nach der klassischen Theologie aus den sieben Hauptlastern, die identisch mit den folgenden schlechten Charaktereigenschaften sind:

1) **Superbia:** Hochmut (Übermut, Eitelkeit, Ruhmsucht)
2) **Avaritia:** Geiz (Habgier, Habsucht)
3) **Luxuria:** Genusssucht, Ausschweifung (Wollust)
4) **Ira:** Zorn (Wut, Vergeltung, Rachsucht)
5) **Gula:** Völlerei (Gefräßigkeit, Unmäßigkeit, Maßlosigkeit, Selbstsucht)
6) **Invidia:** Neid (Missgunst, Eifersucht)
7) **Acedia:** Trägheit des Herzens und des Geistes (Faulheit, Feigheit, Ignoranz).

Daniel Hopfer (1470–1536): Voluptas, Radierung, Eremitage, Sankt Petersburg

2.10 *Ultima ratio*

Seneca hatte in seinen philosophischen Schriften den Selbstmord als letztes Mittel zur Bewahrung der eigenen Freiheit und Unabhängigkeit anempfohlen. Als er verdächtigt wurde, an der von einem Adligen namens Piso angestifteten Verschwörung gegen das Kaiserhaus beteiligt zu sein, wurde er von Nero im Jahre 65 n. Chr. zum Selbstmord gezwungen, den er unerschrocken auf sich nahm, wie der Geschichtsschreiber Tacitus in seinen *Annales* (15,62-64) überliefert.

10 Seneca verlangte unerschrocken, die Niederschrift seines Testaments zu bringen. Als dies der Centurio ablehnte, wandte er sich an seine Freunde mit den Worten, da er ja gehindert werde, ihnen für ihre Verdienste den schuldigen Dank abzustatten, hinterlasse er ihnen das nunmehr Einzige, jedoch auch das Schönste, das er besitze, das Bild seines Lebens. Wenn sie dies im Gedächtnis behielten, würden sie den Ruf einer edlen Bildung als Lohn für ihre so unerschütterliche Freundschaft davontragen. Zugleich suchte er durch allerlei Gespräche und dann wieder nachdrücklich im Tone der Zurechtweisung ihrem Weinen Einhalt zu gebieten und sie zu einer festen Haltung zurückzuführen, indem er fragte, wo denn die Lehren der Philosophie geblieben seien, wo die in so vielen Jahren geübte Einstellung auf drohende Gefahren. Wem sei die Grausamkeit Neros nicht bekannt gewesen? Es sei Nero ja nach der Ermordung seiner Mutter und seines Bruders nichts anderes übrig geblieben, als auch seinen Erzieher und Lehrer umzubringen.

Als er dieses und ähnliches, gleichsam für die Allgemeinheit berechnet, gesprochen hatte, umarmte er seine Gemahlin, und weil er jetzt um sie fürchtete, etwas weicher gestimmt, bat er sie inständig, ihren Schmerz zu mäßigen und sich ihm nicht ewig hinzugeben, sondern in der Betrachtung seines der Tugend gewidmeten Lebens die Sehnsucht nach dem Gatten durch tröstende edle Gedanken zu mildern. Seine Frau dagegen beharrte darauf, dass auch ihr der Tod bestimmt sei, und forderte die Hand des Mörders. Da sagte Seneca, der ihrem rühmlichen Entschluss nichts in den Weg legen wollte, zugleich in der Furcht, er müsse die von ihm einzig Geliebte Misshandlungen überlassen: „Ich habe dir die Mittel gezeigt, die das Leben erträglicher machen, du ziehst es vor, rühmlich zu sterben. Ich werde diesem deinem löblichen Entschluss nichts in den Weg legen. Mögen wir beide die gleiche feste Haltung bei diesem tapferen Sterben zeigen und dein Ende rühmlicher sein!" Darauf öffneten sie sich beide gleichzeitig die Pulsadern. Weil bei Senecas durch Alter und spärliche Nahrung geschwächtem Körper das Blut nur langsam abfloss, öffnete er auch die Adern an den Schenkeln und Kniekehlen. Von schweren Schmerzen erschöpft, riet er seiner Gattin, um nicht ihre mutige Haltung durch seine Schmerzen zu erschüttern und seinerseits durch den Anblick ihrer Qualen in einen Zustand des Schwachwerdens zu verfallen, in ein anderes Gemach zu gehen. Und da ihn auch im letzten Augenblick seine Beredsamkeit nicht im Stich ließ, rief er seine Schreiber herbei und diktierte ihnen längere Ausführungen, die im Wortlaut veröffentlicht worden sind, weshalb ich mir es erspare, sie umgeformt wiederzugeben.

Indessen bat Seneca, da bei ihm das Verbluten nur langsam vor sich ging und das Sterben sich verzögerte, seinen lang bewährten treuen Freund und Arzt Statius Annaeus, das schon lange vorgesehene Gift zu holen, mit dem in Athen die von einem staatlichen Gericht Verurteilten hingerichtet wurden. Man brachte es, und er trank es, doch ohne dass es wirkte. Denn seine Glieder waren schon erkaltet und der Körper nahm das Gift nicht mehr in sich auf. Zuletzt stieg er in ein Bassin mit heißem Wasser, und während er die zunächst stehenden Sklaven bespritzte, sagte er, er weihe dieses Nass Jupiter, dem Befreier. Dann ließ er sich in das Dampfbad bringen, wo er erstickte. Darauf wurde er ohne jede Leichenfeier verbrannt. So hatte er es in seinem Testament angeordnet schon zu einer Zeit, da er als ein ungeheuer begüterter und einflussreicher Mann für sein Lebensende vorsorgte.

(Übersetzung: W. Sontheimer)

1. In Absatz 1 sagt Seneca, dass er seinen Freunden das Bild seines Lebens hinterlasse. Erklären Sie, was damit gemeint sein könnte.
2. Recherchieren Sie zum Tod des Sokrates.
   a) Geben Sie alle Stellen im Text an, die eine Anspielung auf Sokrates beinhalten, und erklären Sie, was Tacitus mit diesen Anspielungen beabsichtigt haben könnte.
   b) Diskutieren Sie, ob Ihnen die Parallelisierung von Seneca und Sokrates auf der abgebildeten Doppelherme gerechtfertigt erscheint.

Doppelherme mit Seneca (ca. 0–65 n. Chr.) und Sokrates (469–399 v. Chr.), Pergamonmuseum, Berlin

3 Gaius Petronius Arbiter – *Cena Trimalchionis*

Der Geschichtsschreiber Tacitus beschrieb nicht nur den Selbstmord Senecas, sondern auch den ebenso unerschrocken vor sich gehenden Selbsttod eines gewissen Gaius Petronius Arbiter. Auch er war wie Seneca der Teilnahme an der Pisonischen Verschwörung gegen Nero 65 n. Chr. bezichtigt und zum Suizid gezwungen worden. Hatte Seneca als Erzieher des jungen Nero seinem Schützling Werte der Stoa zu vermitteln gesucht, holte sich Nero nach Senecas Abdankung den epikureisch gesinnten Petron an den Hof, der dort als höchste Autorität für verfeinerten und luxuriösen Lebensstil (*arbiter elegantiae*) amtierte, bis auch er in Ungnade fiel. Petron gilt als Autor des Romans *Satyrica*, einer satirischen Beschreibung der Gesellschaft Unteritaliens in neronischer Zeit.

Was ist und was will Satire?

Bei dem Begriff „Satire" bzw. „satirisch" dürfte der moderne Mensch am ehesten an Satiresendungen im Fernsehen oder Satiremagazine denken. Beide Medienformen kommentieren auf aggressiv-witzige Weise politische und gesellschaftliche Missstände bzw. fragwürdiges Verhalten prominenter Persönlichkeiten. Während Comedy-Formate ihr Publikum erheitern, durch Klamauk zerstreuen und ablenken wollen, ohne auf tieferes Nachdenken oder gar auf eine Verbesserung bestehender Verhältnisse zu drängen, hat die Satire prinzipiell ein höheres Anliegen: Sie stellt das Fehlverhalten einflussreicher Menschen in Politik, Wirtschaft und Gesellschaft in den Mittelpunkt ihrer Betrachtung. Die satiretypischen Mittel wie Spott, Sarkasmus (beißender Hohn), Ironie (also die Technik, sich unter dem Anschein der Ernsthaftigkeit über etwas lustig zu machen) und Parodie (das Verfahren komisch übertreibender Nachahmung) zwingen das Publikum dazu, zumindest für sich Stellung zu den angesprochenen Themen und Personen zu nehmen und vielleicht sogar Konsequenzen aus neugewonnenen Sichtweisen zu ziehen.

Satire, *satura*, ist ein altrömisches Wort und zugleich Bezeichnung für eine der wenigen literarischen Gattungen, die die Römer selbst entwickelt und nicht von großen griechischen Vorbilddichtern übernommen haben. Der Redelehrer Quintilian schrieb in seinem Werk für angehende Redner voller Stolz: *Satura quidem tota nostra est.* Unklar ist allerdings, woher das Wort *satura* kommt. Zunächst dürfte es sich dabei um eine Bezeichnung aus der Kochkunst für eine Füllmasse aus mehreren Zutaten gehandelt haben. In übertragener Bedeutung gebrauchte man den Begriff *satura* für literarische Werke, die eine bunte Mischung an Themen aufwiesen: „*Satura* konnte eine Sammlung, ein Einzelgedicht, seit Horaz auch die ganze Gattung bezeichnen. Somit ist die Satire von Haus aus nicht satirisch." (E. Lefèvre: Horaz, München 1993, S. 86) Dieser satirische Zug, verstanden als Bloßstellung der Schwächen oder des moralischen Fehlverhaltens von Privatpersonen oder Politikern, trat erst allmählich als Kennzeichen satirischen Schreibens hinzu. Diese Schreibform war nicht auf eine literarische Gattung festgelegt, sondern fand sich auch in der Epigrammatik und im Roman.

Petron und Nero, Szene aus LeRoys Verfilmung „Quo vadis"

Petrons *Satyrica* – ein antiker Roman

Den Begriff „Roman" gibt es erst seit dem Mittelalter. Mit „Roman" wurden längere Erzählungen in Prosa- oder Versform bezeichnet, die in einer romanischen Sprache (z. B. Spanisch, Italienisch, Französisch) und nicht mehr auf Lateinisch abgefasst waren – mit der Absicht, durch den Gebrauch der jeweiligen Volkssprache eine größere Leserschar als die in der Gelehrtensprache Latein bewanderten Oberschichten zu erreichen.
Auch wenn die Antike den Begriff nicht kannte, hatte sie die literarische Gattung des Romans erfunden: als Lektüre für ein breites Leserpublikum, das ganz offenkundig von ähnlichen Gegenständen angezogen wurde wie die Zuschauer heutiger TV-Soaps und Telenovelas: Geschichten von Freud und Leid der Liebe, Wechselfällen des Lebens wie Krankheiten und unerwarteten Todesfällen, Einblicken in die Welt der Reichen und Mächtigen, Lügen und Intrigen sowie Verwicklungen um tot geglaubte oder wiedergefundene Menschen.

In der griechischen und römischen Antike gab es zwei Grundtypen von Romanen (nach: N. Holzberg: Der antike Roman. Eine Einführung, Darmstadt [3]2006, S. 20f.):

Der idealisierende Roman	Der komisch-realistische Roman
Hauptpersonen sind ein junger Mann und ein junges Mädchen von vornehmer Abstammung und außergewöhnlicher Schönheit, die verheiratet oder verlobt sind, aber getrennt werden. Auf einer Reise, meist durch Kleinasien, müssen sie viele Prüfungen und Abenteuer in oft exotischem Milieu bestehen (Schiffbruch, Gefangenschaft, Sklaverei, erzwungene Gemeinschaft mit Räubern, Vergewaltigungsversuche), um schließlich wieder vereint zu werden. Nicht selten wirken bei all diesen Verwicklungen Götter mit. Darin zeigt sich eine motivische Nähe zum Epos.	Auch hier steht ein Liebespaar im Vordergrund, wobei allerdings die realistischen Aspekte betont und dazu auf derb-komische Weise dargestellt werden. Auch hier wird das Paar getrennt und erlebt etliche Abenteuer – anders jedoch als im idealisierenden Roman nehmen es die Partner mit der Treue nicht so genau, sondern erleben zahlreiche erotische Episoden außerhalb ihrer Beziehung. Der komisch-realistische Roman verwendet zwar viele Motive des idealisierenden Romans, karikiert diese jedoch, indem sie auf den Prüfstand der Wirklichkeit gestellt werden.

Petrons *Satyrica* – eine Übersicht

Der Romantitel *Satyrica* wurde einerseits als „Geschichten aus dem Land der Satyrn", der lasziven Begleiter des Weingottes Dionysos, aufgefasst, weil die Hauptfiguren des Romans, das homosexuelle Liebespaar Enkolp und Giton, ein den Satyrn vergleichbar ausschweifendes Leben führen. Andererseits erinnerte der Titel auch an die Gattung der römischen Satire (*satura*).

Tanzender Satyr,
Fresko aus Pompeji, Mysterienvilla
(1. Jh. n. Chr.)

Da nur ein Bruchteil dieses ursprünglich sehr umfangreichen Romans erhalten ist, ist man auf eine Rekonstruktion der Handlung angewiesen. Sehr wahrscheinlich stehen die Abenteuer des homosexuellen Liebespaares Enkolp und Giton im Mittelpunkt. Beide jungen Männer stammen aus einem niedrigen Gesellschaftsmilieu, haben sich als Umherreisende aber ein gewisses Maß an Bildung aneignen können. Hauptschauplätze der erhaltenen Romanteile sind Städte im griechisch geprägten Unteritalien.
Nach einem Aufenthalt bei Rhetoriklehrer Agamemnon bemerkt der Ich-Erzähler Enkolp, dass ein weiterer Student, Askylt, seinem Freund Giton nachstellt. Für einige Zeit wird diese Dreierbeziehung die weiteren Erlebnisse begleiten. So erleben sie zu dritt u. a. eine nächtliche Orgie zu Ehren des Garten- und Fruchtbarkeitsgottes Priap und wohnen auch einem Gastmahl bei dem Neureichen Trimalchio bei.
Nach diesen Ereignissen setzen die drei ihre Reise fort, aber es kommt bald zur Trennung, nachdem sich Giton für Askylt entschieden hat. Alleine lernt Enkolp einen älteren Dichter namens Eumolp kennen, von dem er etliche Geschichten hört – ein kluger Kunstgriff des Autors Petron, der so unterhaltsame und spannende Erzählungen in seinen Roman integrieren kann. Als schließlich Giton zu Enkolp zurückkehrt, zeigt auch Eumolp größtes Interesse an dem Knaben. Bald darauf verlässt Askylt die Gruppe. Enkolp, Giton und Eumolp bleiben jedoch für die folgenden Abenteuer zusammen. An Bord eines Schiffes kommt es zunächst zu einer Prügelei, dann zur Versöhnung mit dem Schiffseigentümer. Auch einen Schiffbruch müssen die Freunde erleben. Auf der Weiterreise rezitiert Eumolp immer wieder eigene Werke, z. B. ein selbst verfasstes Epos über den Bürgerkrieg, den Cäsar 49 v. Chr. gegen Pompejus, seinen Konkurrenten um die Macht in Rom, führte. Eumolp gelingt es in der Stadt Kroton, die Bürger auf sich aufmerksam zu machen, indem er sich als kinderloser und reicher Unternehmer ausgibt. Zwischenzeitlich verliert Enkolp bei einem Liebesabenteuer mit einer Dame namens Circe (vgl. Abbildung S. 63 mit Unterschrift) seine Potenz. Petron spielt nicht nur auf dieses homerische Motiv an: Indem er

die Hauptfigur des Romans, Enkolp, vom Fluch des Fruchtbarkeitsgottes Priap verfolgen lässt, spielt er auf den Fluch des Meeresgottes Poseidon an, der bei Homer Odysseus über die Weltmeere verfolgt. Enkolp versucht schließlich, auch unter Zuhilfenahme von Hexenkunst, seine Impotenz loszuwerden – ein satirischer Seitenhieb des Romanautors auf die Wundergläubigkeit seiner Zeitgenossen. Wenn schließlich der Dichter Eumolp verkündet, dass nur derjenige sein Erbe antreten könne, der bereit sei, seinen Leichnam zu verzehren, zeigt sich auch in dieser Zuspitzung die satirische Absicht Petrons, der damit das in der Kaiserzeit grassierende Übel der Erbschleicher aufspießt, die um einer Erbschaft willen vor nichts zurückzuschrecken scheinen.

Episode aus der Odyssee Homers: Die Zauberin Kirke verwandelt mit dem Zauberstab einen Gefährten des Odysseus in ein Schwein, attische Amphora, Staatliche Museen zu Berlin, Antikensammlung

Cena Trimalchionis

In der so genannten *Cena Trimalchionis*, die als ein Glanzstück des überlieferten Textes im Mittelpunkt dieses Kapitels steht, schildert Petron das überschwängliche Luxusleben zeitgenössischer Emporkömmlinge der römischen Gesellschaft, entlarvt ihre fehlenden Manieren und ihre Unbildung. Dabei erweist er sich als ein „nüchterner Beobachter seiner Zeit, deren typisches Merkmal die Maßlosigkeit ist. [...] Maßlosigkeit wird als Unfähigkeit zum wahren Genuß dargestellt, z. B. auf dem Gebiet der Gaumenfreuden und des Sexuallebens. Aber auch der Gebrauch von Sprache wird vielfach als Produktion von leerem Gewäsch entlarvt [...]." Allerdings hält sich Petron mit einem moralischen Urteil zurück. Er „kann und will die Zustände nur diagnostizieren, nicht verändern".
(R. Nickel, Lexikon der antiken Literatur, Düsseldorf 1999, S. 797)

1. Lesen Sie die Übersicht über Petrons Roman *Satyrica*. Begründen Sie aus dem Text, ob es sich dabei um einen idealisierenden oder um einen komisch-realistischen Roman handelt.
2. Stellen Sie Petrons Anspielungen auf Homers Epos *Odyssee* aus der Übersicht zusammen. Versuchen Sie zu erklären, in welcher Absicht Petron diese Parallelen konstruiert.
3. Recherchieren Sie im Internet weitere bildliche Darstellungen von Satyrn und arbeiten Sie typische Attribute heraus.

3.1 Welch ein Mann!

Nach einigen erotischen Abenteuern folgen Enkolp und Giton dem Redelehrer Agamemnon ins Haus des Freigelassenen (→ **i**) Trimalchio, der zu einem Gastmahl eingeladen hat. Wie sein Ruf als *lautissimus homo*, „ein piekfeiner Herr", zu verstehen ist, zeigt gleich die erste Begegnung mit dem Gastgeber (*Sat.* 27,1–6).

W		**G**
senex	loquī	PC
contingere	subicere	Relativsätze
cadere	poscere	
mīrārī		

[…] Subito videmus senem calvum, tunica vestitum russea, inter pueros capillatos ludentem pila. Nec tam pueri nos, quamquam erat operae pretium, ad spectaculum duxerant, quam ipse pater familiae, qui soleatus pila prasina exercebatur. Nec amplius eam repetebat, quae terram contigerat, sed follem plenum habebat servus sufficiebatque ludentibus. Notavimus etiam res novas. Nam duo spadones in diversa parte circuli stabant, quorum alter matellam tenebat argenteam, alter numerabat pilas, non quidem eas, quae inter manus lusu expellente vibrabant, sed eas, quae in terram decidebant.

Cum has ergo miraremur lautitias, accurrit Menelaus et „hic est", inquit, „apud quem cubitum ponitis, et quidem iam principium cenae videtis." Etiamnum loquebatur Menelaus, cum Trimalchio digitos concrepuit, ad quod signum matellam spado ludenti subiecit. Exonerata ille vesica aquam poposcit ad manus digitosque paululum adspersos in capite pueri tersit.

calvus: glatzköpfig – **tunica:** FW **vestītus** (+ Abl.): bekleidet **russeus:** rot **ad spectāculum dūcere aliquem:** jmds. Aufmerksamkeit auf sich ziehen **soleātus:** in Sandalen – **prasinus:** grün – **exercērī** (+ Abl.): sich in etwas üben – **nec amplius** ~ nōn iam **contingere** ~ tangere – **follis, is:** Beutel – **sufficere:** *hier* (als Ersatz) reichen – **spadō, ōnis:** Eunuch (als Sklave) – **dīversus:** *hier* entgegengesetzt – **matella:** Nachttopf **numerāre:** FW – **lūsū expellente:** *wohl* beim Prellballspiel – **vibrāre:** hin- und herfliegen – **dē-cidere** ← cadere – **ac-currere** ← currere **Menelāus:** EV – **cubitum pōnere:** sich zum Essen hinlegen = sich zum Mahl einfinden – **etiamnum:** noch immer – **digitōs concrepāre:** mit den Fingern schnalzen – **exonerāre:** entlasten – **vēsīca:** Blase – **paululum:** Deminutivum zu paulum – **adspergere, -spergō, -spersī, -spersum:** besprengen, befeuchten – **tergere, tergō, tersī, tersum:** abtrocknen

1. Untersuchen Sie unter Einbeziehung von **i** die Selbstinszenierung des Neureichen Trimalchio. Konzentrieren Sie sich hierbei auf die Umgebung, die „Requisiten", die Personen und ihr Verhalten.
2. Bewerten Sie das Verhalten des Trimalchio in den Zeilen 15–18.
3. Stellen Sie die lateinischen Ausdrücke zusammen, mit denen der Ich-Beobachter seine Einstellung gegenüber dem Beobachteten zum Ausdruck bringt.

4. Stellen Sie sich vor, Sie wären Regisseur: Entwickeln Sie in einer Gruppe von Mitschülern Ideen, wie Sie diese Passage filmisch umsetzen würden (Bildführung, Schnitte, Zoom, Totale).
5. Vergleichen Sie M und die abgebildete Szene aus Fellinis Film mit den Beschreibungen im Text. Diskutieren Sie, ob das hier entworfene Bild der römischen Gesellschaft zu Ihren bisherigen Kenntnissen passt.

i Freigelassene

Sklaven, die von ihren Herren durch eine so genannte *manumissio* (Freilassung) aus dem Herrschaftsverhältnis entlassen worden sind. Ein ehemaliger Sklave war auch als Freigelassener (*libertus*) seinem früheren Herrn – nun seinem Patron (*patronus*) – verpflichtet (→ GW, S. 148).

M Fellinis berühmte Verfilmung „Satyricon"

Petrons Roman wurde im 20. Jh. mehrfach verfilmt. Die bedeutendste Version stammt von dem italienischen Regisseur Federico Fellini (1920–1993), der sich in seinen Filmen kritisch mit der Kultur und Geschichte seines Landes auseinandersetzt. In dem Film „Satyricon" aus dem Jahre 1969 geht er mit der literarischen Vorlage sehr frei um, die Gestaltung der *Cena Trimalchionis* allerdings greift wörtliche Zitate des Petron-Textes auf. Das Lexikon des internationalen Films urteilt: „Ein opulenter, mit Monstrositäten und Kuriositäten überladener Bilderbogen, der auf dramaturgische Durcharbeitung verzichtet zugunsten einer revueartigen Aneinanderreihung grotesker Einzelauftritte. Fellini zeigt sich [...] fasziniert von den bunt schillernden Verfallssymptomen einer hedonistischen Epoche, die er als Keimzelle der modernen Zivilisation interpretiert."

Szene aus Fellinis Verfilmung „Satyricon"

Nach dem Ballspiel gehen alle Gäste ins Bad und werden Zeugen des luxuriösen Lebensstils von Trimalchio. Als Enkolp und seine Begleiter am Haus des Gastgebers ankommen, erwartet sie die nächste Attraktion (*Sat.* 28,6; 29,1-6).

W pervenīre, dum, frangere, persequī, discere

G Realis, Abl. absolutus

2 Sequimur nos admiratione iam saturi et cum Agamemnone ad ianuam pervenimus. [...]
Ceterum ego dum omnia stupeo, paene resupinatus crura mea fregi. Ad sinistram enim intrantibus non longe ab ostiarii cella canis ingens, catena vinctus, in pariete erat pictus superque quadrata littera scriptum „Cave canem". Et collegae quidem mei riserunt, ego autem collecto spiritu non destiti totum parietem persequi. Erat autem venalicium <cum> titulis pictis, et ipse Trimalchio capillatus caduceum tenebat Minervaque ducente Romam intrabat. Hinc quemadmodum ratiocinari didicisset deinque dispensator factus esset, omnia diligenter curiosus pictor cum inscriptione reddiderat. In deficiente vero iam porticu levatum mento in tribunal excelsum Mercurius rapiebat. Praesto erat Fortuna <cum> cornu abundanti et tres Parcae aurea pensa torquentes.

Agamemnō: EV

stupēre: bestaunen – **resupīnātus:** zurückgelehnt – **crūs, crūris** n: Unterschenkel – **ōstiārius:** Türwächter
cella: Kammer – **catēna:** Kette
quadrātā litterā: in Großbuchstaben
collēga: FW – **spīritum colligere:** die innere Sammlung wieder finden
vēnālicium: Sklavenmarkt
capillātus: LW1 – **cādūceus:** Merkurstab – **ratiōcinārī:** rechnen **deinque:** ~ et deinde – **dispēnsātor:** Rechnungsprüfer – **cūriōsus** ← cūra

pictor ← pingere – **īnscrīptiō, ōnis** ← īn-scrībere – **dēficere:** *hier* zu Ende gehen – **porticus, ūs:** Säulenhalle, -gang – **levāre:** hochheben
mentum: Kinn – **tribūnal, ālis:** Ehrenplatz – **Mercurius:** EV – **excelsus:** erhaben – **rapere:** *hier* schnell heben
praestō: anwesend – **Fortūna:** EV
cornū, ūs: *hier* Füllhorn – **ab-undāre:** überfließen – **Parcae:** vgl. Abb. S. 67
pēnsa, ōrum Pl.: *hier* die Fäden

1. a) Weisen Sie den fünf biographischen Stationen des Wandbildes kurze Unterschriften zu und geben Sie dem gesamten Bilderzyklus einen Titel.
   b) Erklären Sie unter Einbezug der Abbildungen die Bedeutung der darin dargestellten Figuren und Requisiten.
2. Erläutern Sie, was Trimalchio dem Beobachter mit diesem Wandbild suggerieren möchte.
3. Vergleichen Sie die Gestaltung von Wänden in modernen Privathäusern mit denen im Hause des Trimalchio. Beziehen Sie dazu **i** mit ein.

Münze aus der Zeit des Tiberius mit zwei Füllhörnern und Merkurstab, Symbolen des Wohlstands bzw. Handels und Friedens

Tyche (Fortuna) mit Füllhorn, römische Statue, Vatikanische Museen, Rom

Die drei Parzen, Bildteppich, Tournai (16. Jh.): Clotho spult den Lebensfaden ab, Lachesis spinnt ihn, Atropos schneidet ihn ab, Victoria and Albert Museum, London

i Fresken – Mosaiken

Um in der römischen Antike die Innenräume eines Privathauses zu schmücken, ließ man die Wände nicht nur verputzen, sondern in Freskotechnik bemalen. Dabei wurden die im Wasser gelösten Farbpigmente auf den frischen Putz aufgetragen.

Für die Fußböden wählte man für besondere Räume kostspielige Mosaikbilder. Abgesehen von rein geometrischen Mustern und Naturdarstellungen stammten die Motive zum allergrößten Teil aus der Sagenwelt. Sie legen bis heute Zeugnis über die Vorlieben der Hausbesitzer ab.

Mosaik aus Pompeji im so genannten Haus des tragischen Dichters (1. Jh. n. Chr.)

3.2 Ein Gastmahl als Schauspiel

Nachdem die ersten Köstlichkeiten serviert worden sind, erscheint auch der Gastgeber der *cena* – mit einem theatralischen Auftritt (*Sat.* 32,1–33,1).

W			**G**
afferre manus ostendere	ut voluptās		Subjunktionen Dat. finalis

In his eramus lautitiis, cum ipse Trimalchio ad symphoniam allatus est positusque inter cervicalia munitissima expressit imprudentibus risum. Pallio enim coccineo adrasum excluserat caput circaque oneratas veste cervices laticlaviam immiserat mappam fimbriis hinc atque illinc pendentibus. Habebat etiam in minimo digito sinistrae manus anulum grandem subauratum, extremo vero articulo digiti sequentis minorem, ut mihi videbatur, totum aureum, sed plane ferreis veluti stellis ferruminatum. Et ne has tantum ostenderet divitias, dextrum nudavit lacertum armilla aurea cultum et eboreo circulo lamina splendente conexo.

Ut deinde pinna argentea dentes perfodit: „Amici“, inquit, „nondum mihi suave erat in triclinium venire, sed ne diutius absentivus morae vobis essem, omnem voluptatem mihi negavi. Permittitis tamen finiri lusum.“

lautitia: LW1 – **symphōnia:** Musik
inter cervīcālia mūnītissima: auf einem Berg von Kissen – **im-prūdēns, tis:** ahnungslos – **pallium:** Umhang
coccineus: scharlachrot
adrāsus: glatt rasiert – **exclūdere:** *hier* herausstrecken – **onerātus** (+ Abl.): beladen mit – **lāticlāvius:** mit breitem Rand – **immittere:** *hier* hineinstecken
mappa: Serviette – **fimbria:** Franse
pendēre: *hier* herabhängen – **hinc atque illinc:** von beiden Seiten
digitus: LW1 – **ānulus:** Ring
subaurātus: vergoldet – **articulus:** Fingerglied – **ferreus:** aus Eisen
velutī ~ velut – **stella:** Stern
ferrūminātus: „belötet“, besetzt
nūdāre ← nūdus – **lacertus:** Oberarm – **armilla:** Spange – **eboreus:** aus Elfenbein – **circulus:** LW1
lāmina: Platte – **splendēre:** strahlen
cōnectere, cōnectō, cōnexuī, cōnexum: zusammenhalten
pinna: Feder – **argenteus:** LW1
perfodere: durchstochern – **absentīvus:** abwesend – **morae vōbīs essem:** Dat. finalis – **lūsus:** LW1

1. Stellen Sie alle Statussymbole zusammen, die Trimalchio vorführt. Wie wirkt sein Auftreten auf Sie? Beziehen Sie dabei **M** mit ein.
2. Zu seinem Purpurmantel trägt Trimalchio eine *mappa laticlavia*. Lesen Sie **i** und erschließen Sie die von Trimalchio intendierte Symbolfunktion dieses Kleidungsstückes.
3. Stellen Sie Vermutungen darüber an, wie die Äußerungen Trimalchios (Z. 12–15) auf die Gäste gewirkt haben müssen.
4. Interpretieren Sie den Text nach dem Muster von S. 26f.

M Schmuck bei römischen Männern

Dass Männer in Rom Schmuck wie Armreife oder Ringe trugen, war unüblich. Bestenfalls besaß man einen Siegelring, mit dessen Stempel aus Elfenbein oder Gold Dokumente autorisiert wurden. In der späteren Kaiserzeit allerdings berichten Quellen von Männern, die großen Wert auf Körperschmuck legten und z. B. mehrere Ringe an einer Hand trugen. Von der Mehrzahl konservativer Römer aber wurden diese Schmuckliebhaber als weibisch (*effeminati*) verachtet.

i *Toga laticlavia*

Die Toga war das Kleidungsstück des Römers für offizielle Anlässe und symbolisierte die Würde des Bürgers. Sie bestand aus einem mehrere Meter langen, naturweißen Tuch, das kunstvoll und kompliziert angelegt wurde. Der breite Purpurstreifen der *toga laticlavia* war das Erkennungs- und Ehrenzeichen für die hohen Magistrate, insbesondere die Senatoren. Erst im Laufe der Kaiserzeit verbreiteten sich farbige Varianten.

Peter Connolly (1935–2012): Toga eines Senators

Während Trimalchio noch eine Weile spielt, werden gefüllte Eier gereicht, auf die auch der Gastgeber nicht verzichten möchte (*Sat.* 34,1-4).

W poscere, potestās, cēterum, reliquus, solēre

G Indefinitpronomen (ali)quis

4 Iam Trimalchio eadem omnia lusu intermisso poposcerat feceratque potestatem clara voce, si quis nostrum iterum vellet mulsum sumere, cum subito signum symphonia datur et gustatoria pariter a choro cantante rapiuntur. Ceterum inter tumultum cum forte paropsis excidisset et puer iacentem sustulisset, animadvertit Trimalchio colaphisque obiurgari puerum ac proicere rursus paropsidem iussit. Insecutus est <supel>lecticarius argentumque inter reliqua purgamenta scopis coepit everrere. Subinde intraverunt duo Aethiopes capillati cum pusillis utribus, quales solent esse, qui harenam in amphitheatro spargunt, vinumque dedere in manus; aquam enim nemo porrexit.

lūsus: LW1 - **intermittere, -mittō, -mīsī, -missum:** unterbrechen

symphōnia: Musik(kapelle)
gustātōrium: Geschirr
chorus: FW - **tumultus, ūs:** Unruhe
paropsis, idis: Schüssel - **excidere:** *hier* hinunterfallen - **colaphis obiūrgāre:** ohrfeigen - **prōicere** ← prō + iacere - **supellecticārius:** Sklave, der für den Hausrat zuständig ist
pūrgāmentum: Abfall - **scōpae, ārum:** Besen - **ēverrere:** hinauskehren - **subinde** ~ deinde
Aethiopēs: *hier* äthiopische Sklaven
capillātus: LW1 - **pusillus:** klein
uter, utris: Schlauch - **harēna** ~ arēna - **dedēre** = dedērunt

1. Das Geschehen im Triklinium erinnert an eine Inszenierung auf der Bühne. Stellen Sie in zwei Spalten lateinische Begriffe zusammen, die einerseits der Kulisse, andererseits der Bühne zuzuordnen sind.
2. Gliedern Sie die Passage in einzelne Szenen und weisen Sie jeweils eine deutsche Überschrift zu.
3. Erklären Sie, welchen Eindruck Trimalchio mit der Schüssel-Szene bei den Gästen zu erwecken sucht. Wie wirkt diese Art der Selbstdarstellung auf Sie?
4. Beschreiben Sie die auf dem Fresko dargestellten Tätigkeiten der Haussklaven und weisen Sie Parallelen zum Textgeschehen nach.

Bankettszene, Römische Wandmalerei aus Pompeji, (1. Jh. n. Chr.)

i Triklinium

Das Triklinium war das Speisezimmer vornehmer Römer, in dem drei gepolsterte Liegen (gr. *kline*, lat. *lectus*) so um einen quadratischen Tisch gestellt waren, dass eine Seite zum Bedienen frei blieb. In der Regel hatten auf jeder Liege drei Gäste Platz, wobei man sich zum Essen hinlegte und den Kopf auf die linke Hand stützte. Es gab eine genaue Liege-Etikette: Auf dem *medius lectus* nahmen die vornehmsten Gäste Platz, auf dem *summus lectus* weitere Gäste und auf dem *imus lectus* der Gastgeber mit seiner Familie.

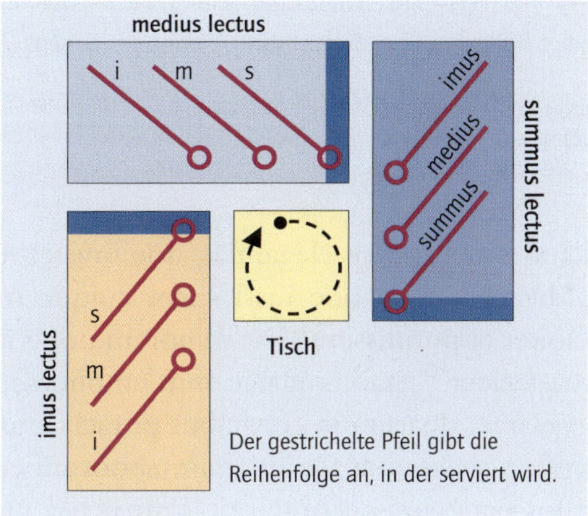

i Die Gänge einer römischen *cena*

gustatio* bzw. *promulsio: appetitanregende Vorspeisen wie Eier, Salate, Radieschen, Austern, Sardinen, zu denen häufig ein Aperitif, *mulsum* (mit Honig versetzter Wein), gereicht wurde.

mensa prima: der Hauptgang mit Brot, Gemüse, Fleisch- und Fischgerichten, der in der Regel aus drei Gängen (*tria fercula*) bestand.

mensa secunda: Nachtisch, meist Obst und mit Honig gesüßtes Backwerk.

Zu allen Gängen trank man Wein oder Wasser.

Korb mit Birnen, römisches Fußbodenmosaik im Triklinium des Hauses „Africa", Thysdrus (3. Jh. n. Chr.), Detail

M Ein antikes Kochrezept (Apicius, *De re coquinaria* 4,2,35)

Patina de piris

Pira elixa et purgata e medio teres cum pipere, cumino, melle, passo, liquamine, oleo modico. Ovis missis patinam facies, piper super aspargis et inferes.

Birnenauflauf

Zerstampfe gekochte und entkernte Birnen mit Pfeffer, Kümmel, Honig, Passum, Liquamen und ein wenig Öl. Nach Zugabe von Eiern mache einen Auflauf, streue Pfeffer darauf und serviere.

(Übersetzung: R. Maier)

Der alte Wein, den Trimalchio seinen Gästen anbietet, veranlasst ihn zu einer Reflexion über die Vergänglichkeit des Lebens (*Sat.* 34,5–10).

W propter, aestus, praestāre, pōnere, honestus, auferre

G Hortativ, Abl. mensurae

5 Laudatus propter elegantias dominus: „Aequum", inquit, „Mars amat. Itaque iussi suam cuique mensam assignari. Obiter et putidissimi servi minorem nobis aestum frequentia sua facient." Statim allatae sunt amphorae vitreae diligenter gypsatae, quarum in cervicibus pittacia erant affixa cum hoc titulo: „Falernum Opimianum annorum centum". Dum titulos perlegimus, complosit Trimalchio manus et: „Eheu", inquit, „ergo diutius vivit vinum quam homuncio. Quare tangomenas faciamus. Vinum vita est. Verum Opimianum praesto. Heri non tam bonum posui, et multo honestiores cenabant."

Potantibus ergo et accuratissime nobis lautitias mirantibus larvam argenteam attulit servus sic aptatam, ut articuli eius vertebraeque luxatae in omnem partem flecterentur. Hanc cum super mensam semel iterumque abiecisset et catenatio mobilis aliquot figuras exprimeret, Trimalchio adiecit:

Eheu nos miseros, quam totus homuncio nil est!
Sic erimus cuncti, postquam nos auferet Orcus.
Ergo vivamus, dum licet esse bene.

ēlegantia: Feinheit, Raffinesse
Mārs: EV – **assīgnāre** → A4
obiter: nebenbei – **pūtidus:** stinkend
vitreus: aus Glas – **gypsātus:** vergipst – **cervīcēs, um** Pl.: LW3
pittacium: Etikett – **affixus:** befestigt – **titulus:** LW2 – **Falernum Opimiānum:** vgl. M
perlegere → A4
complōdere, complōdō, complōsī: applaudieren – **homunciō, ōnis:** Menschlein – **tangomenās facere:** *wohl* „ordentlich" saufen – **pōtāre:** trinken – **accūrātissimē:** genauestens – **lautitia:** LW1 – **lārva:** Gerippe
argenteus: LW1 – **aptātus** ← aptāre (PPP), vgl. aptus – **articulus:** Glied – **vertebra:** Gelenk – **luxāre:** verrenken – **abicere, -iciō, -iēcī, -iectum** → A4 – **catēnātio, ōnis:** *hier* Gliederpuppe – **mōbilis, e:** FW
figūra: FW – **exprimere, exprimō, expressī, expressum:** LW3 → A4
nīl = nihil
Orcus: Unterwelt, Totenreich

1. Gliedern Sie den Text in Sinnabschnitte und weisen Sie jeweils eine passende Überschrift zu.
2. Lösen Sie die Partizipien in Z. 12f. mit Nebensätzen und mit Beiordnung auf. Formulieren Sie so, dass der Überraschungseffekt deutlich wird.
3. Lesen Sie **i** und analysieren sie anschließend die drei Verse (Z. 17–19) metrisch. Welche Versmaße erkennen Sie (→ S. 111; GW: Metrik, S. 154)?
4. Stellen Sie alle Komposita aus dem Text zusammen und erschließen Sie aus den Präfixen deren Grundbedeutung (→ S. 13).
5. Entlarven Sie unter Einbezug von **M** Trimalchio als „Etikettenschwindler". Untersuchen Sie, ob diese Bezeichnung auch sonst auf ihn zutrifft.
6. Beschreiben Sie den abgebildeten antiken Becher und deuten Sie seine Aussage.

i Menippeische Satire

Literarische Gattung, für die eine Kombination von Prosa und Dichtung, das so genannte Prosimetrum, charakteristisch ist, benannt nach dem kynischen Philosophen Menippos von Gadara, der als Erster in seinen satirischen Schriften Prosa und Verse miteinander verband. Petron knüpft in seinem Roman mehrfach an dieses Verfahren an (→ GW, S. 149f.).

M Römische Weine

Die Römer kannten ein breites Spektrum an Weinen, sowohl hinsichtlich der Produktionsart als auch des Preises. Einfacher Wein war wohl ein Alltagsgetränk wie heutzutage etwa Bier. Spitzenweine gab es dagegen nur bei Gastmählern (*cena*) und Gelagen (*comissatio*) begüterter Römer.

Man unterscheidet zwischen Weinarten (z. B. *mulsum*: mit Honig gesüßter Wein), Bezeichnungen nach Anbaugebieten (z. B. Falerner: aus dem Norden Kampaniens) und Jahrgängen (z. B. Opimianer: nach dem Konsulatsjahr des Opimius 121 v. Chr., das einen außergewöhnlichen Wein hervorgebracht hat). In der Regel wurde Wein mit Wasser vermischt getrunken.

Die Technik des Weinanbaus (und damit der gesamte Wortschatz) verbreitete sich durch die Provinzen über ganz Europa und darüber hinaus. Noch heute sind im Deutschen nicht nur das Wort „Wein" selbst, sondern auch viele Begriffe des Weinbaus dem Lateinischen entlehnt: Winzer (*vinitor*), Kelter (*calcatorium*), Trichter (*traiectorium*), Presse (*pressa*).

Skelettbecher (1. Jh. v. Chr.), Antikensammlung, Staatliche Museen zu Berlin

Vulgärlatein von klassischem Latein unterscheiden

Die Freigelassenen in der *Cena Trimalchionis* sprechen sog. Vulgärlatein – auch Trimalchio.
Darunter versteht man das in der breiten Masse des Volkes gesprochene Umgangs- und Alltagslatein im Unterschied zur gehobenen Schriftsprache. In Text 5, Z. 7–10, finden sich in Trimalchios Rede einige typische Kennzeichen wie der Gebrauch von Interjektionen (*Eheu*), die die emotionale Ergriffenheit des Sprechers anzeigen, der parataktische Stil kurzer, aneinandergereihter Hauptsätze, wobei auch Banalitäten wie *Vinum vita est* nicht gescheut werden, und nicht zuletzt Gräzismen (*tangomenas*), wie sie für die Herkunft der Sprecher aus dem griechisch besiedelten Unteritalien typisch sind (→ GW, S. 150f.).

Grammatik: Formenlehre	
Maskulinum statt Neutrum	*caelus* statt *caelum; vinus* statt *vinum*
Aktiv statt Passiv bei Deponentien	*loquis* statt *loqueris*
Vermischung der Deklinationen	*pauperorum* statt *pauperum*
Umschreibung des Superlativs durch Steigerungswörter bzw. Wortwiederholungen im Genitiv	*valde diligens* statt *diligentissimus* *plane prudens* statt *prudentissimus* *nummos nummorum* statt *plurimos nummos*
Verbindung von Adverb und esse	*sic esse; bene se habere; suaviter se facere*
Falscher Kasus nach Präpositionen	*prae litteras* statt *prae litteris*
Präsens statt Futur	*habet* statt *habebit*
Grammatik: Syntax	
Kurze Sätze – Parataxe statt Hypotaxe	*puto interfuisti* statt *puto te interfuisse*
Gedankensprünge	kein logischer Aufbau: Aneinanderreihung oft unzusammenhängender Dinge
Emotionale, affektbetonte Sprechweise: Beteuerungen, Ausrufe	*babae!* Potztausend! *ita (sic) ... ut!* So wahr ...!
Wortschatz	
Deminutiva (Verkleinerungsformen)	*homuncio* statt *homo; capsella* statt *capsa*
Wortneubildungen	*caldicerebrius* Hitzkopf; *miscix* Mischmasch
Verwendung von in der Hochsprache ungeläufigen Wörtern	*caballus* statt *equus* *bellus* statt *pulcher*
Verwendung griechischer Lehnwörter	*zotheca, ae* Ruhezimmer
Anschauliche Sprechweise: Deftige Metaphern	*animam ebullire* die Seele auskotzen *in rutae folium conicere* in die Tasche stecken
Wiederholung von Floskeln	*ad summam* kurz und gut

Lateinkenntnisse für das Verständnis romanischer Sprachen nutzen

Das Lateinische ist eigentlich nie gestorben, sondern hat sich regional verschieden in die sog. romanischen Sprachen (z. B. Italienisch, Spanisch, Französisch, Rumänisch) verwandelt – sie sind das gesprochene Latein der Gegenwart. Kennt man bestimmte Gesetzmäßigkeiten im Lautwandel, lässt sich deshalb mit Lateinkenntnissen vieles in den romanischen Sprachen verstehen. Das trifft vor allem auf das Italienische und Spanische zu:

Italienisch

-tatem → -tà	*veritatem* → *verità*	i → e	*piscem* → *pesce*	ti + Vokal → z	*vitium* → *vizio*
-orem → -ore	*motorem* → *motore*	u → o	*supra* → *sopra*	li + Vokal → gli	*filium* → *figlio*
-ntiam → -nza	*sapientiam* → *sapienza*	e (in offener Silbe) → ie	*decem* → *dieci*	i + Vokal → gi	*Iovem* → *Giove*
-tionem → -zione	*stationem* → *stazione*	o (in offener Silbe) → uo	*bonum* → *buon*	di + Vokal → gi	*diurnum* → *giorno*
-um → -o	*transitum* → *transito*	ae (in offener Silbe) → ie	*caelum* → *cielo*	fl → fi	*flumen* → *fiume*
-atus → -ato	*paratum* → *parato*	ae (in geschlossener Silbe) → e	*praestat* → *presta*	pl → pi	*plus* → *più*
-bilis → -bile	*amabilem* → *amabile*	oe → e	*amoenum* → *ameno*	x → ss	*maximum* → *massimo*
-osus → -oso	*gratiosum* → *grazioso*	au → o	*aurum* → *oro*	ct → tt	*factum* → *fatto*
-ndum → -ndo	*crescendum* → *crescendo*	tr → dr	*patrem* → *padre*	pt → tt	*scriptum* → *scritto*

Spanisch

-tatem → -dad	*veritatem* → *verdad*	i → e	*piscem* → *pez*	ti + Vokal → c	*vitium* → *vicio*
-orem → -or	*motorem* → *motor*	u → o	*supra* → *sobre*	i + Vokal → j	*iocosum* → *jocoso*
-ntiam → -ncia	*scientiam* → *ciencia*	e (in offener Silbe) → ie	*decem* → *diez*	f + Vokal (am Wortanfang) → h	*facere* → *hacer*
-tionem → -ción	*stationem* → *estación*	o (in offener Silbe) → ue	*bonum* → *bueno*	pl → ll	*pluvia* → *lluvia*
-um → -o	*transitum* → *tránsito*	ae (in offener Silbe) → ie	*caelum* → *cielo*	p → b	*sapere* → *saber*
-atus → -ado	*paratum* → *parado*	ae (in offener Silbe) → e	*praevenire* → *prevenir*	sc → c	*scientia* → *ciencia*
-bilis → -ble	*amabilem* → *amable*	oe → e	*amoenum* → *ameno*	st (am Wortanfang) → est	*stationem* → *estación*
-osus → -oso	*gratiosum* → *gracioso*	au → o	*aurum* → *oro*	sp (am Wortanfang) → esp	*sperare* → *esperar*
-ndum → -ndo	*crescendum* → *creciendo*	tr → dr	*patrem* → *padre*	pt → t	*scriptum* → *escrito*

Enkolps Tischnachbar Hermeros gibt gern sein Insiderwissen über Trimalchios Frau weiter (*Sat.* 37,1-7).

W	quisquam quam + Superlativ modo	ignoscere nescīre prōvidēre	**G** indirekte Fragesätze Gen. qualitatis Gen. partitivus

6 Non potui amplius quicquam gustare, sed conversus ad eum, ut quam plurima exciperem, longe accersere fabulas coepi sciscitarique, quae esset mulier illa, quae huc atque illuc discurreret. „Uxor“, inquit, „Trimalchionis, Fortunata appellatur, quae nummos modio metitur. Et modo modo quid fuit? Ignoscet mihi genius tuus, noluisses de manu illius panem accipere. Nunc, nec quid nec quare, in caelum abiit et Trimalchionis topanta est. Ad summam, mero meridie si dixerit illi tenebras esse, credet. Ipse nescit quid habeat, adeo saplutus est; sed haec lupatria providet omnia, est ubi non putes. Est sicca, sobria, bonorum consiliorum – tantum auri vides – est tamen malae linguae, pica pulvinaris. Quem amat, amat; quem non amat, non amat.“

nec amplius ~ nōn iam – **excipere:** *hier* erfahren – **longē:** LW2 – **longē fābulās accersere:** weit ausholen
scīscitārī: wissen wollen
discurrere: hin- und herlaufen
Fortūnata: EV – **modius:** Scheffel, Eimer – **mētīrī:** abmessen – **genius:** Genius, persönlicher Schutzgeist
nec quid nec quārē (nēmō scit): warum und wieso, weiß keiner
topanta: Ein und Alles – **merō merīdiē:** mitten am Tag
sāplūtus: steinreich – **lupātria:** Luder
siccus: trocken, ‚ausgekocht‘
sōbrius: nüchtern, vernünftig
pīca pulvīnāris: „Elster der Sofakissen“, vgl. i

1. Stellen Sie Ausdrücke zusammen, mit denen Fortunata charakterisiert wird (→ i). Analysieren Sie das Machtverhältnis zwischen den Eheleuten.
2. Hermeros spricht sog. Vulgärlatein. Arbeiten Sie mithilfe von S. 74 alle seine Merkmale heraus.
3. Untersuchen Sie mit Ihrem Banknachbarn, welche der deutschen Redewendungen die lateinische am besten trifft. Belegen Sie Ihre Entscheidung jeweils mit Bezug auf den Kontext.

a) *nummos modio metiri*
- **a** beim Zahlen das rechte Maß halten
- **b** das Geld mit dem Scheffel zählen
- **c** knauserig sein

b) *de manu alicuius panem accipere nolle*
- **a** das Brot mit niemandem teilen wollen
- **b** mit jemandem nicht ein Fass Salz teilen wollen
- **c** jemanden nicht einmal mit der Pinzette anfassen wollen

c) *in caelum abire*
- **a** ins Gras beißen
- **b** die Karriereleiter hinauffallen
- **c** ein Star werden

d) *bonorum consiliorum esse*
- **a** rechnen können
- **b** um einen guten Rat nie verlegen sein
- **c** jemandem mit Rat und Tat zur Seite stehen

4. Lesen Sie **M**. Beurteilen Sie inhaltliche Tiefe und Aussagekraft der Beschreibung seiner Standesgenossen durch Hermeros.
5. Erarbeiten Sie zusammen mit Ihrem Banknachbarn für die in **M** unterstrichenen wörtlichen Übersetzungen eigene Übersetzungen, welche der Farbigkeit des Vulgärlateinischen entsprechen.
6. a) Erschließen Sie aus nebenstehendem Text eines italienischen Reisekatalogs drei Informationen.
   b) Führen Sie mithilfe von S. 75 die unterstrichenen Wörter auf das Lateinische zurück.

La regione molto graziosa presenta una natura incontaminata, un lago con acque cristalline tra valli e altipiani di grande bellezza. La natura offre qui uno spettacolo stupefacente.

M Who is who? (*Sat.* 38,6; 11–12)

Im Folgenden spricht Hermeros über die Gästeschar Trimalchios:

Reliquos autem collibertos eius cave contemnas. Valde sucosi sunt. Vides illum, qui in imo imus recumbit: hodie sua octingenta possidet. De nihilo crevit. Modo solebat collo suo ligna portare. Sed quomodo dicunt – ego nihil scio, sed audivi – cum Incuboni pilleum rapuisset thesaurum invenit. […]

Quid ille, qui libertini loco iacet, quam bene se habuit. Non impropero illi. Sestertium suum vidit decies, sed male vacillavit. Non puto illum capillos liberos habere, nec mehercules sua culpa; ipso enim homo melior non est; sed liberti scelerati, qui omnia ad se fecerunt. Scito autem: sociorum olla male fervet, et ubi semel res inclinata est, amici de medio.

Aber hüte dich davor, seine Mitfreigelassenen zu unterschätzen! Sie sind sehr saftig. Siehst du den, der dort auf dem untersten Platz liegt? Heute besitzt er seine 800 000. Aus nichts ist er gewachsen. Eben noch war er gewohnt, Holz auf seinem Nacken zu tragen. Aber wie man sagt – ich weiß nichts, sondern hab es nur gehört, er hat einem Wichtel die Mütze geraubt und einen Schatz gefunden. […]

Was ist mit dem, der auf dem Freigelassenen-Platz liegt? Wie gut ging es dem! Ich mach ihm keinen Vorwurf! Er hat seine Million gesehen, aber schlimm geschwankt. Ich glaube nicht, dass er noch freie Haare hat. Beim Herkules, nicht durch seine Schuld! Kein Mensch ist nämlich besser als er selbst; aber die verbrecherischen Freigelassenen, die alles an sich gebracht haben. Du sollst wissen: Der Topf von Freunden wärmt schlecht. Und wenn die Sache einmal von der Bahn abgekommen ist: Freunde von der Mitte.

(Übersetzung: R. Streun)

i Die Elster (*pica pica*)

Die Elster gehört zur Familie der Rabenvögel. Sie gilt als diebisch, weil sie gern glänzende Gegenstände in ihr Nest trägt. Nach der griechischen Mythologie wurden die Töchter des makedonischen Stammheros Pieros zur Strafe in Elstern verwandelt, weil sie die Musen zum Sangeswettstreit herausgefordert hatten. So trug die Elster in der Antike ihren Ruf als hochmütig und geschwätzig davon.

Wanddekoration mit Elster, Pompeji (1. Jh. n. Chr.)

Als kulinarischer Höhepunkt wird ein aufwändig zubereitetes, mit einer Filzkappe (*pilleus* → i) „garniertes" Wildschwein serviert - zur Verwunderung Enkolps, der ein weiteres Mal seinen Tischnachbarn um Auskunft bitten muss. Für die spektakuläre Krönung des Gerichts gibt es eine nüchterne Erklärung (*Sat.* 40,1-3; 41,1-5).

W torquēre, indicāre, apertus, tamquam, revertī, vidērī

G Temporalsätze, Präpositionen

7 „Sophos!" universi clamamus, [...] donec advenerunt ministri ac toralia praeposuerunt toris, in quibus retia erant picta subsessoresque cum venabulis et totus venationis apparatus. Necdum sciebamus <quo> mitteremus suspiciones nostras, cum extra triclinium clamor sublatus est ingens, et ecce canes Laconici etiam circa mensam discurrere coeperunt. Secutum est hos repositorium, in quo positus erat primae magnitudinis aper, et quidem pilleatus, e cuius dentibus sportellae dependebant. [...]
Interim ego, qui privatum habebam secessum, in multas cogitationes diductus sum, quare aper pilleatus intrasset. Postquam itaque omnis bacalusias consumpsi, duravi interrogare illum interpretem meum, quod me torqueret. At ille: „Plane etiam hoc servus tuus indicare potest: non enim aenigma est, sed res aperta. Hic aper, cum heri summa cena eum vindicasset, a convivis dimissus <est>; itaque hodie tamquam libertus in convivium revertitur." Damnavi ego stuporem meum et nihil amplius interrogavi, ne viderer numquam inter honestos cenasse.

sophōs (gr.): weise - **advenīre** ← ad + venīre - **torālia, ium** Pl.: Kissen
praepōnere: pōnere
torus → A1 - **rētium:** Jagdnetz
pingere, pingō, pīnxī, pictum: LW2
subsessor, ōris: der (am Jagdnetz) sitzende Jäger - **vēnābulum:** Jagdspieß - **venātiō, ōnis:** Jagd
apparātus, ūs → A1
necdum ~ nōndum - **triclīnium:** LW3 - **canis Lacōnicus:** spartanischer Jagdhund - **discurrere:** hin- und herlaufen - **repositōrium:** Servierplatte - **aper, aprī:** Eber, Wildschwein - **pilleātus:** mit dem *pilleus* bedeckt, vgl. i - **dēns, dentis:** LW3
sportella: Körbchen - **de-pendēre:** pendēre - **sēcessus, ūs** → A1
cogitātiō, ōnis: Überlegung
dīdūcere: ablenken - **bacalūsiās cōnsūmere:** *wohl* (erfolglos) Überlegungen anstellen - **dūrāre:** *hier* Mut fassen - **interpres, etis** → A1
plānē: LW3 - **aenigma, atis** n: Rätsel - **herī:** LW5 - **cum herī summā cēna eum vindicāsset:** als er beim gestrigen Essen als Höhepunkt dienen sollte
stupor, ōris: Staunen - **amplius:** weiter - **cēnāsse** = cēnāvisse

1. Erschließen Sie mithilfe eines Wörterbuches die Bedeutung von *torus*, *apparatus*, *secessus* und *interpres*. Berücksichtigen Sie dabei den jeweiligen Kontext (→ S. 12).
2. Trimalchio lässt in seinem Triklinium eine Art Jagd (→ M) inszenieren. Beschreiben Sie die einzelnen Requisiten, die darauf hindeuten.
3. Erklären Sie die Pointe der Jagdinszenierung mithilfe von i.

4. Stellen Sie Ausdrücke zusammen, welche die Haltung des Erzählers zum Geschehen belegen.
5. Erläutern Sie mit dem Wissen dieses Kapitels das Motiv und die Aussage der abgebildeten Münze, die im Jahr 43/42 v. Chr. im Lager des Cäsarmörders Brutus geprägt wurde.

M Die Jagd in der Antike

Die Jagd war seit der Antike bis in die Zeit des Absolutismus eine Freizeitbeschäftigung v. a. der Herrscher und des Adels. Hellenistische Könige und römische Kaiser hatten ihre eigenen Jagdgehege. Gejagt wurde zu Fuß oder zu Pferd, alleine oder mit Jagdhunden oder Treibern. Zur Jagdausrüstung gehörten Netze, Schlingen, Pfeil und Bogen sowie Jagdspieße.

Eberjagd, römisches Fußbodenmosaik aus der Villa Romana del Casale auf Sizilien (3. Jh. n. Chr.), Detail

i *Pilleus*

Der sog. *pilleus* (auch *pileus*) war eine Filzkappe, die sich ehemalige Sklaven als äußeres Kennzeichen ihrer Freilassung (*manumissio*) aufsetzten. Der Ausdruck *servos ad pilleum vocare* war gleichbedeutend mit „Sklaven freilassen". Im Gefolge der französischen Revolution von 1789 wurde der *pilleus* als „Freiheitsmütze" bzw. „phrygische Mütze" zum Symbol für Freiheit überhaupt.

Brutus-Denar, Münzkabinett, Staatliche Museen zu Berlin

3.3 Die Welt der Freigelassenen

Bei einem antiken Gastmahl sorgten Flötenspiel und Tanz, aber auch Gespräche über philologische und philosophische Themen für Unterhaltung. So lassen auch die Gäste des Trimalchio – wie er Freigelassene – in Vorträgen über „Gott und die Welt" ihre „Lebensweisheit" zu Wort kommen (*Sat.* 41,9–12).

W dum
fierī
vix

G Prädikativum

8 Ab hoc ferculo Trimalchio ad lasanum surrexit. Nos libertatem sine tyranno nacti coepimus invitare […].
Dama itaque primus cum pataracina poposcisset: „Dies", inquit, „nihil est. Dum versas te, nox fit. Itaque nihil est melius quam de cubiculo recta in triclinium ire. Et mundum frigus habuimus. Vix me balneus calfecit. Tamen calda potio vestiarius est. Staminatas duxi, et plane matus sum. Vinus mihi in cerebrum abiit."

ferculum: Gang – **lasanum:** Toilette
invitāre: auffordern, einladen
pataracinum: große Trinkschale
sē versāre: sich umdrehen
cubiculum: Schlafzimmer – **rectā (viā)** – **triclīnium:** LW3 – **mundus:** schön, nett – **balneus** → S. 74
calfacere ← caldus: warm, heiß + facere – **pōtiō, ōnis:** Trank
vestiārius: Schneider – **staminātās dūcere:** ordentlich bechern
plānē: LW3 – **matus:** betrunken
vīnus → S. 74 – **cerebrum:** Hirn

1. Beschreiben Sie, worin der Witz der Formulierung *libertatem sine tyranno nacti* besteht. Denken Sie dabei an die Thematik des vorangegangenen Kapitels.
2. **a)** Sammeln Sie in der Gruppe sog. „Stammtischthemen" und vergleichen Sie diese mit den Gesprächen am Tisch Trimalchios.
   b) Spielen Sie mit Mitschülern ein typisches Stammtischgespräch nach.
3. Im Internet gibt es sog. „Phrasendreschmaschinen". Zeigen Sie an einem selbstgewählten Beispiel auf, welchem Zweck sie dienen. Erläutern Sie, welche Absicht Petron verfolgt, wenn er Freigelassene mit ihren Phrasen auftreten lässt.
4. **a)** Weisen Sie mithilfe von S. 74 vulgärsprachliche Besonderheiten in der Rede des Dama nach.
   b) Untersuchen Sie im Text, welche Bedeutung den verwendeten Konnektoren *itaque, et* und *tamen* in Damas Argumentation zukommt.
5. Recherchieren Sie die Bedeutung folgender italienischer Wörter und vergleichen Sie diese mit den lateinischen Ursprungwörtern aus dem Text: caldo, mondo, matto (Adj.) und frigorifero, pozione, vestiario, cervello (Subst.) (→ S. 75).

Kirchturmuhr von Saara, Thüringen

6. a) Arbeiten Sie die Lebenshaltung Damas aus dem Text heraus.
   b) Vergleichen Sie diese mit der Kernaussage des Horazgedichts (M).
   c) Vergleichen Sie Damas Verhalten mit den Wertvorstellungen Epikurs (i).
7. Beschreiben Sie, worin der Witz der jeweiligen bildlichen Umsetzung von Horazens berühmter Wendung besteht.

M *Carpe diem* (Horaz, *Carm.* 1,11)

Tu ne quaesieris, scire nefas, quem mihi, quem tibi
finem di dederint, Leuconoe, nec Babylonios
temptaris numeros. Ut melius, quidquid erit, pati,
seu pluris hiemes seu tribuit Iuppiter ultimam,
quae nunc oppositis debilitat pumicibus mare
Tyrrhenum. Sapias, vina liques et spatio brevi
spem longam reseces. Dum loquimur, fugerit invida
aetas: carpe diem, quam minimum credula postero.

Frage du nicht (dies zu wissen ist Frevel), welches Ende mir, welches dir die Götter zugedacht haben, Leuconoe, und bemühe auch nicht die babylonischen Horoskope. Wie viel besser ist, was auch immer sein wird, zu erdulden, sei es dass Jupiter dir mehrere Winter zuteilt oder diesen als letzten, der nun an trotzig entgegengestellten Klippen das Tyrrhenische Meer sich brechen lässt. Sei vernünftig, mach den Wein trinkfertig und auf einen kurzen Zeitraum stutze die weitausgreifende Hoffnung zurück. Während wir sprechen, flieht die nicht freigiebige Zeit davon: Pflücke den heutigen Tag, und verlass dich möglichst wenig auf den kommenden.
(Übersetzung: M. Lobe)

i *Carpe diem* **und Epikurs Philosophie**

Horaz' berühmte Wendung *carpe diem* geht auf ein Zitat des von ihm sehr geschätzten griechischen Philosophen Epikur (341–270 v. Chr.) zurück. Typisch für dessen Lehre war die Aufforderung, sich von Gesellschaft und politischer Betätigung fernzuhalten und sein Lebensglück in der kleinen Gemeinschaft verwandter Seelen zu suchen (*Lathe biosas*, „Lebe im Verborgenen"). Zentraler Begriff ist die *hedone* (Lust, Vergnügen), die als Freisein von körperlichem Schmerz und seelischen Ängsten verstanden wird, nicht als kurzfristige Sinnesreizung in Luxus und Übermaß, wie es die philosophische Schule des Hedonismus anempfahl. Der Epikureer wägt dagegen stets genau ab, ob ein Vergnügen ihm künftig Unlust bereiten wird – in diesem Falle verzichtet er darauf (so genanntes Lustkalkül).

Seleucus führt das vorgegebene Thema fort und beklagt – veranlasst durch den Tod seines Bekannten Chrysanthus – die Vergänglichkeit des Lebens (*Sat.* 42,1–7).

W fūnus, perdere, accipere, oportet, conicere

G Gen. pretii

9 Excepit Seleucus fabulae partem et: „Ego“, inquit, „non cotidie lavor; balniscus enim fullo est, aqua dentes habet, et cor nostrum cotidie liquescit. Sed cum mulsi pultarium obduxi, frigori laecasin dico. Nec sane lavare potui; fui enim hodie in funus. Homo bellus, tam bonus Chrysanthus animam ebulliit. Modo modo me appellavit. Videor mihi cum illo loqui. Heu, eheu. Utres inflati ambulamus. Minoris quam muscae sumus, muscae tamen aliquam virtutem habent, nos non pluris sumus quam bullae. Et quid si non abstinax fuisset! Quinque dies aquam in os suum non conicit, non micam panis. Tamen abiit ad plures. Medici illum perdiderunt, immo magis malus fatus; medicus enim nihil aliud est quam animi consolatio. Tamen bene elatus est, vitali lecto, stragulis bonis. Planctus est optime – manu misit aliquot – etiam si maligne illum ploravit uxor. Quid si non illam optime accepisset! Sed mulier quae mulier milvinum genus. Neminem nihil boni facere oportet; aeque est enim ac si in puteum conicias. Sed antiquus amor cancer est.“

Seleucus: EV – **partem excipere:** den Faden aufnehmen – **balniscus:** Bad – **fullō, ōnis:** Walker – **dēns, dentis:** LW3 – **liquēscere:** aufweichen (intr.) – **mulsum:** LW4
pultārium obdūcere: einen ganzen Topf hinunterkippen – **frīgus, oris:** LW8 – **laecasin:** *hier* „leck mich“
Chrysanthus: EV – **bellus:** allerliebst, charmant – **ēbullīre:** „ausblubbern“
appellāre: ansprechen – **heu / ēheu:** LW5 – **uter, utris** m: Schlauch
musca: Fliege – **bulla:** Blase
abstināx, ācis: FW – **mīca:** Krümel
pānis, is: LW6 – **abīre ad plūrēs:** „abtreten“ (zur Mehrzahl, d.h. ins Reich der Toten) – **fātus** → S. 74
cōnsōlātiō, ōnis: Trost – **vītālis lectus:** *wohl* Paradebett
strāgulum: Decke
plangere, plangō, plānxī, planctum: beweinen – **aliquot:** LW5 – **malīgnē:** schwach, sehr sparsam – **mīlvīnus:** Geier- – **puteus:** Brunnen
cancer, crī: Krebs

1. Paraphrasieren Sie den Gedankengang des Seleucus, indem Sie seine Rede in einzelne Themenblöcke zerlegen.
2. a) Stellen Sie in Partnerarbeit die Ausdrücke zusammen, mit denen Seleucus die sterblichen Menschen beschreibt. Ziehen Sie auch **M 1** und die Abbildung hinzu.
   b) Vergleichen Sie seine Begriffe mit den fettgedruckten Bildern der Vergänglichkeit aus dem Gedicht von Gryphius (→ **M 2**).
3. Weisen Sie vulgärsprachliche Merkmale in der Rede des Seleucus nach (→ S. 74).
4. Erklären Sie den Zusammenhang zwischen den Aussagen *planctus est optime* und *manu misit aliquot*.

M1 Das *homo bulla*-Motiv (Varro, *De re rustica* 1,1)

Der römische Gelehrte Varro schreibt in der an seine Ehefrau gerichteten Einleitung zu seinem Werk über den Landbau:

Otium si essem consecutus, Fundania, commodius tibi haec scriberem, quod nunc, ut potero, exponam cogitans esse properandum, quod, ut dicitur, si est homo bulla, eo magis senex. Annus enim octagesimus admonet me, ut sarcinas colligam, antequam proficiscar e vita.

Wenn ich entspannter Muße gefolgt wäre, Fundania, schriebe ich dir folgende Ausführungen in größerer Bequemlichkeit, die ich nun nach bestem Vermögen darlegen will, in vollem Bewusstsein der Tatsache, dass ich mich sputen muss, weil, wenn der Mensch, wie man sagt, eine Wasserblase ist, dann gilt dies desto mehr für den alten Menschen. Das achtzigste Lebensjahr ermahnt mich dazu, die Bündel zu schnüren, bevor ich aus dem Leben scheide.
(Übersetzung: M. Lobe)

Hendrick Goltzius (1558–1616): Kupferstich *Quis evadet?*, Junge mit Totenkopf und Seifenblasen als Symbolen der Vergänglichkeit des Lebens, Kupferstichkabinett, Staatliche Museen zu Berlin

M2 Andreas Gryphius, Es ist alles eitell

Dv sihst/ wohin du sihst nur eitelkeit auff erden.
Was dieser heute bawt/ reist jener morgen ein:
Wo itzund städte stehn/ wird eine wiesen sein
Auff der ein schäffers kind wird spilen mitt den heerden.
Was itzund prächtig blüht sol bald zutretten werden.
Was itzt so pocht vndt trotzt ist morgen asch vnd bein.
Nichts ist das ewig sey/ kein ertz kein marmorstein.
Jtzt lacht das gluck vns an/ bald donnern die beschwerden.
Der hohen thaten ruhm mus wie ein **traum** vergehn.
Soll den das spiell der zeitt/ der leichte mensch bestehn.
Ach! was ist alles dis was wir für köstlich achten/
Als schlechte nichtikeitt/ als **schaten staub** vnd **windt**.
Als eine **wiesenblum**/ die man nicht wiederfindt.
Noch wil was ewig ist kein einig mensch betrachten.

eitelkeit: Vergänglichkeit
zutretten: zertreten, zerstört
bein: Knochen
köstlich: kostbar
einig: einzig

Vivorum meminerimus! Mit dieser Aufforderung will Phileros einen Themenwechsel einleiten, lässt es sich aber nicht nehmen, eine Bilanz des Lebens des soeben verstorbenen Chrysanthus zu ziehen (*Sat.* 43,1-8).

10 Molestus fuit, Philerosque proclamavit: „Vivorum meminerimus. Ille habet, quod sibi debebatur: honeste vixit, honeste obiit. Quid habet quod queratur? Ab asse crevit et paratus fuit quadrantem de stercore mordicus tollere. Itaque crevit, quicquid tetigit, tamquam favus. Puto mehercules illum reliquisse solida centum, et omnia in nummis habuit. De re tamen ego verum dicam [...] durae buccae fuit, linguosus, discordia, non homo. Frater eius fortis fuit, amicus amico, manu plena, uncta mensa. [...] Et ille stips, dum fratri suo irascitur, nescio cui terrae filio patrimonium elegavit. Longe fugit, quisquis suos fugit. Habuit autem oricularios servos, qui illum pessum dederunt. Numquam autem recte faciet, qui cito credit, utique homo negotians. Tamen verum quod frunitus est, quam diu vixit. [...] Plane Fortunae filius, in manu illius plumbum aurum fiebat. [...] Et quot putas illum annos secum tulisse? Septuaginta et supra. Sed corneolus fuit, aetatem bene ferebat, niger tamquam corvus. Noveram hominem olim oliorum, et adhuc salax erat. Non mehercules illum puto in domo canem reliquisse. Immo etiam puellarius erat, omnis Minervae homo. Nec improbo, hoc solum enim secum tulit."

Er wurde schon langweilig, da rief Phileros mit lauter Stimme: „Um die Lebendigen wollen wir uns kümmern. Er hat seinen Teil, wie's ihm zukam: anständig gelebt, anständig gestorben. Worüber kann er sich beklagen? Mit nichts hat er angefangen; mit den Zähnen hätte er einen Pfennig aus der Scheiße geholt. Darum hat er zugenommen, wie er zugenommen hat - ganz wie eine Honigscheibe. Bei Gott, ich glaube, er hat volle Hunderttausend hinterlassen, und er hatte alles in bar. Ich will aber zur Sache selbst die Wahrheit sprechen [...]; er hatte ein böses Maul, ein Angeber, kein Mensch, sondern die Unverträglichkeit selbst. Sein Bruder - das war ein ganzer Kerl, ein guter Kumpel, mit offener Hand und gab gut zu essen. [...] Und jener Klotz war böse mit seinem Bruder und hinterließ seine Erbschaft irgendeinem ganz unbedeutenden Unbekannten. Weit weg läuft der, der von seiner Familie wegläuft. Er hatte aber Sklaven, das waren Ohrenbläser, die seinen Bruder bei ihm anschwärzten. Es ist nie gut, wenn man ohne weiteres Glauben schenkt - besonders nicht als Geschäftsmann. Jedenfalls hat er sein Leben genossen, solange wie es eben dauerte. [...] Ein wahres Glückskind. In seiner Hand wurde Blei zu Gold. [...] Wieviel Jahre, glaubst du, hatte er auf dem Buckel? Über siebzig. Aber fest wie Horn war er und trug sein Alter gut: Sein Haar war noch rabenschwarz: Ich kannte den Mann noch von Anno dazumal; der war immer noch scharf. Bei Gott, ich glaube, er hat selbst die Hündin nicht in Ruhe gelassen; außerdem ging er auf Buben: ein sehr vielseitiger Mann. Da mach ich ihm auch keinen Vorwurf: Das ist das einzige, was er mitgenommen hat."

(Übersetzung: H. C. Schnur)

1. Überprüfen Sie am Text, ob Phileros seiner anfänglichen Aufforderung *vivorum meminerimus* gerecht wird.
2. a) Arbeiten Sie heraus, welche Charakterzüge des Verstorbenen Phileros faszinieren bzw. abstoßen.
   b) Diskutieren Sie, ob Bewunderung oder Abscheu überwiegt.
   c) Erörtern Sie, inwiefern Phileros mit der Beschreibung des Verstorbenen seine eigenen Wertvorstellungen offenbart.
3. Erarbeiten Sie eine Präsentation für Ihre Mitschüler, in der Sie wesentliche vulgärsprachliche Merkmale der Texte 9 und 10 aufzeigen. Beziehen Sie dabei S. 74 sowie das Grundwissen (→ S. 150f.) mit ein.
4. Recherchieren Sie in einem Wörterbuch über den Begriff *honestum* und überlegen Sie, wie die Feststellung *honeste vixit, honeste obiit* im Kontext der Charakteristik des Verstorbenen zu verstehen ist. Beziehen Sie dazu auch Ihre Kenntnisse aus dem Philosophie-Semester mit ein (→ S. 12f.).
5. Vergleichen Sie die Übersetzung mit dem Originaltext und nehmen Sie Stellung zu ihrer Qualität (→ S. 40f.).
6. Recherchieren Sie in lateinischen, italienischen, französischen und spanischen Wörterbüchern die Bedeutung folgender Vokabeln: Tag, Wein, Hund, Kopf, Freiheit, lieben, singen, kommen, machen. Erstellen Sie ein Plakat dazu (vgl. Abbildung) und präsentieren Sie es in der Klasse.

Spanisch
el hermano
un hermano
la hermana
una hermana

Französisch
le frère
un frère
la sœur
une sœur

Italienisch
il fratello
un fratello
la sorella
una sorella

Nach Phileros spricht Ganymed. Doch auch bei ihm wollen keine fröhlichen Gedanken aufkommen: Als „kleiner Mann" hat er mit den Alltagssorgen zu kämpfen und ist sich sicher: Früher war alles besser (*Sat.* 44,1–15).

W invenīre, interim, loquī, crescere, tamquam

G Jussiv, Irrealis

11 Haec Phileros dixit, illa Ganymedes: „Narrat is quod nec ad terram pertinet, cum interim nemo curat, quid annona mordet. Non mehercules hodie buccam panis invenire potui. Et quomodo siccitas perseverat! Iam annum esur<it>io fuit. Aediles male eveniat, qui cum pistoribus colludunt: ‚Serva me, servabo te.' Itaque populus minutus laborat; nam isti maiores maxillae semper Saturnalia agunt. O si haberemus illos leones, quos ego hic inveni, cum primum ex Asia veni. Illud erat vivere. [...] memini Safinium; tunc habitabat ad arcum veterem, me puero: piper, non homo. Is quacumque ibat, terram adurebat. Sed rectus, sed certus, amicus amico, cum quo audacter posses in tenebris micare. In curia autem quomodo singulos pilabat, nec schemas loquebatur sed derectum. Cum ageret porro in foro, sic illius vox crescebat tamquam tuba. [...] Et quam benignus resalutare, nomina omnium reddere, tamquam unus de nobis. Itaque illo tempore annona pro luto erat. Asse panem quem emisses, non potuisses cum altero devorare. Nunc oculum bublum vidi maiorem. Heu, heu, cotidie peius. Haec colonia retroversus crescit tamquam coda vituli. [...] Nunc populus est domi leones, foras vulpes. Quod ad me attinet, iam pannos meos comedi, et si perseverat haec annona, casulas meas vendam.

Philēros, Ganymēdēs: EV – <id>, **quod nec ad terram pertinet:** ~ was mit dem Leben nichts zu tun hat
mordēre: „beißen" (Ind. statt Konj.)
bucca: „Backe", Mundvoll – **pānis, is:** LW6 – **siccitās, ātis:** Dürre
ēsurītiō, ōnis: Hungersnot – **aedīlēs** statt aedīlibus
pīstor, ōris: Müller, Bäcker
collūdere: sein Spiel treiben, gemeinsame Sache machen – **populus minūtus:** die kleinen Leute
māiōrēs maxillae: Großmäuler
Sāturnālia agere: das Saturnalienfest feiern – **Safinius:** EV – **piper, eris:** Pfeffer (L) – **adūrere:** verbrennen – **audācter:** *hier* unbesorgt
micāre (*erg.* digitīs: mit den Fingern): ~ knobeln – **pilāre:** rupfen
schēma: (hohle) Rede – **derēctum:** „direkt" = ohne Umschweife – **porrō:** sodann – **tuba:** Trompete – **benīgnus** (*erg.* erat): freundlich – **re-salūtāre:** ~ in re-salūtandō – **prō lutō esse:** einen Dreck wert sein – **as, assis:** As (Grundeinheit im röm. Münzwesen in dieser Zeit wenige Cent wert)
pānis, is: LW6 – **oculus bublus:** Ochsenauge – **heu:** LW5 – **cotīdiē:** LW9 – **pēior, pēius:** Komparativ zu malus – **retrōversus:** rückwärts
cōda: Schwanz – **vitulus:** Kalb
vulpēs, is: Fuchs – **attinēre:** *hier* ~ pertinere – **pannus:** Lumpen
comēdere: essen – **cāsula:** kleines Haus, Hüttchen

1. Gliedern Sie den Text in Sinnabschnitte und arbeiten Sie Ganymeds Hauptthemen heraus.
2. Stellen Sie zusammen mit Ihrem Banknachbarn Vermutungen darüber an, was ein *laudator temporis acti* ist.

3. a) Geben Sie an, worin die Empörung Ganymeds über die von ihm so genannten *maiores maxillae* besteht. Beziehen Sie **M 1** mit ein.
   b) Erschließen Sie aus seinen Äußerungen seine Erwartungen an einen guten Politiker.
   c) Vergleichen Sie die genannten Qualitäten des Lokalpolitikers Safinius mit denen, die man an modernen Politikern schätzt.
4. Diskutieren Sie in der Gruppe über die Wertvorstellungen, welche hinter den folgenden Äußerungen stecken:
   Serva me, servabo te. (Z. 5f.)
   Amicus amico, cum quo audacter posses in tenebris micare. (Z. 11f.)
   Quam benignus resalutare, nomina omnium reddere, tamquam unus de nobis! (Z. 15f.)
5. Lesen Sie **M 2** und versuchen Sie zu erklären, welche Effekte Petron mit seiner Namensgebung für die Freigelassenen erzielen wollte.

Peter Paul Rubens (1577-1640): Der Raub des Ganymed, Museo del Prado, Madrid

M 1 Saturnalienfest

Das Saturnalienfest wurde in Rom jedes Jahr am 17. Dezember gefeiert. An diesem Tag machte man sich Geschenke, v. a. aber kehrten sich die Herrschaftsverhältnisse um: Die Sklaven durften einen Tag lang Herren spielen und ausgelassen sein. Der Name und die Idee des Festes leiten sich von Saturn her, dem Gott des goldenen Zeitalters, als alle Menschen noch gleich waren und es nur Freie gab. Dieser Festtag, der am ehesten mit heutigen Karnevalsscherzen verglichen werden kann, war ein kluges soziales Ventil: Untergebene, die einmal ihre sonst unterdrückten Triebe ausleben durften, verhielten sich den Rest des Jahres desto anpassungsbereiter gegenüber ihren Herren.

M 2 Sprechende Namen

Petron hat seinen Freigelassenenfiguren bewusst Namen gegeben, die bei seinen Lesern Assoziationen an berühmte Träger derselben Namen wecken und damit witzige Effekte erzielen sollten:

Seleucus: vornehmer Makedone, der am Asienzug Alexanders des Großen teilgenommen hatte und als einer seiner Nachfolger (Diadochen) das seleukidische Reich gründete;

Ganymed: junger Trojaner, der im Mythos von Zeus geraubt wurde, um ihm als Mundschenk und Geliebter zu dienen;

Phileros: griechisch „der Liebesfreund“;

Echion: berühmtester der fünf so genannten Spartoi, der mythischen Stammväter Thebens, die aus den Drachenzähnen gewachsen waren, die der Stadtgründer Kadmos auf Geheiß der Göttin Athene in Ackerfurchen gestreut hatte;

Agamemnon: mythischer König von Mykene, der zusammen mit seinem Bruder Menelaos und den Griechen gegen Troja in den Krieg zog.

Quod hodie non est, cras erit: sic vita truditur - Echion, der nach Ganymed das Wort ergreift, zeigt sich bodenständig und gelassen: Auf die richtige Einschätzung der gegenwärtigen Lage kommt es an (*Sat.* 45,1-4; 11; 13).

W modo ... modo; perdere; labōrāre (+ Abl.); nōn debēre; plūrimī; tamen

G Imperativ der Deponentia; Kondizionalsätze

12 „Oro te", inquit Echion centonarius, „melius loquere. ‚Modo sic, modo sic', inquit rusticus: varium porcum perdiderat. Quod hodie non est, cras erit: sic vita truditur. Non mehercules patria melior dici potest, si homines haberet. Sed laborat hoc tempore, nec haec sola. Non debemus delicati esse, ubique medius caelus est. Tu si aliubi fueris, dices hic porcos coctos ambulare. Et ecce habituri sumus munus excellente in triduo die festa; familia non lanisticia, sed plurimi liberti. [...]

Nachdem Echion die Großzügigkeit des Wahlkandidaten Titus gelobt hat, tadelt er die Knauserei des Amtsbewerbers Norbanus:

Et revera, quid ille nobis boni fecit? Dedit gladiatores sestertiarios iam decrepitos, quos si sufflasses, cecidissent; iam meliores bestiarios vidi. [...] ‚Munus tamen', inquit, ‚tibi dedi': et ego tibi plodo. Computa, et tibi plus do quam accepi. Manus manum lavat."

Echiōn: EV - **centōnārius:** Hersteller von Feuerlöschdecken, Flickschuster **rūsticus:** Bauer - **trūdere:** drängen, vorantreiben

mehercules: LW11

dēlicātus: fein, verzärtelt - **ubīque:** überall - **caelus** → S. 74
ubīque medius caelus est ~ es ist überall dasselbe - **aliubī:** anderswo
coctus: gekocht - **ambulāre:** LW9
mūnus: *hier* Gladiatorenspiel - **excellente:** statt excellēns: hervorragend - **trīduum:** (Zeitraum von) drei Tage(n) - **festus:** Fest- - **familia lanisticia:** Sklaventruppe eines Gladiatorenausbilders - **lībertus:** LW7

rēvērā: tatsächlich - **sēstertiārius:** kaum einen Sesterz wert **dēcrepitus:** halbtot - **sufflāre:** anpusten
sufflāsses = sufflāvisses
bēstiārius: Tierkämpfer
plōdere = plaudere - **computāre:** rechnen - **lavāre:** LW9

1. Geben Sie die beiden Hauptthemen in Echions Gesprächsbeitrag an.
2. Lesen Sie **i** und erklären Sie, wonach Echion seine Gunst gegenüber den Wahlkandidaten Titus und Norbanus bemisst.
3. Untersuchen Sie jeweils die Redeanfänge der Gesprächsteilnehmer in den Texten 8-12 und notieren Sie Auffälligkeiten.
4. Erörtern Sie ausgehend von **i**, der Abbildung und **M** Gemeinsamkeiten und Unterschiede zwischen antiker und moderner Wahlkampfführung. Nehmen Sie persönlich Stellung zu den in **M** angeführten Tricks und Tipps.
5. a) Erschließen Sie die Aussage beider spanischen Sprichwörter.
   b) Führen Sie die unterstrichenen Wörter mithilfe von S. 75 auf ihren lateinischen Ursprung zurück.
   El hombre <u>propone</u>, y <u>Dios</u> <u>dispone</u>. / No es <u>oro</u> <u>todo</u> lo que reluce.
6. Weisen Sie wesentliche vulgärsprachliche Elemente in der Rede des Echion nach (→ S. 74).

i Wahlkampf in der römischen Antike

Wer sich um ein politisches Amt bewarb, erhielt eine weiße Toga (*toga candida*), von der sich der Begriff *candidatus* (Kandidat, Amtsbewerber) herleitet. Der Wahlkampf wurde mithilfe von Reden, Wahlversprechungen, konkreten Wahlempfehlungen, die in großen Lettern auf die Wände von Privathäusern und öffentlichen Gebäuden gemalt wurden, Wahlgeschenken und der großzügigen Ausrichtung von Theateraufführungen und Gladiatorenspielen geführt. Die Gesetze verboten Bestechung ausdrücklich, doch waren die Grenzen zwischen erlaubter und unerlaubter Wahlwerbung fließend.

Wahlpropaganda an einer Hauswand, Pompeji:
CN(AEUM) HELVIUM SABINUM AED(ILEM) D(IGNUM) R(E) P(UBLICA) O(RO) V(OS) F(ACIATIS)

Ich bitte darum, dass ihr den Cn. Helvius Sabinus zum der Stadt würdigen Ädil wählt.

M Auf die Strategie kommt es an

Im Jahr 64 v. Chr. widmete Quintus Tullius Cicero seinem älteren und berühmteren Bruder Marcus Tullius Cicero eine Schrift (*Commentariolum petitionis*), die diesem taktische Grundregeln geschickter Wahlkampfführung vermittelte: Ein Kandidat sollte sich möglichst oft in der Nähe der Bürger aufhalten, engen Kontakt mit ihnen suchen, möglichst viele beim Namen nennen können und sich ihnen gefällig erweisen (durch kleine Geschenke, Essenseinladungen oder Ausrichten von Spielen). Darüber hinaus sollte er demonstrative Gesten einsetzen, sich in der Öffentlichkeit mit allseits beliebten Menschen umgeben und nicht vergessen, die Wahlhelfer ausreichend zu loben. Für die Zeit des Wahlkampfes sollte der Kandidat seinen wahren Charakter verstellen, Hoffnungen wecken, möglichst unbestimmt formulieren, alles Mögliche versprechen und Fehler der politischen Gegner gnadenlos ausnutzen. Cicero nützten diese Hinweise offenbar: Er wurde zum Konsul des Jahres 63 v. Chr. gewählt.

Mitten in seinen Ausführungen wendet sich Echion an den Redelehrer Agamemnon (*Sat.* 46,1-2; 7-8).

W vidērī, persuādēre, tempestās, fierī, auferre, quisquis

G Dat. commodi

13 Videris mihi, Agamemnon, dicere: „Quid iste argutat molestus?" Quia tu, qui potes loquere, non loquis. Non es nostrae fasciae, et ideo pauperorum verba derides. Scimus te prae litteras fatuum esse. Quid ergo est? Aliqua die te persuadeam, ut ad villam venias et videas casulas nostras? Inveniemus quod manducemus, pullum, ova: belle erit, etiam si omnia hoc anno tempestas depravavit: inveniemus ergo unde saturi fiamus. […]

Agamemnōn: EV – **argūtāre:** daherschwätzen – **molestus:** *hier* langweilig – **nōn es nostrae fasciae:** du bist nicht von unserem Schlag
ideō: deswegen – **pauper, -era, -erum** → S. 74 – **dērīdēre** ← dē + rīdēre
prae (+ Akk. statt Abl.): *hier* wegen
fatuus: begriffsstutzig, blöd
casula: kleines Haus, Hüttchen
mandūcāre: essen – **pullus:** *hier* Hühnchen – **ōvum:** Ei – **bellē** statt bene – **dēprāvāre:** vernichten
satur: LW2

Echion erzählt von seinen Bildungsplänen für seinen Sohn:

Emi ergo nunc puero aliquot libra rubricata, quia volo illum ad domusionem aliquid de iure gustare. Habet haec res panem. Nam litteris satis inquinatus est. Quod si resilierit, destinavi illum artificium docere, aut tonstrinum aut praeconem aut certe causidicum, quod illi auferre non possit nisi Orcus. Ideo illi cotidie clamo: „Primigeni, crede mihi, quicquid discis, tibi discis. Vides Phileronem causidicum: si non didicisset, hodie famem a labris non abigeret. Litterae thesaurum est, et artificium numquam moritur."

aliquot: LW5 – **librum rubrīcātum** (statt liber): Gesetzbuch – **domūsiō, ōnis:** Hausgebrauch – **gustāre:** LW6
dē iūre gustāre: von der Rechtswissenschaft kosten – **pānis, is:** LW6
inquinātus: getüncht, beschmutzt
quod sī: wenn aber – **resilīre:** *hier* abspringen – **dēstināre:** bestimmen – **artificium:** *hier* Handwerk
tōnstrīnus: Friseur-
praecō, ōnis: Auktionator – **causidicus:** Anwalt – **Orcus:** Unterwelt, Totenreich, *hier* Tod – **cotīdiē:** LW9
Prīmigenius: Name (Erstgeborener; vgl. „Großer") – **labrum:** Lippe
abigere: vertreiben

1. Arbeiten Sie auf der Grundlage von **i** die Unterschiede zwischen antikem und modernem Bildungswesen heraus.
2. Erschließen Sie aus den Zeilen 1-8, inwiefern Echion gegenüber dem Redelehrer Agamemnon eine zwiegespaltene Haltung einnimmt.
3. Paraphrasieren Sie das Bildungsverständnis Echions.
4. Diskutieren Sie mit Ihren Mitschülern den Unterschied zwischen Bildung und Ausbildung. Beziehen Sie als Anregung **M 1** mit ein.
5. Erläutern Sie die Kritik Martials und Petrons am Bildungsverständnis ihrer Zeit (→ **M 2**).
6. Belegen Sie am Text den Gebrauch der bildhaften Sprache (→ S. 74).

M 1 Der Unterschied zwischen Bildung und Ausbildung

Der wahre Zweck des Menschen [...] ist die höchste und proportionierlichste Bildung seiner Kräfte zu einem Ganzen. Zu dieser Bildung ist Freiheit die erste unerlässliche Bedingung. (W. von Humboldt)

Eine Ausbildung durchlaufen wir mit dem Ziel, etwas zu können. Wenn wir uns dagegen bilden, arbeiten wir daran, etwas zu werden – wir streben danach, auf eine bestimmte Weise in der Welt zu sein. (P. Bieri)

M 2 Berufswahl (Martial, *Ep.* 5,56)

Schon lang beschäftigt ernstlich dich die Frage,
was deinen Sohn du lernen lassen solltest.
Die mittlere, die Hochschulbildung meid' er,
nichts soll Vergil und Cicero ihn scheren,
Tutilius überlass' er seinem Ruhme,
und schreibt er Verse, sollst du ihn enterben.
Brotlose Künste! Was hat goldnen Boden?
Laß Flöte ihn und Leierspielen lernen!
Ist er dazu zu dämlich, mach den Buben
Zum Auktionator oder Architekten.
(Übersetzung: H. C. Schnur)

V. 5 Tutilius war Professor für Rhetorik

V. 10 zwei im alten Rom nicht angesehene, aber einträgliche Berufe

i Das Schulwesen in Rom

In Rom gab es keine Schulpflicht. Ab dem 2. Jh. v. Chr. gab es für Kinder aus ärmeren Familien Unterricht an einer Elementarschule. In behelfsmäßigen, oft nur mit einem Vorhang abgetrennten Buden (*pergula*) wurde den Kindern vom 7. bis zum 11. Lebensjahr Lesen, Schreiben und Rechnen beigebracht. Söhne aus wohlhabenderem Hause besuchten im Alter von 12 bis 16 Jahren den sog. *grammaticus*, der mit den Schülern griechische Autoren las und sie erklärte. Dabei wurden sie von einem *paedagogus* (Kinderführer) zur Schule begleitet. Für Söhne reicher Römer war auch Privatunterricht durch griechische Gelehrte möglich. Mädchen dagegen wurden in der Regel auf ihre künftige Rolle als Hausfrau und Mutter vorbereitet.

Antike Schulszene,
Neumagener Schulreliefpfeiler (2./3. Jh.), Detail,
Rheinisches Landesmuseum, Trier

Zwischen Hermeros und Enkolp bzw. dessen Begleiter Askylt entspinnt sich ein Streit. Trimalchio beschwichtigt Hermeros und kündigt den Auftritt einer Schauspielertruppe an. Bei den Szenen aus Homers Epen „glänzt" der Gastgeber mit seiner literarischen Bildung (*Sat.* 59,2–7).

W fābula, agere, quemadmodum, ob + Akk., colligere

G Hortativ, indirekte Fragesätze, Abl. absolutus

14 „[...] Simus ergo, quod melius est, a primitiis hilares et Homeristas spectemus.“ Intravit factio statim hastisque scuta concrepuit. Ipse Trimalchio in pulvino consedit, et cum Homeristae Graecis versibus colloquerentur, ut insolenter solent, ille canora voce Latine legebat librum. Mox silentio facto „scitis“, inquit, „quam fabulam agant? Diomedes et Ganymedes duo fratres fuerunt. Horum soror erat Helena. Agamemnon illam rapuit et Dianae cervam subiecit. Ita nunc Homeros dicit quemadmodum inter se pugnent Troiani et Tarentini. Vicit scilicet et Iphigeniam, filiam suam, Achilli dedit uxorem. Ob eam rem Aiax insanit et statim argumentum explicabit.“ Haec ut dixit Trimalchio, clamorem Homeristae sustulerunt, interque familiam discurrentem vitulus in lance du<ce>naria elixus allatus est, et quidem galeatus. Secutus est Aiax strictoque gladio, tamquam insaniret, <vitulum> concidit, ac modo versa modo supina gesticulatus, mucrone frusta collegit mirantibusque partitus est.

ā prīmitiīs: erneut, wieder
homērista: Schauspieler, der Szenen aus Homers Epen vorspielt
factiō, ōnis: Truppe – **hasta:** Lanze
scūtum: Schild – **concrepāre:** zusammenschlagen – **pulvīnus:** Polster – **īnsolenter:** anmaßend
canōrus: singend, wohltönend
Diomēdēs, Ganymēdēs: EV, vgl. M 1
Helena: EV, vgl. M 1 – **cerva:** Hirschkuh – **Diāna:** EV, vgl. M 1
Homeros ~ Homerus: EV – **Trōiānī, Tarentīnī, Iphigenīa:** EV, vgl. M 1

Aiāx: EV, vgl. M 1 – **argūmentum:** *hier* Inhalt

discurrere: auseinanderlaufen
vitulus: Kalb – **lanx, lancis:** Schüssel, Schale – **ducēnārius:** 200-Pfund-
ēlixus: gesotten – **galeātus:** mit Helm – **stringere, stringō, strīnxī, strictum:** ziehen, zücken – **concīdere, -cīdo, -cīdī, -cīsum:** *hier* in Stücke hauen – **versā ... supīnā** (*erg.* **manū**)
gesticulātus: hin- und herfuchtelnd
mucrō, ōnis: Schwertspitze – **frustum:** (Fleisch-)Stück – **partīrī:** verteilen

1. Erklären Sie mithilfe von **M 1** die Irrtümer des Trimalchio.
2. Erläutern Sie, welchen Anschein Trimalchio bei seinen Gästen einerseits erwecken möchte, welches Bild er jedoch andererseits abgibt.
3. Arbeiten Sie vor dem Hintergrund von **M 2** die satirische Absicht heraus, die Petron mit seinem Text verfolgt.
4. Trimalchio trägt *canora voce* vor.
   a) Erklären Sie folgende italienische Ausdrücke, die Hinweise zur Darbietung eines Musikstücks geben: *con affetto, estinguendo, ritardando*.
   b) Erschließen Sie mithilfe von S. 75 die lateinischen Ursprungswörter.

M 1 Der Mythos vom trojanischen Krieg

Nachdem der Trojanerprinz Paris Helena, die schöne Frau des Spartanerkönigs Menelaos entführt hat, entschließen sich die Griechen unter Führung Agamemnons, des Bruders des Menelaos, zum Krieg gegen Troja. Um günstige Winde für die Überfahrt nach Troja von den Göttern zu erbitten, will Agamemnon seine Tochter Iphigenie opfern, die aber von Artemis (römisch Diana) entrückt und so gerettet wird - an ihrer Stelle wird eine Hirschkuh geopfert. Bedeutendster Held der Griechen vor Troja ist Achill, der allerdings nach einem Streit mit Agamemnon um den Besitz einer Kriegsgefangenen im Zorn aus dem Kampfgeschehen aussteigt. Auch Ajax und Diomedes sind griechische Kämpfer. Ajax geht in einem Anfall von Verblendung mit seinem Schwert auf eine Herde Schafe los, im Glauben, es handle sich um eine Schar Gegner. Ganymed schließlich ist ein trojanischer Hirte, in den Zeus sich verliebte, in Gestalt eines Adlers raubte und zu seinem Mundschenk machte (→ M 2 Sprechende Namen, S. 87).

M 2 Gastmähler als Gelehrtengespräche

An anderer Stelle äußert Trimalchio: *Oportet et inter cenam philologiam nosse* (39,4). Mit dieser Feststellung befindet er sich in einer zu seiner Zeit seit über 400 Jahren währenden Tradition. Das griechische Wort συμπόσιον (*symposion*) entspricht ungefähr den lateinischen Begriffen *cena* oder *convivium* und meint in erster Linie ein Trinkgelage oder ein Gastmahl, das durch Flötenspiel und Tanz belebt wurde, bei dem aber auch Gespräche unter Gebildeten über philologische oder philosophische Themen stattfinden konnten, wie Platons Werk mit dem Titel *Symposion* bezeugt. In diesem Dialog unterhält sich der griechische Philosoph Sokrates mit Gelehrten seiner Zeit über das Thema Liebe (Eros). Im Lauf der Tradition wird der Begriff Symposion schließlich zum Synonym für Gelehrtengespräche überhaupt.

Symposion, griechische Vasenmalerei (4. Jh. v. Chr.), Louvre, Paris

Nachdem sich Trimalchio und seine Gäste eine Weile mit Grusel- und Geistergeschichten amüsiert haben, kündigt sich ein später Gast an. Seine Erscheinung und die weitere Gestaltung des Gastmahls sorgen bei Enkolp erneut für Verwirrung und Irritation (*Sat.* 65,3-7; 70,10-13).

W temptāre, impōnere, frōns, etsī, paene, occupāre

G Funktionen des Perfekts und Imperfekts, Realis, PC

15 Inter haec triclinii valvas lictor percussit, amictusque veste alba cum ingenti frequentia comissator intravit. Ego maiestate conterritus praetorem putabam venisse. Itaque temptavi assurgere et nudos pedes in terram deferre. Risit hanc trepidationem Agamemnon et „contine te“, inquit, „homo stultissime. Habinnas sevir est idemque lapidarius, qui videtur monumenta optime facere.“

Recreatus hoc sermone reposui cubitum, Habinnamque intrantem cum admiratione ingenti spectabam. Ille autem iam ebrius uxoris suae umeris imposuerat manus, oneratusque aliquot coronis et unguento per frontem in oculos fluente praetorio loco se posuit, continuoque vinum et caldam poposcit. [...]

Nach einer Weile beginnt Fortunata zu tanzen und Sklaven mischen sich unter die Gäste.

Iam coeperat Fortunata velle saltare, iam Scintilla frequentius plaudebat quam loquebatur, cum Trimalchio „permitto“, inquit, „Philargyre, etsi prasinianus es famosus, dic et Menophilae, contubernali tuae, discumbat.“ Quid multa? Paene de lectis deiecti sumus, adeo totum triclinium familia occupaverat. Certe ego notavi super me positum cocum, qui de porco anserem fecerat, muria condimentisque fetentem. Nec contentus fuit recumbere, sed continuo Ephesum tragoedum coepit imitari et subinde dominum suum sponsione provocare „si prasinus proximis circensibus primam palmam“.

triclīnium: LW3 - **valvae, ārum:** Türflügel - **līctor, ōris:** *hier* Amtsperson - **percutere, -cutiō, -cussī, -cussum** → A1 - **amictus:** bekleidet
frequentia: LW5 - **cōmissātor, ōris:** Zechbruder - **maiestās, ātis:** *hier* respekteinflößende Pracht
conterrēre ~ perterrēre
assurgere ~ surgere - **pedēs in terram dēferre:** die Habachtstellung einnehmen - **trepidātiō, ōnis:** Ängstlichkeit - **Agamemnōn, Habinnas:** EV - **sēvir:** kleiner Provinzbeamter - **lapidārius:** Steinmetz
cubitum repōnere: sich hinlegen
admīrātiō, ōnis: LW2 - **ēbrius:** betrunken - **onerātus:** beladen
aliquot: LW5 - **fluere:** fließen
praetōrius: Prätor - **continuō:** sogleich - **caldus:** warm - **caldam** *erg.* aquam - **Fortūnata, Scintilla:** EV - **plaudere** → A1 - **permittō** <ut cubitum repōnas> - **Philargyrus:** EV
prasiniānus: Anhänger der „Grünen“, vgl. i - **fāmōsus** → A1 - **Menophila:** EV - **contubernālis:** *hier* Frau
discumbere: sich zu Tische legen
dēicere ← dē + iacere - **notāre:** LW1 - **cōcus:** Koch - **porcus:** LW12
ānser, eris: Gans - **muria:** Pökelbrühe
condīmentum: Gewürz - **fētēre:** stinken - **recumbere** ~ discumbere
continuō Adv.: ununterbrochen
tragoedus: Tragödienschauspieler
subinde: immer wieder - **spōnsiō, ōnis:** *hier* Wette - **prōvocāre** → A1
sī: *hier* ob *erg.* accipiat - **prasinus:** ein „Grüner“ (s.o.) - **circēnsēs, ium** Pl.: Zirkusspiele - **palma:** Palmzweig = Siegespreis

1. Erschließen Sie die Bedeutung der folgenden Vokabeln, indem Sie englische Wörter und deutsche Fremdwörter heranziehen: *percutere, plaudere, famosus, provocare.*

2. Erläutern Sie unter Einbezug von **M** und **i**, worin für den antiken Leser der besondere Reiz der Szene von Habinnas' Eintreten lag, und welche Absicht Petron mit dieser Darstellung verfolgte.
3. Erklären Sie anhand der Übersicht über den Roman (S. 62f.), inwiefern dieses parodistische Verfahren typisch für Petron ist.
4. Beschreiben Sie mithilfe von **M** die auf dem Gemälde dargestellte Szene.
5. Arbeiten Sie die Einzelmomente zunehmender Enthemmung des Gastmahls heraus. Nennen Sie lateinische Schlüsselbegriffe.
6. Haussklaven durften nicht am Gastmahl teilnehmen. Stellen Sie Vermutungen an, warum Trimalchio hier die festgefügten sozialen Grenzen aufhebt.

i Parodie

Bei der Parodie („Nebengesang") handelt es sich um ein ironisch oder satirisch verfremdendes Nachahmen eines Vorbildwerkes (aus bildender Kunst, Musik oder Literatur), wobei die Parodie ihren Witz nur entfalten kann, wenn das parodierte Werk dem Betrachter, Hörer oder Leser bekannt ist. Das trifft v.a. auf bedeutsame und berühmte Werke zu. Dass auf sie parodistisch angespielt wird, beweist ihren großen Rang. Hinter einer Parodie kann die Absicht stehen, Kritik am ursprünglichen Werk zu üben; weit häufiger jedoch dient das prominente Vorbild als Kontrastfolie, vor deren Hintergrund das Dargestellte in seiner Fragwürdigkeit bzw. Banalität ersichtlich wird.

M Platons Dialog *Symposion*

Platon (→ GW, S. 144) schrieb etliche Dialoge, in denen er mehrere Gesprächspartner über bedeutende philosophische, gesellschafts- und staatsrelevante Themen diskutieren ließ. Der *Symposion* genannte Dialog spielt auf einem Gastmahl, zu dem der junge Tragödiendichter Agathon anlässlich seines Sieges bei einem Dramenwettbewerb im Rahmen eines Dionysosfestes geladen hat. Der Gast Phaidros schlägt vor, über das Phänomen der Liebe (Eros) zu sprechen. Nach etlichen Vorträgen der Teilnehmer spricht Sokrates über den Eros, als plötzlich sein ehemaliger Schüler Alkibiades, ein adliger junger Staatsmann und Feldherr aus Athen, betrunken eintritt und eine Lobrede auf seinen Lehrer Sokrates hält, dessen Vorbildhaftigkeit er an etlichen Beispielen aufzeigt.

Anselm Feuerbach (1829–1880): Das Gastmahl des Plato

3.4 Trimalchios Lebensrückblick

Nach den zunehmend ausgelasseneren Showeinlagen beginnt Trimalchio sein Testament zu verlesen (*Sat.* 71,1; 71,3-5; 71,11-72,4).

W facere (+ dopp. Akk.)
iubēre (+ Akk. / + AcI)
frangere
velle, nōlle, mālle
dīligēns
idōneus

G Abl. absolutus
das konzessive cum

16 Diffusus hac contentione Trimalchio „amici", inquit, „et servi homines sunt et aeque unum lactem biberunt, etiam si illos malus fatus oppresserit. Tamen me salvo cito aquam liberam gustabunt. Ad summam, omnes illos in testamento meo manu mitto. [...] Nam Fortunatam meam heredem facio, et commendo illam omnibus amicis meis. Et haec ideo omnia publico, ut familia mea iam nunc sic me amet tamquam mortuum".

Gratias agere omnes indulgentiae coeperant domini, cum ille oblitus nugarum exemplar testamenti iussit afferri et totum a primo ad ultimum ingemescente familia recitavit. Respiciens deinde Habinnam: „Quid dicis", inquit, „amice carissime? Aedificas monumentum meum quemadmodum te iussi? [...]

diffūsus: zerstreut - **contentiō, ōnis:** (witziger) Streit - **lactem** statt lac n: Milch - **fātus** → S. 74
gustāre: LW6 - **aquam līberam gustāre:** Wasser der Freiheit kosten ≙ freigelassen werden - **ad summam:** LW6 - **testāmentum:** FW - **manū mittere:** LW10 - **Fortūnata:** EV
commendāre: anvertrauen - **ideō:** LW13 - **pūblicāre:** öffentlich bekanntmachen
indulgentia: Güte - **oblīvīscī, oblīvīscor, oblītus sum:** vergessen
nūgae, ārum Pl.: Kleinigkeiten
exemplar, āris: FW
ingemēscere: seufzen, jammern
Habinnas: EV

Nach einer genauen Beschreibung des Grabmals fährt Trimalchio fort:

Ad dexteram meam ponas statuam Fortunatae meae columbam tenentem: et catellam cingulo alligatam ducat et cicaronem meum, et amphoras copiosas gypsatas, ne effluant vinum. Et unam licet fractam sculpas, et super eam puerum plorantem. Horologium in medio, ut, quisquis horas inspiciet, velit nolit, nomen meum legat. Inscriptio quoque vide diligenter, si haec satis idonea tibi videtur:

C. Pompeius Trimalchio Maecenatianus hic requiescit. Huic seviratus absenti decretus est. Cum posset in omnibus decuriis Romae esse, tamen noluit. Pius, fortis, fidelis, ex parvo crevit; sestertium reliquit trecenties, nec umquam philosophum audivit. Vale et tu."

columba: Taube - **catella:** Hündchen
cingulum: Leine - **alligāre:** anbinden - **cicarō, ōnis:** Liebling(ssklave)
amphora: LW5 - **cōpiōsus:** *hier* groß, dick - **gypsātus:** mit Gipsverschluss - **effluere:** auslaufen lassen
licet, <ut> sculpas - sculpere: abbilden (als Skulptur) - **plōrāre:** LW9
hōrologium: Sonnenuhr - **īnspicere:** anschauen - **īnscrīptiō** ← īn-scrībere
sī: *hier* ob - **sēvirātus, ūs:** Amt eines Sevirn, eines Provinzbeamten
decuria: Stadtteil - **esse** <sēvir>
fidēlis: treu
sēstertium trecentiēs (centēna mīlia): 30 Millionen Sesterzen
ūbertim: ausgiebig

Haec ut dixit Trimalchio, flere coepit ubertim. Flebat et Fortunata, flebat et Habinnas, tota denique familia, tamquam in funus rogata, lamentatione triclinium implevit. Immo iam coeperam etiam ego plorare, cum Trimalchio: „Ergo", inquit, „cum sciamus nos morituros esse, quare non vivamus? Sic vos felices videam, coniciamus nos in balneum, meo periculo, non paenitebit. Sic calet tamquam furnus."

in fūnus rogāre: zu einer Beerdigung einladen - **lāmentātiō, ōnis:** Gejammer - **triclīnium:** LW3
implēre ~ complēre
balneum: LW8 - **sē conicere:** sich stürzen - **paenitet:** es reut - **calēre:** heiß sein - **furnus:** Ofen

1. Erklären Sie, warum Trimalchios Äußerungen über die Sklaven im Widerspruch zu seinem Verhalten zu Beginn der *cena* stehen.
2. Vergleichen Sie Trimalchios Aussagen über die Sklaven mit denen Senecas (Kap. 2, T8). Stellen Sie alle inhaltlichen und sprachlichen Parallelen zusammen und beurteilen Sie im Anschluss den intellektuellen Gehalt beider Passagen. Beziehen Sie auch M 1 in Ihre Überlegungen mit ein.
3. a) Vergegenwärtigen Sie sich die beschriebenen Einzelheiten des geplanten Grabmals und weisen Sie Zusammenhänge mit Episoden aus der *cena* nach.
   b) Vergleichen Sie die Inschrift und den Bildschmuck des Grabes des Trimalchio mit der Inschrift (→ M 2) und dem Bildschmuck des abgebildeten Grabmals.
4. Erläutern Sie, wie die Feststellung *nec umquam philosophum audivit* auf Sie wirkt.
5. Interpretieren Sie die Z. 1–14 nach dem Muster von S. 26f.

M 1 Seneca und Petron

Lange Zeit war der stoische Philosoph Seneca Erzieher des Kaisers Nero und später sogar neben ihm wichtigster Mann in der Staatsführung. Nach dem Bruch mit Nero und dem Selbstmord Senecas fungierte Petron am Kaiserhof als *arbiter elegantiae*, was man am ehesten vielleicht mit „Berater in Stil- und Geschmacksfragen" übersetzen kann. Die jüngere Forschung hat wahrscheinlich gemacht, dass sich in Petrons Roman parodistische Seitenhiebe auf Senecas Schreibstil verbergen.

M 2 Inschrift vom Grabmal des Eurysaces

EST HOC MONIMENTUM MARCEI VERGILI EURYSACIS PISTORIS REDEMPTORIS: APPARET.

Dies ist das Grabmal des Marcus Vergilius Eurysaces, eines Bäckers und Getreidelieferanten: Das ist offenkundig.

Grabmal des Bäckers Eurysaces (1. Jh. v. Chr.), Rom

Plötzlich kommt es zu einem Streit unter dem Gastgeberpaar, der ohne Rücksicht auf die Gäste ausgetragen wird (*Sat.* 74,6–12).

W sūmere, respicere, adhūc, diū, aequus, perdere

G Relativsätze mit Nebensinn, verkürzte Verbformen

17 Sumptis igitur matteis, respiciens ad familiam Trimalchio „Quid vos“, inquit, „adhuc non cenastis? Abite, ut alii veniant ad officium.“ Subiit igitur alia classis, et illi quidem exclamavere: „Vale Gai“, hi autem: „Ave Gai.“ Hinc primum hilaritas nostra turbata est; nam cum puer non inspeciosus inter novos intrasset ministros, invasit eum Trimalchio et osculari diutius coepit. Itaque Fortunata, ut ex aequo ius firmum approbaret, male dicere Trimalchionem coepit et purgamentum dedecusque praedicare, qui non contineret libidinem suam. Ultimo etiam adiecit: „canis“. Trimalchio contra offensus convicio calicem in faciem Fortunatae immisit. Illa tamquam oculum perdidisset, exclamavit manusque trementes ad faciem suam admovit. Consternata est etiam Scintilla trepidantemque sinu suo texit.

mattea: Leckerbissen

cēnāstis = cēnāvistis

ad officium venīre: *hier* zum Zug kommen – **ex-clāmāre** ← clāmāre

hilaritās, ātis: gute Laune
īnspeciōsus: unansehnlich, hässlich
minister: LW7 – **ōsculārī:** küssen
Fortūnata: EV – **ex aequō iūs firmum approbāre:** gleiches Recht für alle ableiten
pūrgāmentum dēdecusque: Abschaum und Schandfleck – **praedicāre:** *hier* laut nennen – **ultimō** ~ dēnique – **contrā** Adv.: im Gegenteil – **offēnsus:** beleidigt, verletzt – **convīcium:** Streit – **calix, icis:** Kelch – **immittere:** schleudern auf – **tremere:** zittern – **cōnsternāre, -sternō, -sternāvī, -sternātum:** aus der Fassung bringen

1. a) Geben Sie den Anlass für den Streit der Eheleute an.
   b) Beschreiben Sie die Mittel, mit denen Trimalchio und Fortunata ihren Streit ausfechten. Untersuchen Sie das dabei gebrauchte Vokabular.
   c) Formen Sie die Beschreibung des Streits szenisch um und tragen Sie dieses Stück vor der Gruppe vor. Überlegen Sie vorher, ob es sich hier um eine Komödie oder eine Tragödie handelt.
2. Charakterisieren Sie Fortunata anhand dieses Kapitels und vergleichen Sie damit die Beschreibungen des Hermeros in Text 6.
3. Lesen Sie **M** und vergleichen Sie die beiden Übersetzungen mit dem lateinischen Text (→ S. 40f.).
   a) Welche der Übersetzungen wird dem Originaltext mehr gerecht?
   b) Welche gibt die Situation treffender wieder?
   c) An welchen Stellen bleiben selbst die Übersetzungen unverständlich?
4. a) Lesen Sie **i** und beschreiben Sie, wie der antike Maler Kassandra und ihre Rolle bildlich umsetzt.
   b) Überprüfen Sie, ob Trimalchios Vergleich seiner Frau mit Kassandra angemessen ist.

M Wüste Beschimpfungen (Petron, *Sat.* 74,13–17)

Trimalchio beschimpft Fortunata:

„Quid enim“, inquit, „ambubaia non meminit? De machina illam sustuli, hominem inter homines feci. At inflat se tamquam rana, et in sinum suum non spuit, codex, non mulier. Sed hic, qui in pergula natus est, aedes non somniatur. Ita genium meum propitium habeam, curabo domata sit Cassandra caligaria. [...] Habinna, nolo statuam eius in monumento meo ponas, ne mortuus quidem lites habeam. Immo, ut sciat me posse malum dare, nolo me mortuum basiet.“

Übersetzung 1

Wie haben wir's denn? Die Bänkelsängerin erinnert sich nicht? Bei der Sklavenschau habe ich sie aufgelesen, zum Menschen unter Menschen gemacht. Doch sie bläht sich auf wie ein Frosch und spuckt sich nicht in den Busen, ein Klotz, keine Frau. Aber einer, der in der Mansarde geboren ist, hat vom Parterre keinen Dunst. So wahr ich möchte, daß mein Schutzgeist mir gewogen ist: ich will es dahin bringen, daß sie stille ist, die Komißstiefel-Kassandra [...]. Habinnas, ich verfüge, daß du kein Standbild von ihr auf meinem Grabmal anbringst, damit ich wenigstens als Leiche keine Streitereien habe. Nicht doch: damit sie weiß, daß ich zuschlagen kann, verfüge ich, daß sie meine Leiche nicht küssen darf.
(Übersetzung: K. Müller / W. Ehlers)

Übersetzung 2

Weiß diese Tingeltangelvohse nicht, wo sie herkommt? Vom Verkaufsstand (der Sklaven) habe ich sie runtergeholt und erst einen Menschen aus ihr gemacht. Aber sie bläst sich auf wie ein Frosch und spuckt nicht in ihren Busen – ein Klotz, nicht ein Weib. Aber wer in der Gosse geboren ist, träumt nicht von Palästen. So wahr mir Gott helfe, ich werde schon sorgen, daß diese gestiefelte Kassandra kuscht [...]. Habinnas, ich will nicht, dass du ihre Büste auf meinem Grabmal anbringst, damit ich nicht noch nach meinem Tode Zank und Streit habe. Mehr noch: damit sie weiß, daß ich sie bestrafe, verbiete ich ihr, meine Leiche zu küssen.
(Übersetzung: H. C. Schnur)

i Kassandra

Kassandra war die Tochter des trojanischen Königs Priamos und seiner Frau Hekuba. Sie besaß die Gabe, die Zukunft vorherzusehen, war aber eine tragische Figur insofern, als niemand ihren Prophezeiungen Glauben schenkte. So musste sie machtlos trotz ihrer deutlichen Warnungen miterleben, wie ihre trojanischen Landsleute das hölzerne Pferd in die Stadt zogen und damit den Untergang Trojas einleiteten.

Kassandra prophezeit den Untergang Trojas, römische Wandmalerei, Pompeji (1. Jh. n. Chr.)

3.4 Trimalchios Lebensrückblick

Sed vivorum meminerimus! Nach dem Streit mit Fortunata und der Diskussion mit Habinnas über das geplante Grabmal fordert Trimalchio seine Gäste zur Fröhlichkeit auf und nimmt das zum Anlass, die Etappen seines Aufstiegs Revue passieren zu lassen (*Sat.* 75,8-76,9).

W meminisse, virtūs, morārī, pius, vendere, tamquam

G Verba defectiva, Bedeutungen von ut

18 Sed vivorum meminerimus. Vos rogo, amici, ut vobis suaviter sit. Nam ego quoque tam fui quam vos estis, sed virtute mea ad hoc perveni. Corcillum est quod homines facit, cetera quisquilia omnia. Bene emo, bene vendo; alius alia vobis dicet. Felicitate dissilio. Tu autem, sterteia, etiamnum ploras? Iam curabo fatum tuum plores. Sed, ut coeperam dicere, ad hanc me fortunam frugalitas mea perduxit.

„Tam magnus ex Asia veni, quam hic candelabrus est. [...] Tamen ad delicias ipsimi annos quattuordecim fui. Nec turpe est, quod dominus iubet. Ego tamen et ipsimae satis faciebam. Scitis quid dicam: taceo, quia non sum de gloriosis. [...]

Quid multa? Coheredem me Caesari fecit, et accepi patrimonium laticlavium. Nemini tamen nihil satis est. Concupivi negotiari. Ne multis vos morer, quinque naves aedificavi, oneravi vinum – et tunc erat contra aurum – misi Romam. Putares me hoc iussisse: omnes naves naufragarunt, factum, non fabula. Uno die Neptunus trecenties sestertium devoravit. Putatis me defecisse? Non mehercules mi haec iactura gusti fuit, tamquam nihil facti. Alteras feci maiores et meliores et feliciores, ut nemo non me virum fortem diceret. Sc<it>is, magna navis magnam fortitudinem habet. Oneravi rursus vinum, lardum, fabam, seplasium, mancipia. Hoc loco Fortunata rem piam fecit: omne enim aurum suum, omnia vestimenta vendidit et mi centum aureos in manu posuit. Hoc fuit peculii mei fermentum. Cito fit, quod di volunt. Uno cursu centies sestertium corrotundavi. Statim redemi fundos omnes, qui patroni mei fuerant. Aedifico domum, venalicia coemo, iumenta; quicquid tangebam, crescebat tamquam favus. Postquam coepi plus habere quam tota patria mea habet, manum de tabula: sustuli me de negotiatione et coepi libertos faenerare.

corcillum: „Köpfchen" **quisquilia, ōrum** Pl.: Kleinigkeiten, Lappalien – **fēlīcitās, ātis:** (geschäftliches) Glück – **sterteia:** „Schnarchamsel" – **etiamnum:** immer noch curābō, <ut> plōres – **plōrāre:** LW9

frūgālitās, ātis: *hier* Anspruchslosigkeit – **perdūcere** ~ dūcere **candēlābrus** statt candēlābrum: Leuchter – **dēliciae, ārum** Pl.: Wonne **ad dēlicias alicuius esse:** das Liebchen irgendjemandes sein – **ipsimus:** Herr; **ipsima:** Herrin – **satis facere:** (sexuell) befriedigen – **de glōriōsīs esse:** ein Angeber sein – **cohērēs, ēdis:** Miterbe – **patrimōnium:** das Erbe – **lāticlāvius:** *hier* eines Senators würdig – **concupīscere:** Lust haben **negōtiārī:** Handel treiben – **contrā aurum esse:** im Gegenwert von Gold sein – **naufragāre:** Schiffbruch erleiden – **naufraga(vē)runt** – **trecentiēs sēstertium (centēna mīlia):** 30 Millionen Sesterzen – **dēvorāre:** LW11 **mehercules:** LW11 – **mī** ~ mihī **iactūra:** Verlust – **gūstī esse:** etwas ausmachen – **alterās** <nāvēs> **fortitūdō, inis:** *hier* Leistungsvermögen – **lārdum:** Speck – **faba:** Bohne **sēplasium:** (besonderes) Parfüm **mancipium:** Sklave – **vestīmentum:** Kleidung – **aureus:** Aureus (Goldmünze) – **pecūlium:** Vermögen **fermentum:** Hefe – **citō:** LW16 **centiēs sēstertium (centēna mīlia):** 10 Millionen Sesterzen **corrotundāre:** abrunden – **redimere** ~ emere – **fundus:** Gut – **vēnālicia, ōrum:** Sklaven – **coemere** ~ emere **iūmentum:** Zugtier – **favus:** Honigwabe – **negōtiātiō, ōnis:** Handel **lībertus:** LW7 – **faēnerāre aliquem:** jem. Geld gegen Zinsen ausleihen

1. Vergleichen Sie Trimalchios Autobiographie mit dem Wandgemälde seines Hauses (Text 2).
2. Stellen Sie die einzelnen Karrierestationen Trimalchios zusammen.
3. Überprüfen Sie am Text, ob man Trimalchio als clever, aber ungebildet bezeichnen kann.
4. Nehmen Sie Stellung zu dem Urteil über die *Cena Trimalchionis* in **M**. Beziehen Sie dabei Ihr Wissen über den philosophischen Hedonismus im Kontrast zu Epikurs „Lustkalkül" (→ i, S. 81) mit ein.
5. Diskutieren Sie, ob das Gemälde sich als Illustration zu Trimalchios Lebensrückblick eignet. Begründen Sie Ihre Meinung.

M Ein Resümee der *Cena Trimalchionis*

Auf den ersten Blick erinnert Trimalchios Aufforderung zum Leben an epikureische Todesverachtung und das Horazische *Carpe diem* („Nutze den Tag"). Aber das, was Trimalchio und seine Freigelassenen unter „Leben" verstehen, ist ein rein materialistisches Streben nach immer mehr Besitz sowie hemmungsloses Genießen der ausgesuchten Speisen und Getränke, nicht etwa eine besonnene Lebensweise, wie Epikur sie als Alternative zur Todesfurcht empfiehlt. Zum anderen entwickelt sich das Gastmahl mehr und mehr zum Totenmahl für Trimalchio, der am Schluss sein eigenes Begräbnis probt.

(N. Holzberg, Der antike Roman. Eine Einführung, Darmstadt ^{3}2006, S. 93)

Hieronymus Francken II. (1578-1623): Reichtümer und der Tod des Geizigen, Kunstmuseum, Basel

3.5 Nichts wie weg!

Als Trimalchio zunehmend die Grenzen des guten Geschmacks zu überschreiten droht, bietet ein falscher Feueralarm Enkolp und seinen Begleitern eine willkommene Gelegenheit, die Gesellschaft zu verlassen (*Sat.* 78,5–8).

W turpis, addūcere, fingere, honestus, rērī

G Superlativ und Elativ, PC mit PPP eines Deponens

19 Ibat res ad summam nauseam, cum Trimalchio ebrietate turpissima gravis novum acroama, cornicines, in triclinium iussit adduci, fultusque cervicalibus multis extendit se super torum extremum et „fingite me“, inquit, „mortuum esse. Dicite aliquid belli.“ Consonuere cornic<in>es funebri strepitu. Unus praecipue servus libitinarii illius, qui inter hos honestissimus erat, tam valde intonuit, ut totam concitaret viciniam.

Itaque vigiles, qui custodiebant vicinam regionem, rati ardere Trimalchionis domum effregerunt ianuam subito et cum aqua securibusque tumultuari suo iure coeperunt. Nos occasionem opportunissimam nacti Agamemnoni verba dedimus raptimque tam plane quam ex incendio fugimus.

nausea: Erbrechen – **ēbrietās, ātis:** Trunkenheit – **acroāma** n: musikalische Einlage – **cornicen, inis:** Hornbläser – **triclīnium:** LW3 – **fulcīre, fulciō, fulsī, fultum** + Abl.: sich stützen auf – **cervīcal:** Kopfkissen
sē extendere: sich ausbreiten
torus: Sofakissen – **extrēmus:** LW3
mortuus: LW16 – **dīcere:** *hier* spielen (auf dem Horn) – **bellus:** nett
cōnsonāre: zusammen spielen (Musik) – **fūnebris:** Leichen-, Beerdigungs- – **strepitus, ūs:** Lärm
praecipuē: besonders – **libitīnārius:** Leichenbestatter – **valdē:** sehr
intonāre, -tonō, -tonuī: intonieren, anstimmen – **concitāre:** zusammenrufen – **vīcīnia:** Nachbarschaft
vigil, ilis: Nachtwache – **cūstōdīre** ← cūstōs – **effringere, effringō, effrēgī, effrāctum:** aufbrechen
iānua: LW2 – **secūris, is** f: Beil
tumultuārī: Durcheinander machen
suō iūrē: kraft Amtsbefugnis
nancīscī, nancīscor, nactus sum: LW8 – **verba dare alicui:** jemandem etwas vorflunkern – **raptim:** schnellstens – **tam plānē quam:** ganz so wie

1. Beschreiben Sie die Komik dieses unerwarteten Endes der *cena*.
2. Recherchieren Sie in einem Wörterbuch über Herkunft und Bedeutung des Substantivs *nausea* und überlegen Sie, ob eine andere Bedeutung als die im Kommentar angegebene auch Sinn ergeben würde (→ S. 12).
3. Weisen Sie der Konjunktion *cum* in der ersten Zeile den entsprechenden grammatikalischen Fachbegriff zu und erklären Sie die besondere Wirkung dieser Art von Nebensatz.

4. Petrons *Cena Trimalchionis* erinnert an eine Horazsatire über das Gastmahl eines gewissen Rufus Nasidienus (→ M).
   a) Arbeiten Sie heraus, welche Charakterzüge des Gastgebers Rufus denen Trimalchios ähneln.
   b) Die Gäste des Rufus sind Freunde des Horaz und betrachten das Gastmahl mit ähnlicher Ironie wie Enkolp die *cena* Trimalchios. Weisen Sie dies an beiden Textauszügen (→ M) nach.
5. Diskutieren Sie zum Abschluss der Lektüre von Petrons *Satyrica*, welcher der Buchumschläge dem Inhalt des Romans am besten Rechnung trägt. Entwerfen Sie anschließend ein eigenes Buchcover zu Petrons Roman.

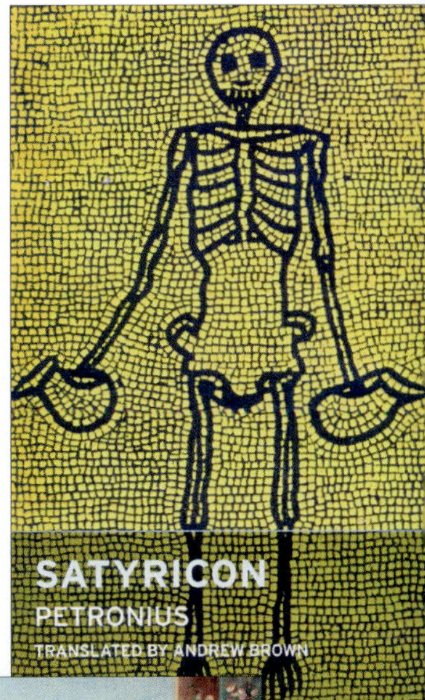

M Unerwartetes Ende eines Gastmahls (Horaz, *Serm.* 2,8,54–72)

In der Zwischenzeit krachte der aufgehängte Baldachin in schwerem Sturz in die Schüssel, wobei er soviel an schwarzem Staub mit sich zog, wie ihn nicht der Nordwind auf den Kampanischen Äckern aufwirbelt. Rufus begann mit gesenktem Kopf, wie wenn ein Sohn ihm zu früh gestorben wäre, zu weinen. So hätte es geendet, wenn nicht auf kluge Weise Nomentanus so den Freund aufgerichtet hätte: „Ach, Fortuna, welcher Gott ist grausamer gegen uns? Wie du doch immer Freude daran hast, Spott zu treiben mit menschlichen Angelegenheiten." [...]
„Dies ist die Bedingung des Lebens", sagte der Gast Balatro, „und deshalb wird niemals angemessener Ruhm deiner Mühe zuteil werden. Quälst du dich etwa nicht ab, nur damit ich sauber bewirtet werde, von jeglicher Besorgnis zerrissen, dass nur ja nicht angebranntes Brot oder schlecht gewürzte Brühe aufgetragen wird, und dass alle Sklaven ordentlich angezogen und frisiert ihren Dienst versehen? Nimm außerdem noch diese Unglücksfälle dazu, wenn der Baldachin hinunterfällt, wie gerade eben [...]."
(Übersetzung: M. Lobe)

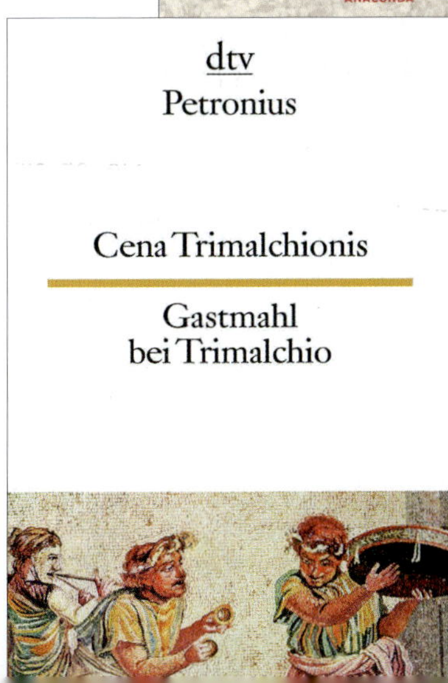

4 Quintus Horatius Flaccus – *ridentem dicere verum*

Horaz wird 65 v. Chr. als Sohn eines Freigelassenen in der italienischen Kleinstadt Venusia geboren. Seine Lebenszeit fällt in die spannungsreiche Zeit zwischen dem Niedergang der römischen Republik und dem Beginn der Kaiserzeit. Die Zerrissenheit dieser Epoche spiegelt sich auch in seiner Biographie wider: Als junger Student lässt er sich in Athen von Brutus und Cassius, den Cäsarmördern und eifrigen Verfechtern der alten Republik, zum bewaffneten Kampf gegen die Cäsarerben Octavian und Marcus Antonius anwerben. Nach der Niederlage der Republikaner in der Schlacht von Philippi 42 v. Chr. wird der junge Horaz vom Sieger Octavian, dem späteren Kaiser Augustus, begnadigt. Allerdings wird sein vom Vater vererbtes Landgut von der Siegerpartei eingezogen, und so muss Horaz seinen Lebensunterhalt als Amtsschreiber in Rom verdienen. In seiner Freizeit verfasst er Gedichte und kommt mit anderen Dichtern in Kontakt, u.a. mit Vergil, der ihn dem Kulturförderer Mäcenas vorstellt. Der nimmt ihn nicht nur 38 v. Chr. in seinen illustren Dichterkreis auf, sondern schenkt ihm fünf Jahre später sogar ein Landgut in den Sabiner Bergen bei Rom – ein doppeltes Glück für Horaz: Zum einen ist er nun finanziell abgesichert, zum anderen kommt das Leben fern der Großstadt und politischer Aktivitäten seiner epikureischen Grundstimmung sehr entgegen. Allmählich erkennt Horaz, obschon früher glühender Anhänger der *res publica libera*, in der das Volk und der Senat das Sagen hatten, dass die Alleinherrschaft des Augustus Wohlstand und Frieden mit sich bringt, und so wird er in zahlreichen Gedichten zum Künder des goldenen Zeitalters unter Augustus (v.a. in den sog. „Römeroden" und dem *carmen saeculare*).

Luca Signorelli (1441–1523): Horaz, Fresko im Dom von Orvietto

In seinen Satiren (GW, S. 148f.) thematisiert Horaz menschliche Schwächen und Fehler, etwa Unzufriedenheit mit dem eigenen Lebenslos, Habgier, Ehebruch, Erbschleicherei und Angeberei. Wie sein literarischer Vorläufer Lucilius (168–102 v. Chr.) bezeichnet auch Horaz seine Satiren als „Gespräche" (*sermones*) und fasst sie in Hexametern ab. Lucilius hatte es als Angehöriger des römischen Adels wagen können, republikanische Würdenträger namentlich zu verspotten. Horaz hingegen, der in der frühen Kaiserzeit dichtet, zieht es vor, menschliches Fehlverhalten entweder an seiner eigenen Person oder an Zeitgenossen vorzuführen, deren Identität er sorgsam hinter Decknamen verbirgt. Mit diesem Verfahren schützt er sich vor persönlichem Ärger, vor allem aber sichert er seinen Satiren zeitlose Gültigkeit und immerwährende Aktualität. Horaz stirbt im Jahre 8 v. Chr. nur wenige Monate nach dem Tod seines Freundes und Förderers Mäcenas – Zufall oder Zeichen der engen Verbundenheit?

rechts:
Fyodor Andreyevitch Bronnikov (1827–1902): Horaz liest Mäcenas seine Satiren vor, Museum of Regional Studies, Shadrinsk, Russland

Bildniskopf des Gaius Cilnius Maecenas (um 20–16 v. Chr.), Museo Archeologico Nazionale (Caio Cilnio Mecenate), Arezzo

C. Cilnius Mäcenas, um 70 v. Chr. in Arezzo als Spross uralten etruskischen Adels geboren, kommt als junger Mann nach Rom, wo er dem Ritterstand angehört. Bald schließt er Freundschaft mit Octavian, dem jungen Cäsarerben. Für ihn ist er in verschiedenen diplomatischen Missionen unterwegs. Als Octavian zu Kaiser Augustus wird, wird Mäcenas zu seiner rechten Hand: Ist der Kaiser auf Reisen, führt Mäcenas zeitweilig die Amtsgeschäfte in Rom. Auch wenn er eine Art graue Eminenz im Hintergrund ist, bleibt er ohne offizielle Position, wohl deshalb, um sich eine Art innerer Unabhängigkeit gegenüber der Macht zu bewahren. Mäcenas ist über die Maßen reich, pflegt ein spleeniges Auftreten in locker herabhängender Tunika, Silbersandalen und großen Ringen an den Fingern. Beim einfachen Volk ist er höchst beliebt – wegen seiner Milde und Freigiebigkeit. Berühmt ist sein Palast auf dem römischen Esquilin, desgleichen seine riesigen Parkanlagen mit Wasserspielen, Grotten und Statuen (*horti Maecenatis*). Er fördert junge dichterische Talente und versammelt sie im sog. Mäcenaskreis: Wer es dorthin geschafft hat, hat finanziell ausgesorgt und kann sich ausschließlich dem Dichten widmen: Neben Horaz gehören große Geister wie Vergil, Properz oder Varius der berühmten Runde an (→ GW, S. 149). Mäcenas ist nicht so plump, eine Gegenleistung für seine Großzügigkeit zu verlangen; aber in seiner liebenswürdigen Art gelingt es ihm, die Dichter für augusteische Themen wie den *mos maiorum*, die *virtus militaris* und die Liebe zur italischen Geschichte und Heimat zu begeistern. Am 30. September des Jahres 8 v. Chr. stirbt er, und doch nicht: Bis heute lebt der Name dieses großen Literaturförderers im Begriff „Mäzen" fort; damit bezeichnet man einen wohlhabenden Gönner, der Künstler und ihre Werke materiell unterstützt.

4.1 Der Schwätzer

Die Gefahr lauert überall. Ein Spaziergang über die Via Sacra (→ i) wird für Horaz zu einer echten Herausforderung. Ein aufdringlicher Mensch, der über Horaz Zugang zum Mäcenaskreis erhalten möchte, folgt ihm auf Schritt und Tritt und lässt sich durch keine Ausflüchte des Horaz von seiner Absicht abbringen (*Serm.* 1,9,1–21).

W nōtus, tantum, nōscere, quaerere, cōnsistere, ūsque

G historischer Infinitiv, Potentialis, Gen. pretii

Ibam forte via sacra, sicut meus est mos,
nescio quid meditans nugarum, totus in illis:
accurrit quidam notus mihi nomine tantum
arreptaque manu „quid agis, dulcissime rerum?“
„Suaviter, ut nunc est“, inquam, „et cupio omnia quae vis.“
Cum assectaretur, „numquid vis?“ occupo. At ille
„noris nos“ inquit; „docti sumus.“ Hic ego „pluris
hoc“, inquam, „mihi eris.“ Misere discedere quaerens
ire modo ocius, interdum consistere, in aurem
dicere nescio quid puero, cum sudor ad imos
manaret talos. „O te, Bolane, cerebri
felicem!“ Aiebam tacitus, cum quidlibet ille
garriret, vicos, urbem laudaret. Ut illi
nil respondebam, „misere cupis“, inquit, „abire:
iamdudum video, sed nil agis; usque tenebo.
Persequar hinc quo nunc iter est tibi.“ „Nil opus est te
circumagi. Quendam volo visere non tibi notum;
trans Tiberim longe cubat is, prope Caesaris hortos.“
„Nil habeo quod agam et non sum piger: usque sequar te.“
Demitto auriculas, ut iniquae mentis asellus,
cum gravius dorso subiit onus. […]

viā sacrā Abl. instr.: auf der … vgl. i – **meditārī:** FW – **nūgae, ārum** Pl.: Nichtigkeiten – **ac-currere** ← currere – **ar-ripere** ← ad + rapere – **dulcissime rērum:** liebster Mensch der Welt – **cupiō omnia, quae vīs:** abwehrende Antwortfloskel ~ Dir auch alles Gute! – **assectārī:** Schritt für Schritt folgen – **numquid** ~ num quid – **occupāre:** *hier* vorwegnehmen – **nōris** = nōveris (Potentialis) – **doctus:** *hier* Schriftsteller – **hōc:** *hier* desto – **īre / cōnsistere / dīcere:** hist. Inf. ~ szen. Präsens – **ōcius:** schneller – **puer:** *hier* junger Sklave (Begleiter des Horaz) – **mānāre:** fließen – **īmus:** der Unterste – **tālus:** Knöchel – **Bolānus:** ein stadtbekannter Hitzkopf – **O tē … fēlīcem** (+ Gen. causae) – **cerebrum:** *hier* Hitzköpfigkeit – **quidlibet:** alles Beliebige – **nīl** = nihil – **iamdūdum:** längst – **tenēre <tē> circumagī:** Umwege machen – **piger:** faul – **cubāre:** (krank im Bett) liegen – **auriculās dēmittere:** die Öhrchen hängen lassen – **asellus:** Eselchen – **inīquus:** *hier* störrisch – **dorsum:** Rücken

1. Arbeiten Sie aus den ersten beiden Versen des Textes heraus, wie Horaz sich selbst darstellt.
2. Beschreiben Sie, wie sein Dialogpartner in den Versen 3 und 4 eingeführt wird. Achten Sie dabei auf Körpersprache und Wortwahl.
3. Übertragen Sie den Dialog wie bei einem Dramentext auf die Sprecher aufgeteilt in Ihr Heft, sodass deutlich wird, wer was sagt.
4. Benennen Sie die Schritte der zunehmenden Verzweiflung des Horaz. Beschreiben Sie die jeweilige Reaktion seines Gegenübers.

5. Horaz heißt mit vollem Namen Quintus Horatius Flaccus. Recherchieren Sie die Bedeutung des Beinamens Flaccus und finden Sie den Vers, in dem darauf angespielt wird. Lesen Sie in diesem Zusammenhang **M**.

M Typisch Satire I – Horaz' Selbstironie

Immer wieder zeigt Horaz sich selbst in seinen Satiren mit einer gehörigen Portion Selbstironie. Wenn er sich etwa mit einem störrischen Esel vergleicht, macht er sich bewusst klein. Indem er eigene Schwächen freimütig zugibt, weckt er beim Leser Sympathie für seine Person. Eben weil Horaz sich nicht selbst als perfekt hinstellt, wirkt seine Kritik am Verhalten anderer zwar weniger scharf, dafür aber umso glaubwürdiger.

i Via Sacra

Die bedeutendste Straße auf dem Forum Romanum, an der die *regia*, der Amtssitz des *rex sacrorum* (eines der höchsten römischen Priester), der Vestatempel, sowie die *basilica Aemilia* und *basilica Iulia*, wo Gerichtsverhandlungen stattfanden, liegen. Auf ihr wurde der Triumphzug vom Marsfeld zum Kapitol geführt. Dabei fuhr der siegreiche Feldherr auf seinem Triumphgespann voran, die besiegten Feinde und die Beute folgten im Schlepptau nach.

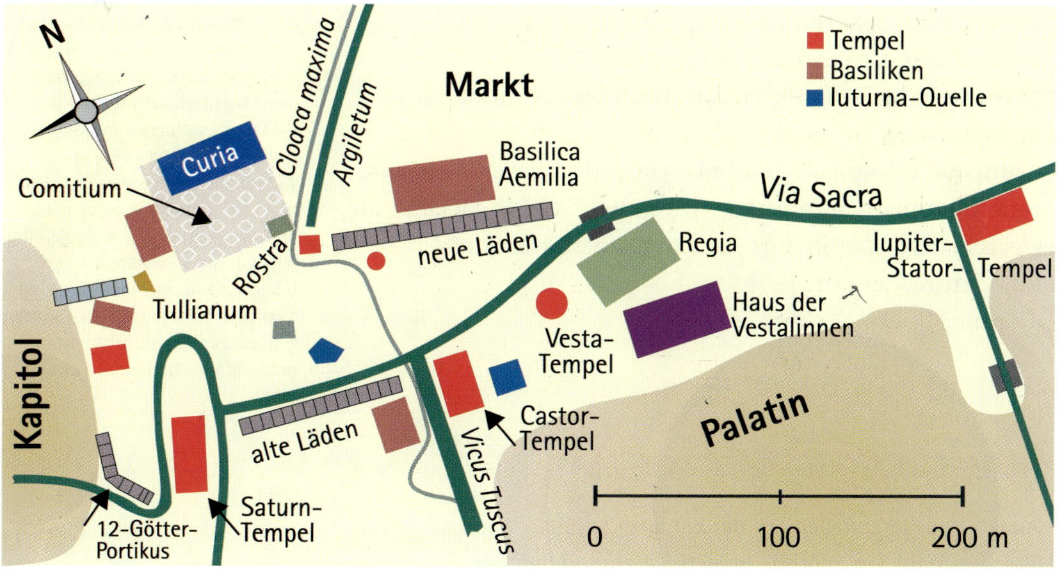

Forum Romanum

4.1 Der Schwätzer

Nach mehreren Versuchen, den lästigen Begleiter doch loszuwerden, muss sich Horaz geschlagen geben (*Serm.* 1,9,21–43).

W opus est, fātum, canere, dolor, quō, contendere

G Abl. comparationis, Abl. absolutus, Deliberativ

2 […] Incipit ille:
„Si bene me novi, non Viscum pluris amicum,
non Varium facies. Nam quis me scribere pluris
aut citius possit versus? Quis membra movere
mollius? Invideat quod et Hermogenes ego canto."
Interpellandi locus hic erat „est tibi mater,
cognati, quis te salvo est opus?" „Haud mihi quisquam.
Omnis composui." „Felices! Nunc ego resto.
Confice; namque instat fatum mihi triste, Sabella
quod puero cecinit mota divina anus urna:
‚Hunc neque dira venena nec hosticus auferet ensis
nec laterum dolor aut tussis nec tarda podagra:
garrulus hunc quando consumet cumque; loquaces,
si sapiat, vitet, simul atque adoleverit aetas.'"
Ventum erat ad Vestae, quarta iam parte diei
praeterita, et casu tum respondere vadato
debebat, quod ni fecisset, perdere litem.
„Si me amas", inquit, „paulum hic ades." „Inteream, si
aut valeo stare aut novi civilia iura;
et propero quo scis." „Dubius sum, quid faciam", inquit,
„tene relinquam an rem." „Me, sodes." „Non faciam" ille,
et praecedere coepit. Ego, ut contendere durum
cum victore, sequor. […]

Viscus, Varius: EV – **plūris facere:** höher schätzen
citius: Komp. zu *citō*
membrum: Glied, *hier* Bein – **invideat:** *K:* egō cantō, quod et(iam) H. invideat – **Hermogenēs:** ein Sänger dieser Zeit – **interpellāre:** unterbrechen – **cōgnātus:** Verwandter
quīs = quibus – **quīs opus est** + Abl.: es ist wichtig für – **compōnere:** *hier* bestatten – **restāre:** übrig bleiben
cōnficere: *hier* Schluss machen, einem den Rest geben – **namque** ~ nam – **Sabella:** eine Frau aus dem Sabinerland – **puerō** *erg.* mihi
dīvīna anus: altes Wahrsageweib
ūrnam movēre: die Lostrommel schütteln – **dīrus:** schrecklich
venēnum: Gift – **hosticus** ← hostis
ēnsis, is: Schwert – **tussis, is:** Husten
podagra: Gicht – **quandō … cumque:** (Tmesis) irgendwann einmal
cōnsūmere: fertigmachen – **loquāx, ācis:** geschwätzig – **vītāre:** vermeiden – **simul atque:** sobald – **ad Vestae <templum>** – **respondēre:** *hier* sich stellen (vor Gericht)
vadātō: nach geleisteter Bürgschaft
nī = nisī – **perdere** ~ perdidīsset
līs, lītis: Streitfall; *hier wohl* die Bürgschaftssumme – **cīvīlia iūra:** das bürgerliche Recht, Privatrecht – **dubius esse:** zögern, zweifeln – **sōdes** = sī audēs: wenn du Lust hast
prae-cēdere – **ut:** kausal – **dūrum <est>**

1. Nennen und beschreiben Sie die Fähigkeiten, mit denen der *quidam* Horaz beeindrucken möchte. Stellen Sie eine Vermutung an, aus welchem Grund er dies tut.
2. Entwickeln Sie aus **M 1** und **M 2** die Kriterien, die Horaz an einen guten Schriftsteller anlegt. Warum entspricht der *quidam* diesem Ideal nicht?

3. Beschreiben Sie die Komik der Szene mit der Wahrsagerin.
4. Der *quidam* wird als *garrulus*, „Schwätzer", diese Satire als „Schwätzersatire" bezeichnet. Geben Sie für das geschilderte Verhalten dieser Person eine angemessene alternative Bezeichnung an.
5. Erklären Sie, warum die Vokabeln *victor* und *sequi* im Zusammenhang mit der beschriebenen Begegnung auf der *Via Sacra* pfiffig gewählt sind. Informieren Sie sich über die Bedeutung der *Via Sacra* (→ i, S. 107).
6. Stellen Sie aus dem Text sämtliche *Ablativi absoluti* zusammen.

M 1 Masse statt Klasse? (Horaz, *Serm.* 1,4,9–13)

Horaz äußert sich in einer Satire über Lucilius, seinen Vorgänger in der römischen Gattung der Satire:

Nam fuit hoc vitiosus: in hora saepe ducentos,/ ut magnum, versus dictabat stans pede in uno./ Cum flueret lutulentus, erat quod tollere velles,/ garrulus atque piger scribendi ferre laborem,/ scribendi recte; nam ut multum, nil moror.

Denn er war in diesem Punkte fehlerhaft: In der Stunde diktierte er oft zweihundert Verse, als sei das etwas Bedeutendes, auf einem Beine stehend. Da er wie ein schlammiger Fluss dahinströmte, gab es, was man kürzen wollte, geschwätzig wie er war und dazu faul, die Mühe ausgefeilten Schreibens auf sich zu nehmen, die Mühe, richtig zu schreiben; denn wie viel er produzierte, damit halte ich mich nicht auf.

(Übersetzung: M. Lobe)

M 2 Den Griffel umdrehen: die antike Löschtaste (Horaz, *Serm.* 1,10,80f.)

Um zu zeigen, welche Mühe ein Schriftsteller aufwenden muss, um ein gutes Werk zu verfassen, empfiehlt Horaz das häufige Umdrehen des Schreibgriffels: Denn an seinem anderen Ende befand sich ein Schaber (vgl. Abb.), mit dem man weniger Gelungenes tilgen konnte, um darüber das stilistisch besser Durchdachte zu schreiben.

Römische Schreibutensilien: Tafel, Griffel und Tintenfässchen, Antikensammlung, Staatliche Museen zu Berlin

Saepe stilum vertas, iterum quae digna legi sint scripturus [...].

Willst du schreiben, was wert ist, aufs neue stets gelesen zu werden, wende nur häufig den Griffel!
(Übersetzung: M. Simon / W. Ritschel)

Hexameter metrisch analysieren und vortragen

1. Versbau und Versarten

In der lateinischen Dichtung unterscheidet man nicht betonte und unbetonte, sondern lange (–) und kurze (⏑) Silben. Aus deren Abfolge ergeben sich die verschiedenen Versfüße. In den Satiren des Horaz werden der Daktylus (– ⏑⏑) und der Spondeus (– –) gebraucht; aus der Kombination beider Versfüße entsteht als Versmaß der Hexameter. Im Hexameter werden sechs Daktylen aneinandergereiht, wobei die ersten vier davon auch durch einen Spondeus ersetzt werden können. Da der sechste Versfuß mit einer langen oder einer kurzen Silbe enden kann, ist die Schlusssilbe mit x (Anceps-Silbe) markiert.

– $\overline{⏑⏑}$	– $\overline{⏑⏑}$	– $\overline{⏑⏑}$	– $\overline{⏑⏑}$	– ⏑⏑	– x
1	2	3	4	5	6

Die Kunst beim Bau von Versen (→ GW: Metrik, S. 154) liegt darin, die aus verschiedener Abfolge von langen und kurzen Silben bestehenden Wörter mit Rücksicht auf ihre natürliche Wortbetonung so ins Versmaß einzufügen, dass der Text verständlich bleibt. Da das nicht immer leicht ist, gestatten sich Dichter in Formenlehre (Morphologie) und Satzlehre (Syntax) Freiheiten (Lizenzen) – dazu eine Übersicht:

a) Formenlehre (Morphologie)

• Ausfall von *-vi-* oder *-ve-* beim v-Perfekt	*noris* statt *noveris*
-ēre statt *-ērunt* in der 3. Pers. Pl. Ind. Perf. Akt.	*petī(v)ēre* statt *petīvērunt*
• Ersatz der Formen von *esse* durch die Formen von *fore*	*foret* statt *esset*
• Zusammenziehung von Nomina und Adverbien (Synkope)	*nīl* statt *nihil*
• Verkürzung von Nomina und Adverbien (Apokope)	*dein* statt *deinde*
• Dichterischer Plural: Substantive erscheinen nicht wie vom Sinn gefordert im Singular, sondern im Plural	*pectora* statt *pectus*; *ora* statt *os*

b) Satzlehre (Syntax)

Verschiebung von Subjunktionen und Relativpronomina in den Nebensatz hinein
instat fatum mihi triste, Sabella quod cecinit puero → *instat fatum mihi triste, quod Sabella ...*

• Hinzufügung der Konjunktion *-que*	*namque* statt *nam*
• Gebrauch des *Verbum simplex* anstelle des Kompositums	*clamare* statt *ex-clamare*
	scribere statt *con-scribere*
	ponere statt *de-ponere*

2. Zäsuren

Der Dichter markiert Sinneinschnitte (Zäsuren), indem er Wörter oder Sätze bevorzugt nach dem fünften halben Metrum (Penthemimeres < von griechisch pente: fünf) enden lässt. Er kann Sinneinschnitte aber auch nach dem dritten halben Metrum (Trithemimeres < von griechisch treis: drei) oder nach dem siebten halben Metrum (Hephthemimeres < von griechisch hepta: sieben) setzen.

3. Metrische Analyse

1. Schritt: Verschleifungen erkennen	Lesen Sie den Vers. Achten Sie dabei vor allem auf das Ende und den Anfang der Wörter, da unter den folgenden Bedingungen zwei Silben zu einer verschliffen und folglich als eine einzige Silbe im Hexameter gemessen werden. Dies Unterdrücken des Auslautes nennt man Elision. Stößt ein Vokal am Wortende auf einen Vokal am Wortanfang, fällt der Schlussvokal weg: *si me amas* → *si mamas* Stößt ein Vokal + m am Wortende auf einen Vokal am Wortanfang, fallen der Vokal und das „m" weg: *inquam et* → *inquet* Sonderfall bei *est* / *es* (als zweitem Wort): e fällt weg: *agenda est* → *agendast* Grenzen Sie nun unter Berücksichtigung der Verschleifungen die Silben durch senkrechte Trennstriche voneinander ab.
2. Schritt: Anfang und Ende	Die erste Silbe im ersten Versfuß eines Hexameters wird immer lang gemessen. Die einzelnen fünf Silben der letzten beiden Versfüße eines Hexameters werden in der Regel immer gleich gemessen (siehe Schema).
3. Schritt: Naturlängen eintragen	Alle Diphthonge (ae, au, eu, oe) sind metrisch lang. Wird ein mindestens dreisilbiges Wort auf der vorletzten Silbe betont, ist diese (natur)lang: z.B. *garrīre*, *habēre*, *laudāre*, *inīquus*. Die Negationspartikel *nōn* wird aufgrund des von Natur aus langen o immer lang gemessen. Tragen Sie nun alle so erkennbaren Naturlängen in die metrische Analyse ein.
4. Schritt: Kurze Vokale eintragen	Bei Doppelvokalen, die keine Diphthonge sind, ist der erste von beiden stets kurz: z. B. *meus, omnia*. Achtung: Dies gilt nicht für den Vokal vor der Vokativ-Endung *-i*: z. B. *Gāi*. Tragen Sie nun alle so erkennbaren Kürzen in die metrische Analyse ein.
5. Schritt: Positionslängen	Durch Festsetzung gilt, dass jede Silbe, bei der auf einen Vokal – unabhängig von Wortgrenzen – mindestens zwei Konsonanten folgen, lang gemessen wird. Die folgenden Besonderheiten sind zu beachten: x und z zählen als zwei Konsonanten; qu ~ q (1 Konsonant) h ist „Luft", wird also nicht als Konsonant gezählt y wird als Vokal betrachtet ia, ie, io, iu am Silbenanfang ~ „ja", „je", „jo", „ju", also wie Konsonant „j" bei *cui* und *huic* gilt „ui" als lang, bei *cuius* und *huius* gilt das erste „u" als lang Achtung: Eine Konsonantenverbindung aus *muta cum liquida*, also aus einem Verschlusslaut (b, d, g, p, t, c) und r oder l, bewirkt nicht automatisch eine Positionslänge (z. B. *patris*; *utraque*), sodass man jeweils ausprobieren muss, was passt. Tragen Sie nun alle Positionslängen in die metrische Analyse ein.
6. Schritt: Fertigstellung	Ergänzen Sie zum Schluss die fehlenden Silben. Gehen Sie dabei von hinten nach vorne vor und orientieren Sie sich an den „Taktstrichen" des Hexameterschemas. Diese zeigen Ihnen, was im jeweiligen Versfuß noch fehlt. Gegebenenfalls können Sie auch im Wörterbuch nachschlagen, das alle Naturlängen verzeichnet.

4. Vortrag

Die metrische Analyse zeigt Ihnen, welche Silben Sie beim Vortrag lang, welche kurz lesen müssen. Zudem zeigt sie Ihnen, wo inhaltlich-syntaktische Einschnitte (→ 2. Zäsuren) liegen, sodass Sie hier beim Vortrag kurze Pausen setzen sollten.

Die Übersetzung poetischer Texte unterscheidet sich grundsätzlich nicht von der Übersetzung von Prosatexten (→ S. 18f.). Gewöhnungsbedürftig ist allerdings die (durch das Versmaß bedingte) manchmal verwirrende Wortstellung: Das Prädikat steht oft nicht am Satzende; das Einleitungswort des Nebensatzes steht nicht immer am Anfang des Nebensatzes; Attribute sind häufig von ihrem Beziehungswort getrennt (Hyperbaton → GW: Stilmittel, S. 152).

Textvorerschließung

Verschaffen Sie sich vor der Übersetzung einen groben Überblick über den Inhalt der Passage.

1. Lesen Sie den Text langsam und aufmerksam. Versuchen Sie dabei – auch mithilfe der angegebenen Vokabeln –, so viel wie möglich zu verstehen.
2. Ordnen Sie ausgehend von W-Fragen (Wer? Was? Wann? Wo? Wie? Warum?) den Text.

Übersetzung

Übersetzen Sie nach der inhaltlichen Vororientierung den Text satzweise.

Bsp.: Text 2, Z. 9f.

namque instat mihi fatum triste, Sabella
quod puero cecinit mota divina anus urna.

1. Unterscheiden Sie Haupt- und Nebensatz, indem Sie die Einleitung des Nebensatzes (Subjunktion, Relativ- oder Interrogativpronomen) markieren.

   namque instat mihi fatum triste, Sabella
   quod puero cecinit mota divina anus urna.

2. Markieren Sie Wörter, die grammatikalisch zusammengehören. Orientieren Sie sich dabei an Adjektiven, Partizipien, Pronomina, Präpositionen und Konnektoren (z. B. *et; -que*). In Zweifelsfällen, – z. B. wenn die Endung -a mehrfach vorkommt – ist die metrische Analyse hilfreich.

   namque instat mihi **fatum** triste, Sabella
   quod puero cecinit motā divina anus urnā.

3. Übersetzen Sie den Hauptsatz (z. B. nach der Konstruktionsmethode, die immer funktioniert):
   a) Suchen Sie das Prädikat: *instat* > er (sie, es) steht bevor
   b) Suchen Sie das Subjekt: *fatum* > Schicksal
   c) Fragen Sie vom Prädikat ausgehend nach weiteren möglichen Ergänzungen (Wem? > Dativobjekt): *mihi* > (ein) Schicksal steht mir bevor.
   d) Überprüfen Sie, ob Substantive durch ein Adjektiv oder Partizip erweitert sind: *fatum* ist durch das Adjektiv *triste* erweitert > (ein) trauriges Schicksal steht mir bevor.
   e) Ergänzen Sie die Konjunktion(en): *namque:* > denn ein trauriges Schicksal steht mir bevor.

4. Übersetzen Sie den Nebensatz nach demselben Schema wie den Hauptsatz. Bei zweideutigen Nebensatzeinleitungen – wie z. B. *quod* – wird erst durch das Abfragen klar, ob es sich um das Relativpronomen im Nominativ oder Akkusativ bzw. um die kausale Subjunktion handelt:
   a) Suchen Sie das Prädikat: *cecinit* > er (sie, es) hat gesungen
   b) Suchen Sie das Subjekt: *anus* > eine alte Frau hat gesungen.
   c) Fragen Sie vom Prädikat ausgehend nach weiteren möglichen Ergänzungen (Wen/Was? > Akkusativobjekt): *quod* > eine alte Frau hat dieses gesungen.

d) Fragen Sie vom Prädikat aus nach weiteren möglichen Ergänzungen (Wem? > Dativobjekt): *puero* > eine alte Frau hat dieses dem Jungen gesungen.

e) Überprüfen Sie, ob Substantive durch ein Adjektiv oder Partizip erweitert sind: *anus* ist durch die zwei Adjektive *Sabella* und *divina* erweitert > eine alte göttliche sabinische Frau hat dieses dem Jungen gesungen.

f) Betrachten Sie den „Rest" (*mota urna*). Überlegen Sie auch unter Einbezug der Metrik, welches grammatikalische Phänomen Sie darin erkennen (z. B.: Abl. abs. / Gerundium / attributives Gerundiv), und ergänzen Sie Ihre Übersetzung: es liegt eine Verbindung zwischen PPP und Substantiv im Ablativ vor > Abl. abs. > eine alte göttliche sabinische Frau hat dieses dem Jungen gesungen, nachdem der Krug geschüttelt worden war.

5. Verbinden Sie Haupt- und Nebensatz:
Ein trauriges Schicksal steht mir bevor, das/welches eine alte göttliche sabinische Frau dem Jungen gesungen hat, nachdem der Krug geschüttelt worden war.

6. Verbessern Sie unter Zuhilfenahme von adlineam-Kommentar und Wörterbuch die von Ihnen angefertigte Rohübersetzung:
Ein trauriges Schicksal steht mir bevor, das/welches eine alte göttliche sabinische Frau dem Jungen gesungen hat, nachdem der Krug geschüttelt worden war.
> Ein trauriger Tod steht mir bevor, den eine alte Wahrsagerin aus dem Sabinerland mir als Jungen prophezeit hat, nachdem sie die Lostrommel geschüttelt hatte.

Tipp:
Weist ein Satz mehrere Nebensätze auf, kann Ihnen die „Einrückmethode" als optische Hilfe dienen
Bsp.: Text 2, Z. 13f.

HS Loquaces,
        NS si sapiat,
HS vitet,
        NS simul atque adoleverit aetas!

1. Übersetzen Sie zunächst den Hauptsatz: *Loquaces vitet*! > Er soll Schwätzer meiden!
2. Fügen Sie der Abfolge im Text entsprechend den ersten Nebensatz ein: *Loquaces vitet, si sapiat!* > Wenn er Verstand hat, soll er Schwätzer meiden!
3. Fügen Sie der Abfolge im Text entsprechend den zweiten Nebensatz ein: *Loquaces vitet, si sapiat, simul atque adoleverit aetas*! > Wenn er Verstand hat, soll er Schwätzer meiden, sobald das Alter herangewachsen ist!
4. Verfeinern Sie die Übersetzung: Wenn er Verstand hat, soll er Schwätzer meiden, sobald er erwachsen ist!

Nun werden die Gepflogenheiten im Mäcenaskreis (→ S. 105; GW, S. 149) geschildert (*Serm.* 1,9,43–60).

W		G
mēns	quārē	Dat. commodi
rērī	eō	indirekte Fragesätze
aliēnus	corrumpere	Relativsätze mit Nebensinn

3 […] „Maecenas quomodo tecum?“
hinc repetit. „Paucorum hominum et mentis bene sanae.
Nemo dexterius fortuna est usus. Haberes
magnum adiutorem, posset qui ferre secundas,
hunc hominem velles si tradere. Dispeream, ni
summosses omnes.“ „Non isto vivimus illic,
quo tu rere modo. Domus hac nec purior ulla est
nec magis his aliena malis. Nil mi officit“, inquam,
„ditior hic aut est quia doctior; est locus uni
cuique suus.“ „Magnum narras, vix credibile.“ „Atqui
sic habet.“ „Accendis, quare cupiam magis illi
proximus esse.“ „Velis tantummodo, quae tua virtus,
expugnabis; et est, qui vinci possit, eoque
difficilis aditus primos habet.“ „Haud mihi dero:
muneribus servos corrumpam; non, hodie si
exclusus fuero, desistam; tempora quaeram;
occurram in triviis; deducam. Nil sine magno
vita labore dedit mortalibus.“

quōmodo <agit> – **repetit <sermōnem>** – **paucōrum hominum** (Gen. qual.): wählerisch **mentis bene sānae** (Gen. qual.): auf Maecēnās zu beziehen – **dexterius:** *hier* besser – **adiūtor, ōris:** Unterstützer – **secundās (partēs) ferre:** „sekundieren“, die zweite Rolle spielen – **hunc hominem:** er zeigt auf sich selbst – **trādere:** *hier* empfehlen – **dis-per-īre:** drastisch für perīre – **summovēre:** beiseite drängen, ausstechen – **summōsses** = summōvīsses – **nōn istō …** *K:* illīc nōn istō modō, quō tū rēre (= rēris), vīvimus – **domus hāc …** *K:* nec ūlla domus hāc pūrior est – **mī** = mihī **officere** (+ Dat.): schaden, im Wege stehen – **dītior** = dīvitior – **atquī:** und doch – **habēre:** *hier* sich verhalten – **tantummodo** ~ tantum **quae tua virtūs** ~ prō tuā virtūte **expugnāre <eum>** – **haud mihī dērō** (= dē-erō): an mir soll es nicht fehlen – **ex-claudere** – **exclūsus fuerō** ~ exclūsus erō – **trivium:** Kreuzung – **dēdūcere:** *hier* auf das Forum hinabbegleiten

1. Machen Sie sich zunächst bewusst, wer jeweils spricht.
2. Beschreiben Sie Ziel und Taktik des *quidam* mit Textbelegen.
3. Begründen Sie vor dem Hintergrund von Horaz’ Darstellung des Mäcenaskreises (→ S. 105; GW, S. 149), warum der *quidam* dieser Gemeinschaft nicht würdig ist.
4. Erschließen Sie aus **M**, was Horaz mit seiner Äußerung über Mäcenas meint: *difficilis aditus primos habet.*
5. Beschreiben Sie mit dem Wissen von **M**, was Körperhaltung und Mimik der Figuren auf Jalaberts Gemälde bedeuten könnten.
6. Analysieren Sie V. 3–7 metrisch und tragen Sie sie laut vor (→ S. 111).

M Was sind schon neun Monate! Horaz' Weg in den Mäcenaskreis (Horaz, *Serm.* 1,6,54-64)

Wie Horaz selbst bei Mäcenas aufgenommen wurde, schildert er in einer weitgehend autobiographischen Satire:

[...] Optimus olim Vergilius, post hunc Varius dixere quid essem./ Ut veni coram, singultim pauca locutus/ – infans namque pudor prohibebat plura profari –/ non ego me claro natum patre, non ego circum/ me Satureiano vectari rura caballo,/ sed quod eram narro. Respondes, ut tuus est mos,/pauca. Abeo; et revocas nono post mense iubesque/ esse in amicorum numero. Magnum hoc ego duco,/ quod placui tibi, qui turpi secernis honestum/non patre praeclaro sed vita et pectore puro.

Damals sprachen der beste Vergil und nach ihm Varius bei dir vor, was ich war. Sobald ich vor dich kam, sagte ich stockend nur Weniges – denn stammelnde Schüchternheit hinderte mich mehr vorzubringen – nicht konnte ich behaupten, dass ich von einem berühmten Vater abstamme, nicht, dass ich auf einem Ross aus Apulien rings um meine Ländereien reite, sondern was ich damals war, erzähle ich. Du antwortest, wie es deine Art ist, Weniges. Ich gehe weg; und du rufst mich nach dem neunten Monat zurück und heißt mich in der Schar deiner Freunde willkommen zu sein. Für bedeutend halte ich die Tatsache, dass ich dir gefallen habe, der du den Schandkerl vom Ehrenmann zu unterscheiden weißt, nicht aufgrund eines berühmten Vaters, sondern aufgrund aufrechten Lebens und Gesinnung.
(Übersetzung: M. Lobe)

Charles François Jalabert (1819-1901): Horaz, Vergil und Varius im Haus des Mäcenas, Museum der Schönen Künste, Nîmes

Die Begegnung mit einem Freund weckt bei Horaz die Hoffnung auf eine Rettung aus der verfahrenen Situation (*Serm.* 1,9,60–78).

W meminisse, religiō, ignōscere, loquī, surgere, rapere

G Abl. temporis, Abl. mensurae, historischer Infinitiv

4 [...] Haec dum agit, ecce
Fuscus Aristius occurrit, mihi carus et illum
qui pulchre nosset. Consistimus. „Unde venis" et
„quo tendis?" rogat et respondet. Vellere coepi
et pressare manu lentissima bracchia, nutans,
distorquens oculos, ut me eriperet. Male salsus
ridens dissimulare, meum iecur urere bilis.
„Certe nescio quid secreto velle loqui te
aiebas mecum." „Memini bene, sed meliore
tempore dicam. Hodie tricensima sabbata: vin tu
curtis Iudaeis oppedere?" „Nulla mihi" inquam
„religio est." „At mi. Sum paulo infirmior, unus
multorum. Ignosces; alias loquar." Huncine solem
tam nigrum surrexe mihi? Fugit improbus ac me
sub cultro linquit. Casu venit obvius illi
adversarius et „quo tu, turpissime?" magna
inclamat voce, et „licet antestari?" Ego vero
oppono auriculam. Rapit in ius: clamor utrimque,
undique concursus. Sic me servavit Apollo.

Fuscus Aristius: EV
K: quī mihi cārus <est> et illum ...
pulchrē ~ bene

tendere: gehen – **vellere:** zupfen
pressāre: vgl. L – **lentus:** *hier* unempfindlich – **bracchium:** Arm
nūtāre: nicken, mit dem Kopf ein Zeichen geben – **distorquēre:** verdrehen – **ē-ripere** ← rapere
male salsus: boshaft, witzig
dissimulāre (hist. Inf.): sich verstellen
meum iecur ūrere bīlis: mir läuft die Galle über – **certē:** doch – *K.* certē āiēbās tē (ali)quid mēcum secrētō (geheim) loquī velle – **hodiē trīcēnsima sabbata:** heute ist Neumond (der 30.), also Sabbatruhe – **vīn** = vīsne – **curtus:** beschnitten
oppēdere (+ Dat.): verhöhnen, beschimpfen – **huncine:** verstärktes hunc – **surrēxe** = surrēxisse (AcI als Ausruf) – **culter, trī:** Messer – **linquit** = relinquit – **adversārius:** (Prozess-) Gegner – **quō tū <fugis>**
inclāmāre ~ clāmāre – **antestārī:** zum Zeugen nehmen – **auriculam oppōnere:** sein Ohr hinhalten – **in iūs:** vor Gericht – **concursus, ūs** ← con + currere

1. Verfassen Sie ein Drehbuch der Begegnung des Horaz mit Fuscus Aristius, wobei Sie neben dem deutschen Sprechtext auch genaue Regieanweisungen für die jeweilige Körpersprache geben.
2. Erläutern Sie, welche Assoziation Horaz beim Leser durch die Wendung *me sub cultro linquit* zu wecken sucht.
3. Analysieren Sie den Satzbau der beiden letzten Verse. Suchen Sie eine inhaltliche Begründung für diese stilistische Besonderheit.
4. Interpretieren Sie den Text mithilfe von **M 1** und **i** (→ S. 26f.).
5. Vollziehen Sie die in **M 1** rekonstruierte Wegstrecke des Horaz am Stadtplan Roms nach.

6. Vergleichen Sie das Verhalten des österreichischen Schriftstellers Alfred Polgar (→ M 2) mit dem des Horaz in der gelesenen Satire.

M 1 *Sic me servavit Apollo*

Der von Horaz und dem *quidam* eingeschlagene *Vicus Tuscus* führt über das *Velabrum* und das *Forum Boarium* zum Tiber, und wohl am Palatin entlang und vorbei an der *Ara Maxima Herculis* und am Nordost-Ende des *Circus Maximus* zum *Pons Sublicius*. Daß Horaz tatsächlich diesen Weg meint, dafür gibt es ein wichtiges Indiz. Denn war man um das Jahr 35 v. Chr. etwa in die Gegend der *Ara Maxima* gelangt, gaben die zurücktretenden Ausläufer des Palatins den Blick frei auf eine Baustelle, die zu dieser Zeit die wohl bekannteste Roms und zugleich für die ideologisch-religiöse Selbstdarstellung des Octavian wichtigste war, auf den im Entstehen begriffenen Tempel des *Apollo Palatinus*. Octavian hatte den Bau nach der Schlacht von Naulochos am 3. September 36 gelobt und noch im selben Jahr begonnen. (U. Schmitzer, Vom Esquilin nach Trastevere, in: S. Koster, Horaz-Studien, Erlangen 1994, S. 28)

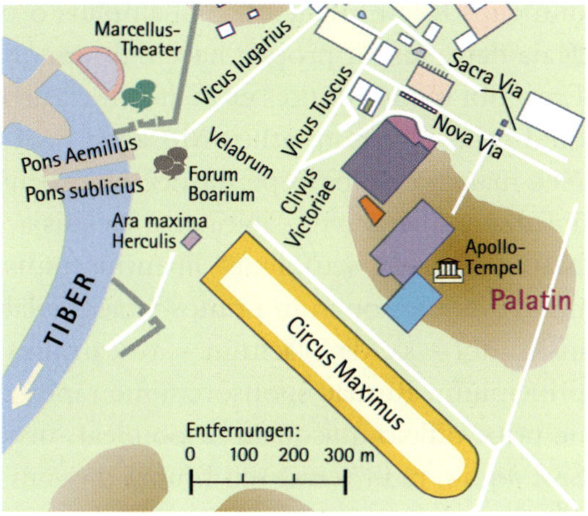

M 2 Friedrich Torberg, Anekdote über Alfred Polgar

[...] es gab Trabanten, deren Gefolgschaft in Verfolgung ausartete und die, statt in den Spuren des Meisters, ihm auf die Nerven gingen. Ein solcher war es, der sein unablässiges, von keiner Ermunterung genährtes Bemühen um die Gunst und Gesellschaft Alfred Polgars so weit trieb, dass er ihm eines Nachmittags aus dem Kaffeehaus auf die Straße folgte und sich wie zufällig neben den zögernd Stehengebliebenen gesellte.

„In welche Richtung gehen Sie, Herr Polgar?" fragte er. Und bekam zur Antwort: „In die entgegengesetzte." (F. Torberg, Die Tante Jolesch, München 1977, S. 145)

i *deus ex machina*

Der Begriff stammt aus dem antiken Drama und bezeichnet einen Gott, der am Ende in die Handlung eingreift, um einen scheinbar unlösbaren Konflikt zu lösen. Da für diesen Auftritt eine komplizierte Konstruktion verwendet wurde, welche das Einschweben der Gottheit ermöglichte, spricht man vom *deus ex machina*, dem „Gott aus der Maschine".

4.2 Von Mäusen und Menschen

Um 33 v. Chr. hat Mäcenas Horaz ein Landgut geschenkt. Damit ging ein Wunsch des Horaz in Erfüllung (*Serm.* 2,6,1-5; 16-38; 60-76).

W			G
mūnus	urgēre		Komparativ der Adverbien
arx	libīdō		Vokativ
necesse est	pertinēre ad		indirekte Fragesätze

5 Hoc erat in votis: modus agri non ita magnus,
hortus ubi et tecto vicinus iugis aquae fons
et paulum silvae super his foret. Auctius atque
di melius fecere. Bene est. Nil amplius oro,
Maia nate, nisi ut propria haec mihi munera faxis. […]
Ergo ubi me in montes et in arcem ex urbe removi,
quid prius illustrem saturis Musaque pedestri?
Nec mala me ambitio perdit nec plumbeus Auster
autumnusque gravis, Libitinae quaestus acerbae.
Matutine pater, seu „Iane“ libentius audis,
unde homines operum primos vitaeque labores
instituunt - sic dis placitum -, tu carminis esto
principium. Romae sponsorem me rapis: „Eia,
ne prior officio quisquam respondeat, urge.“
Sive aquilo radit terras seu bruma nivalem
interiore diem gyro trahit, ire necesse est.
Postmodo quod mi obsit clare certumque locuto
luctandum in turba et facienda iniuria tardis.
„Quid tibi vis, insane, et quas res improbus urges
iratis pedibus. Tu pulses omne quod obstat,
ad Maecenatem memori si mente recurras.“
Hoc iuvat et melli est, non mentiar. At simul atras
ventum est Esquilias, aliena negotia centum
per caput et circa saliunt latus. „Ante secundam
Roscius orabat sibi adesses ad Puteal cras.“
„De re communi scribae magna atque nova te
orabant hodie meminisses, Quinte, reverti.“
„Imprimat his cura Maecenas signa tabellis.“ […]
O rus, quando ego te aspiciam? Quandoque licebit
nunc veterum libris, nunc somno et inertibus horis
ducere sollicitae iucunda oblivia vitae?
O quando faba Pythagorae cognata simulque
uncta satis pingui ponentur holuscula lardo?

in vōtīs: auf der Wunschliste **modus:** *hier* ein (abgemessenes) Stück - **hortus:** Garten - **iūgis, e:** nie versiegend - **foret** = esset - **auctius:** üppiger, großzügiger

Maiā nātus: Sohn der Maia (Merkur): EV - **propria facere:** zum Eigentum machen - **faxis** = Konj. Perf. fēceris **removēre** (Perf. remōvi): sich zurückziehen - **prius** Adv.: eher - **illūstrāre:** verherrlichen - **satura:** Satire - **mūsa pedestris** *wörtlich:* die Muse, die zu Fuß geht - **ambitiō:** Karrierestreben **plumbeus auster:** bleischwerer Wind **autumnus:** Herbst - **quaestus, ūs:** Erwerb - **Libitīna, Mātūtīnus, Iānus:** EV - **īnstituere** = incipere - **spōnsor, ōris:** Bürge - **urgēre:** *hier* sich beeilen - **officiō respondēre:** der Verpflichtung nachkommen **aquilō:** Nordwind - **rādere:** fegen über - **brūma:** Winterkälte - **nivālis diēs** *wörtlich*: Schneetag - **gyrus:** Kreis - **postmodo:** bald darauf **locūtō:** Dat. auct., *K.* Clārē certumque (id) locūtō, quod mi(hi) obsit, luctāndum (est) - **obesse:** schaden **luctārī:** ringen - **tardus:** LW2 **pulsāre:** anrempeln - **obstāre:** im Weg stehen - **Maecēnās:** EV - **mel, mellis:** Honig - **mellī est** (Dat. fin.): *etwa*: das geht runter wie Öl **mentīrī:** *hier* leugnen - **Esquiliae:** noble Wohngegend in Rom - **ante secundam <hōram>** - **Puteal:** Altar auf dem Forum, wo Geldwechsler sich trafen - **scrība** m: Schreiber, *K.* Scrībae tē dē rē commūnī magnā atque novā orābant, <ut> hodiē revertī meminisses. **sīgna imprimere:** sein Siegel aufdrücken, *K.* Cūrā, ut Maecēnās ... imprimat. - **iners, ertis:** untätig **vīta sollicita:** vielbeschäftigtes Leben - **oblīvia dūcere:** Vergessen herbeiführen für - **faba:** Bohne **cognātus:** *hier* vertraut - **ūnctus:** fett gemacht - **pinguis, e:** fett **holusculum:** Kohl - **lārdum:** Speck

O noctes cenaeque deum! Quibus ipse meique
ante Larem proprium vescor vernasque procaces
pasco libatis dapibus. Prout cuique libido est,
siccat inaequalis calices conviva, solutus
legibus insanis, seu quis capit acria fortis
pocula seu modicis uvescit laetius. Ergo
sermo oritur, non de villis domibusve alienis,
nec male necne Lepos saltet; sed, quod magis ad nos
pertinet et nescire malum est, agitamus: utrumne
divitiis homines an sint virtute beati;
quidve ad amicitias, usus rectumne, trahat nos
et quae sit natura boni summumque quid eius.

deūm = deōrum – **ante Lārem proprium:** vor dem eigenen Herd
vescī, vescor: sich ernähren – **verna:** Haussklave – **procāx, ācis:** frech
pāscere: ernähren – **daps, dapis:** Speise – **lībātus:** geweiht – **prout:** je nachdem – **siccāre:** trocknen
inaequālis: ungleich gemischt – **calix, icis:** Kelch – **pōculum:** Becher, vgl. FW – **uvēscere:** sich befeuchten, *K.* seu quis fortis pōcula ācria capit seu <pōculīs> modicīs laetius uvēscit
Lepos: ein Tänzer – **ūsus:** *hier* Eigennutz – **rēctum:** *hier* Aufrichtigkeit
nātūra bonī: Beschaffenheit sittlich guten Verhaltens – **summum (bonī):** Höchstmaß an ...

1. Stellen Sie in Partnerarbeit die Beschwerlichkeiten der Stadt, wie sie Horaz beschreibt, den Vorzügen des Landlebens in einer Tabelle gegenüber. Präsentieren Sie Ihre Ergebnisse.
2. Vergleichen Sie die *cena* des Horaz mit dem Gastmahl des Trimalchio. Arbeiten Sie die Unterschiede heraus.
3. Vergleichen Sie den Mäcenaskreis (→ S. 105; GW, S. 149) mit der Tischgesellschaft des Horaz. Stellen Sie die Gemeinsamkeiten und die Unterschiede zusammen.
4. Belegen Sie am Text, wie sich die Begeisterung des Horaz für das Landleben stilistisch und syntaktisch widerspiegelt.
5. Betrachten Sie das Bild von Chagall und vergleichen Sie seine Vorstellung vom ländlichen Leben mit der des Horaz. Welche Aspekte stehen jeweils im Vordergrund?
6. Untersuchen Sie den Text auf epikureisches Gedankengut (→ i, S. 81) und erklären Sie, warum Horaz sein Sabinum als *arx* bezeichnet.

M Pythagoras und der Vegetarismus

Jeder Schüler kennt den so genannten „Satz des Pythagoras", eines Mathematikers und Philosophen aus dem 6. Jh. v. Chr. Aus seiner Lehre, dass die Seele Verstorbener in anderen Lebewesen weiterlebt, resultierte ein striktes Verbot des Fleischgenusses – eben darauf spielt Horaz an, wenn er das vegetarische Bohnengericht in V. 32 mit Pythagoras in Verbindung bringt.

Marc Chagall (1887–1985): Ich und das Dorf, Königliche Museen der Schönen Künste, Brüssel

4.2 Von Mäusen und Menschen

Horazens Gast Cervius erzählt eine Fabel (*Serm.* 2,6,78–117).

W		G
opes sotīrī levis	uterque fungī (+ Abl.) tūtus	NcI Gen. obiectivus

6 [...] Si quis nam laudat Arelli
sollicitas ignarus opes, sic incipit: „Olim
rusticus urbanum murem mus paupere fertur
accepisse cavo, veterem vetus hospes amicum,
asper et attentus quaesitis, ut tamen artum
solveret hospitiis animum. Quid multa? Neque ille
sepositi ciceris nec longae invidit avenae,
aridum et ore ferens acinum semesaque lardi
frusta dedit, cupiens varia fastidia cena
vincere tangentis male singula dente superbo,
cum pater ipse domus palea porrectus in horna
esset ador loliumque, dapis meliora relinquens.
Tandem urbanus ad hunc ‚quid te iuvat' inquit, ‚amice,
praerupti nemoris patientem vivere dorso?
Vis tu homines urbemque feris praeponere silvis?
Carpe viam, mihi crede, comes. Terrestria quando
mortalis animas vivunt sortita neque ulla est
aut magno aut parvo leti fuga – quo, bone, circa,
dum licet, in rebus iucundis vive beatus,
vive memor, quam sis aevi brevis.' Haec ubi dicta
agrestem pepulere, domo levis exsilit; inde
ambo propositum peragunt iter, urbis aventes
moenia nocturni subrepere. Iamque tenebat
nox medium caeli spatium, cum ponit uterque
in locuplete domo vestigia, rubro ubi cocco
tincta super lectos canderet vestis eburnos
multaque de magna superessent fercula cena,
quae procul exstructis inerant hesterna canistris.
Ergo ubi purpurea porrectum in veste locavit
agrestem, veluti succinctus cursitat hospes
continuatque dapes nec non verniliter ipse

Arellius: EV
sollicitus: *hier* stets gefährdet
mūs rūsticus: Landmaus
mūs urbānus: Stadtmaus
cavus: Erdloch – **asper:** einfach lebend – **attentus quaesītīs:** bedacht auf das Erworbene – **artus:** sparsam – **hospitiīs:** Dat. comm.
nōn invīdit: m. Gen. sie sparte nicht an – **cicer, eris:** Kichererbse
sēpōnere: beiseite legen – **avēna:** Hafer – **acinus āridus:** trockene Rosine – **sēmēsa frusta** (n Pl.) **lārdī:** halb angefressene Speckstücke
fāstīdium: Überdruss – **male:** *hier* kaum – *K.* cupiēns cēnā variā fāstīdia vincere <mūris urbānī> male singula dente superbō tangentis
porrēctus: ausgestreckt – **hōrna palea:** frische Streu – **ēsset** von edere
ador, ōris n: Dinkel – **lolium:** wilder Hafer – **daps, dapis:** Mahl – **dorsum:** Rücken – **nemus praeruptum:** ein steil abfallender Bergwald – **praepōnere** ← prae- + pōnere – **quandō** = quoniam – *K.* quandō terrestria (animālia) mortālēs animās sortīta vīvunt – **lētum:** Tod – **quō ... circā** (Tmesis) = quōcircā: deshalb
aevum: Leben – **agrestis** = mūs rūsticus – **iter prōpositum:** der geplante Weg – **peragere:** durchlaufen – **avēre** + Inf.: heftig begehren
subrēpere: untendurch kriechen
vestīgia pōnere in + Abl. = intrāre
locuplēs, ētis: wohlhabend – **coccum rūbrum:** Scharlachrot – **vestis, is:** *hier* Decke – **tīnctus:** gefärbt
candēre: leuchten – **lectus:** Bett
eburnus: mit Elfenbein verziert
K. ubi vestis rūbrō coccō tīncta super lectōs eburnōs candēret – **ferculum:** das Gericht – **canistrum:** Korb
hesternus: gestrig – *K.* hesterna cēna
alqm. porrēctum locāre: jmdn. ausgestreckt hinlegen lassen – **velutī** ~ velut – **succīnctus:** aufgeschürzt
cursitāre: Verbum intensivum zu currere – **continuāre:** *hier* eins nach dem anderen auftragen – **vernīliter:** wie ein Haussklave

fungitur officiis, praelibans omne quod affert.
Ille cubans gaudet mutata sorte bonisque
rebus agit laetum convivam; cum subito ingens
valvarum strepitus lectis excussit utrumque.
Currere per totum pavidi conclave, magisque
exanimes trepidare simul domus alta Molossis
personuit canibus. Tum rusticus: ‚Haud mihi vita
est opus hac', ait, et ‚valeas. Me silva cavusque
tutus ab insidiis tenui solabitur ervo.'"

praelibāre: vorher kosten – **cubāre:** liegen – **bonīs rēbus:** Abl. causae **agere alqm:** eine Rolle als jmd. spielen – **convīva:** LW5 – **valvae, ārum:** Türflügel – **strepitus, ūs:** Lärm **excutere, excutiō, excussī, excussum:** herauswerfen – **currere, trepidāre:** hist. Inf. – **pavidus:** ängstlich – **conclāve:** Zimmer – **exanimis:** halb tot – **personāre:** erschallen **canēs Molossī:** Molosserhunde **tenue ervum:** bescheidene Erbsenkost

1. Geben Sie die Argumente an, mit denen die Stadtmaus die Landmaus überzeugen will.
2. Vergleichen Sie den Ausgang des Mäusemahls mit dem Ende der *Cena Trimalchionis.*
3. Lesen Sie **i** und überprüfen Sie, ob es sich bei der Erzählung von Stadt- und Landmaus um eine typische Fabel handelt.
4. Interpretieren Sie die Fabel mit Bezug auf Horazens Biographie (→ S. 26f.).
5. Betrachten Sie die Abbildung und diskutieren Sie, ob ihre Aussage mit der des Horaz übereinstimmt.
6. Erörtern Sie im Plenum, ob sich die Horazverse in **M** auf einen Fabeldichter beziehen.
7. Wiederholen Sie die Bedeutung der Präfixe und nennen Sie jeweils zwei Komposita, an welchen Sie die Grundbedeutung von Präfix und Verbum simplex erkennen können: (z. B. *ad:* hin(zu); *adcurrere:* hinlaufen, → S. 13).

M Die Aufgaben des Dichters (Horaz, *Ars Poetica*, 333–336)

Aut prodesse volunt aut delectare poetae/ aut simul et iucunda et idonea dicere vitae./ Quidquid praecipies, esto brevis, ut cito dicta/ percipiant animi dociles teneantque fideles.

Sigmar Polke (1941–2010): Landmaus und Stadtmaus, Staatliche Museen zu Berlin

i Gattungskennzeichen der Fabel

Typisch für die Gattung der Fabel sind folgende Merkmale: Tiere als Akteure, Dreigliedrigkeit (Ausgangssituation – Konfliktsituation – Lösung), Streben nach Kürze und Prägnanz, oft eine ausformulierte moralische Lehre – als *fabula docet* vor (Promythion) oder nach der Erzählung (Epimythion), die Verbindung von erzählerischen und dramatischen Elementen (wie z. B. Dialog), eine versteckte Kritik an Einzelpersonen oder der Gesellschaft.

4.3 Die goldene Mitte

Horaz fragt, warum niemand mit seinem Leben zufrieden ist (*Serm.* 1,1,1–27).

W			G
mors	morārī		verschiedene Bedeutungen von ut
victōria	discēdere		Konjunktiv im Hauptsatz
valēre	praetereā		

7 Qui fit, Maecenas, ut nemo, quam sibi sortem
seu ratio dederit seu fors obiecerit, illa
contentus vivat, laudet diversa sequentis?
„O fortunati mercatores!“ gravis annis
miles ait, multo iam fractus membra labore.
Contra mercator navim iactantibus Austris
„militia est potior. Quid enim? Concurritur: horae
momento cita mors venit aut victoria laeta.“
Agricolam laudat iuris legumque peritus,
sub galli cantum consultor ubi ostia pulsat.
Ille, datis vadibus qui rure extractus in urbem est,
solos felicis viventis clamat in urbe.
Cetera de genere hoc – adeo sunt multa – loquacem
delassare valent Fabium. Ne te morer, audi,
quo rem deducam. Si quis deus „en ego“ dicat
„iam faciam quod vultis. Eris tu, qui modo miles,
mercator; tu, consultus modo, rusticus. Hinc vos,
vos hinc mutatis discedite partibus. Eia!
Quid statis?“ Nolint; atqui licet esse beatis.
Quid causae est merito quin illis Iuppiter ambas
iratus buccas inflet, neque se fore posthac
tam facilem dicat votis ut praebeat aurem?
Praeterea, ne sic ut qui iocularia ridens
percurram – quamquam ridentem dicere verum
quid vetat? Ut pueris olim dant crustula blandi
doctores, elementa velint ut discere prima –
sed tamen amoto quaeramus seria ludo.

K. ut nēmo vīvat contentus illā sorte, quam... – **seu ... seu:** sei es nun, dass ... sei es, dass – **fors:** Zufall – **laudet** *erg.* als Subj. quisque – **sequentis** = sequentēs – **membra** (Acc. Graecus): „hinsichtlich seiner Glieder“ = körperlich – **contrā** Adv.: dagegen **nāvim** = nāvem – **Auster:** Südwind **potior:** besser – **concurrere:** *hier* aufeinanderstoßen – **mōmentum** FW **citus:** LW2 – **agricola** m: Bauer **perītus** + Gen.: erfahren, kundig in etwas – **gallus:** Hahn – **cantus, ūs:** *hier* Schrei – **cōnsultor, ōris:** der Rat Suchende – **ōstium:** Haustür **pulsāre:** schlagen, pochen – **vas, vadis:** Bürge – **extrahere, -trāxī, -trāctum:** herausreißen – **sōlōs fēlīcīs (= fēlīcēs) <esse>** – **viventis** = viventēs – **loquāx, cis:** geschwätzig **dēlassāre:** ermüden – **Fābius:** EV **quō rem dēdūcam:** worauf ich hinaus will – **ēn:** nun gut **cōnsultus:** Rechtsgelehrter – **pars:** *hier* Rolle – **eia!** Los! **atquī:** und doch – **quid causae** (Gen. part.), **quīn:** was ist der Grund dafür, dass nicht – **buccās īnflāre:** die Backen aufblasen, *K.* quid causae est, quīn Iuppiter meritō īrātus illīs ambās buccās īnflet – **posthāc:** in Zukunft – **facilis:** *hier* leicht zugänglich – **percurrere:** *hier* erzählen **nē sīc ut quī:** damit nicht so wie **ioculāria rīdēns:** über Späße lachend **crūstulum:** Zuckerplätzchen **doctor, ōris:** Lehrer – **blandus:** schmeichelnd – **elementa, ōrum** Pl.: Buchstaben – **āmōtō lūdō** (Abl. abs.): „Scherz beiseite“

1. **a)** Benennen Sie ausgehend von V. 1–3 das Thema der Satire.
   b) Erläutern Sie anhand selbstgewählter Beispiele und der Abbildung, dass dies ein immer aktuelles Thema ist.
2. Übersetzen Sie die V. 23–27 schriftlich. Was fällt Ihnen am Satzbau auf?

3. a) Stellen Sie aus den V. 4–12 die Gruppen unzufriedener Menschen zusammen.
   b) Geben Sie an, wer wen warum beneidet.
4. Interpretieren Sie in Partnerarbeit diesen Abschnitt. Beziehen Sie in Ihre Überlegungen M 1 und M 2 mit ein (→ S. 26f.).
5. Arbeiten Sie heraus, auf welche besondere Weise Horaz die Vorlage aus dem epikureischen Lehrgedicht des Lukrez (→ M 1) verwendet.
6. Analysieren Sie die V. 1–5 metrisch (→ S. 110f.).

M 1 Die Medizin mit Honig verabreichen (Lukrez, *Rer. nat.* 4,11–22)

Nam vel uti pueris absinthia taetra medentes/ cum dare conantur, prius oras pocula circum/ contingunt mellis dulci flavoque liquore,/ ut puerorum aetas inprovida ludificetur/ labrorum tenus, interea perpotet amarum/ absinthi laticem deceptaque non capiatur,/ sed potius tali facto recreata valescat,/ sic ego nunc, quoniam haec ratio plerumque videtur/ tristior esse quibus non est tractata, retroque/ volgus abhorret ab hac, volui tibi suaviloquenti/ carmine Pierio rationem exponere nostram/ et quasi musaeo dulci contingere melle.

Denn wie wenn Ärzte den Knaben scheußlichen Absinth zu verabreichen suchen und vorab ringsum die Becherränder mit dem süßen, goldgelben Saft des Honigs bestreichen, um so das unbedachte Alter der Kinder an den Lippen zu täuschen, damit sie die bittere Absinthflüssigkeit vollständig austrinken und solchermaßen getäuscht nicht (von der Krankheit) angegriffen werden, sondern durch einen solchen Trick gekräftigt gesunden, ganz so wollte ich dir mit süß klingendem Musenliede unsere Lehre darlegen und gewissermaßen mit dem lieblichen Honig der Dichtermusen bestreichen, da nun einmal diese Lehre meist allzu düster erscheint für diejenigen, die sich nicht mit ihr beschäftigt haben, und das einfache Volk vor dieser zurückschreckt. (Übersetzung: M. Lobe)

M 2 Typisch Satire II – *ridentem dicere verum*

Was ist das Besondere an der horazischen Satire? Das programmatische Motto des *ridentem dicere verum,* ohne dabei persönlich zu verletzen. Damit unterscheidet sich Horaz von seinem Vorgänger Lucilius, der in seinen Satiren bekannte Persönlichkeiten der römischen Republik namentlich angeprangert hat. Hatte Horaz an Lucilius auch einiges zu bemängeln, blieb dieser als Begründer der römischen Satire doch sein Vorbild: Wie Lucilius schrieb er im Hexameter und behandelte eine bunte Palette von Themen.

Macht das Geld glücklich? Horaz entlarvt die Motive der Menschen, die vorgeben, für die Zukunft vorsorgen zu wollen, als falsche Begierde und Neid und fordert das richtige Maß (*Serm.* 1,1,68–79; 106–121).

W undique, parcere, addere, fīnis, comparāre

G indirekte Fragesätze

8 Tantalus a labris sitiens fugientia captat
flumina – quid rides? Mutato nomine de te
fabula narratur. Congestis undique saccis
indormis inhians et tamquam parcere sacris
cogeris aut pictis tamquam gaudere tabellis.
Nescis quo valeat nummus, quem praebeat usum?
Panis ematur, holus, vini sextarius; adde
quis humana sibi doleat natura negatis.
An vigilare metu exanimem noctesque diesque
formidare malos fures, incendia, servos,
ne te conpilent fugientes, hoc iuvat? Horum
semper ego optarim pauperrimus esse bonorum.

Tantalus: EV – **labrum:** Lippe
sitīre: dürsten – **captāre:** Intensivum zu capere – **congerere:** aufhäufen
saccus: Geldsack – **indormīre** + Dat.: einschlafen auf – **inhiāns, ntis:** mit (vor Staunen) offenem Mund
sacra, ōrum: „Heiligtümer" (ironisch)
tabella: Tafel – **quō:** wofür
holus: Kohl (vgl. L), Gemüse
sextārius: ca. $\frac{1}{2}$l – **quīs** = quibus
K. adde <ea>, quīs sibi negātīs nātūra … – **vigilāre:** wach(sam) sein
exanimis, e: atemlos – *K.* An <te> hoc iuvat metū exanimem formīdāre
formīdāre (trans.): sich grauen vor
nē: formīdāre = Verb des Fürchtens
compīlāre: ausrauben, plündern
optā(ve)rim

Oft genug, so sagt Horaz, hätten diese Menschen außer ihrem Reichtum nichts, vor allem keinen Menschen, der ihnen in einer Notlage weiterhilft. Außerdem begegnet der Dichter der verbreiteten Gegenüberstellung „Habgieriger – Taugenichts" mit der Antwort, dass der Mittelweg das rechte Maß biete. […]

est modus in rebus, sunt certi denique fines,
quos ultra citraque nequit consistere rectum.
Illuc, unde abii, redeo, qui nemo, ut avarus,
se probet ac potius laudet diversa sequentis,
quodque aliena capella gerat distentius uber
tabescat, neque se maiori pauperiorum
turbae comparet, hunc atque hunc superare laboret.
Sic festinanti semper locupletior obstat,
ut, cum carceribus missos rapit ungula currus,
instat equis auriga suos vincentibus, illum
praeteritum temnens extremos inter euntem.
Inde fit, ut raro, qui se vixisse beatum
dicat et exacto contentus tempore vita
cedat, uti conviva satur, reperire queamus.
Iam satis est. Ne me Crispini scrinia lippi
compilasse putes, verbum non amplius addam.

ultrā + Akk.: jenseits – **citrā** + Akk.: diesseits – **nequīre:** nicht können
K. quī (wie) nēmo ut (kausal) avārus (est) sē (sortem suam) probet … laudet … tābēscat … comparet … labōret – **capella:** Ziege – **distentus:** prall, strotzend – **ūber, eris:** Euter
tābēscere: sich vor Ärger verzehren
festīnāre: eilen – **locuplēs, ētis:** begütert, reich – **carcer, eris:** Startbox (beim Pferderennen) – **ungula:** Huf
aurīga m: Wagenlenker
sīc … ut, cum: so, wie wenn
temnēns: contemnēns – *K.* ut rārō <ūnum>, quī … dīcat et … cēdat, reperīre queāmus – **utī** = ut
convīva: LW5 – **Crispīnus:** EV
scrīnium: Behälter für Buchrollen ~ „Bücherkiste" (vgl. L Schrein)
lippus: triefäugig – **compīlāre:** plündern – **compīlāsse** = compīlāvisse

1. Arbeiten Sie die Parallelen zwischen der mythischen Figur des Tantalus und dem von Horaz beschriebenen Typus des Habgierigen heraus.
2. Dieser Typus ist zu allen Zeiten Zielscheibe von Kritik – denken Sie an die bekannte Comicfigur Dagobert Duck. Untersuchen Sie in Partnerarbeit den Text auf Verse, die wie auf ihn gemünzt scheinen.
3. Ursprünglich hieß Dagobert Duck „Uncle Scrooge". Lesen Sie M 1 und erklären Sie, warum.
4. Weisen Sie in den V. 6–12 Epikurs Gedankengut nach (→ i, S. 81).
5. Belegen Sie am Text, warum der Reiche nur scheinbar glücklich ist.
6. Beschreiben Sie das Stilmittel, mit dem Horaz in den V. 20–23 seine Bewertung des *avarus* unterstreicht (→ GW: Stilmittel, S. 152f.).
7. Definieren Sie anhand von M 2 den Begriff *aurea mediocritas* und zeigen Sie, an welcher Stelle sich dieses Motiv im Text findet.

M 1 Ebenezer Scrooge

Bei Ebenezer Scrooge handelt es sich um eine der bekanntesten fiktiven Figuren von Geizhälsen der Weltliteratur. Ihm erscheinen in Charles Dickens' Erzählung „A Christmal Carol" (1843) nachts drei Geister, um ihn von seinem Geiz zu befreien, der ihn zu einem einsamen und unglücklichen Menschen gemacht hat. In England ist der Name Scrooge geradezu zum Synonym für einen menschenfeindlichen Geizhals geworden.

M 2 Die goldene Mitte (Horaz, *Carm.* 2,10,5–9)

Auream quisquis mediocritatem
diligit, tutus caret obsoleti
sordibus tecti, caret invidenda
sobrius aula.

Wer die goldne Mitte sich wählt, hält sicher
fern sich von dem Schmutz der verfallnen Hütten,
bleibt auch klüglich ferne dem Prunk des Hofs, der
Neid nur erwecket.
(Übersetzung: M. Simon / W. Ritschel)

M 3 Typisch Satire III – lehrhafte Absicht

Wenn man jemanden von einer bestimmten Handlungsweise oder einem Lebensweg überzeugen will, gibt es dazu verschiedene Möglichkeiten. Man kann etwaiges Fehlverhalten direkt ansprechen oder durch Aufzeigen von Alternativen auf eine Verhaltensänderung hinzuwirken suchen.

Horaz als Satiriker schlägt einen anderen Weg zur Erreichung dieses Ziels ein, indem er in seinen Augen falsches Verhalten nicht sachlich, sondern übertrieben darstellt, statt direkter Bloßstellung ironisch formuliert und so das Verhalten des Kritisierten der Lächerlichkeit preisgibt. Horaz will sich zusammen mit dem Leser auf die Suche nach dem richtigen Verhalten begeben und auch das Überdenken eigener Schwächen anregen.

5 Gaius Valerius Catullus – *pauca non bella dicta*

C. Valerius Catullus wurde um 84 v. Chr. in Verona geboren, lebte aber wohl die meiste Zeit seines Lebens in Rom. Seine umfangreiche Gedichtsammlung, die eine große Vielfalt an Stoffen und Versmaßen bietet, ist erst postum zusammengestellt worden.
Bisher dürften Sie Catull vor allem als unglücklichen Dichter der Liebe zu einer Frau namens Lesbia kennengelernt haben, möglicherweise auch als maßgeblichen Kopf einer revolutionären Dichtervereinigung in Rom, der so genannten *poetae novi* oder Neoteriker (→ GW, S. 149), die die althergebrachten Großgattungen der Tragödie und des Epos verschmähten und für neue dichterische Maßstäbe sorgten: Nach ihnen wagte es kein römischer Schriftsteller mehr, Dichtungen an die Öffentlichkeit zu bringen, die nicht perfekt ausgearbeitet waren und dem Standard höchster Bildung und Verskunst entsprachen.
Neben dem Schöngeist Catull gab es aber auch den spottlustigen Grobian: In respektlosen Epigrammen griff er bekannte Zeitgenossen wie Cicero, Cäsar und dessen Parteigänger an.

Stephan Wladislawowitsch Bakalowitsch (1857–nach 1936): Catull liest Gedichte, Tretjakow-Galerie, Moskau

In *Carm.* 52 bringt Catull seine Empörung über die politischen Verhältnisse seiner Zeit zum Ausdruck. Einige Stichworte genügen, um die aus seiner Sicht aussichtslose Machtkonstellation zu skizzieren.

W morārī
sedēre

G Deponentia

1 Quid est, Catulle? Quid moraris emori?
Sella in curuli struma Nonius sedet,
per consulatum peierat Vatinius:
quid est, Catulle? Quid moraris emori?

ēmorī ~ morī
sella curūlis: der kurulische Sessel (Amtsstuhl der Magistrate)
strūma: Kropf – **cōnsulātus, ūs:** Konsulamt – **pēierāre:** einen Meineid schwören

1. Untersuchen Sie die Wirkung der beiden Fragen jeweils am Anfang und am Ende des Gedichts.
2. Recherchieren Sie über die politischen Verhältnisse in Rom zur Zeit der späten Republik, in der Catull lebte.
3. Interpretieren Sie den Text unter Berücksichtigung der Biographie Catulls (→ GW, S. 148) und **M** nach dem Muster von S. 26f.
4. Lesen Sie **i** und belegen Sie, wo und mit welcher Absicht sich Catull im vorliegenden Text dieses dichterischen Verfahrens bedient.

5. Informieren Sie sich über den Dichterkreis um Catull, die so genannten Neoteriker (→ GW, S. 149). Untersuchen Sie, wie in diesem Gedicht die Zugehörigkeit Catulls zu dieser Strömung deutlich wird.

M Vatinius und Nonius

Bei den beiden im Gedicht erwähnten Politikern handelt es sich um Günstlinge des Triumvirats, das Cäsar mit Crassus und Pompejus geschlossen hatte. Der Prätor Vatinius machte sich Hoffnungen auf das Konsulamt. Nonius war als Parteigänger Cäsars zum Ädil geworden.

i Pars pro toto

Das Stilmittel *pars pro toto* ist eine Spielart der Metonymie (→ GW: Stilmittel, S. 153). Dabei wird ein Teilbereich der bezeichneten Sache genannt, gemeint ist aber das Ganze. So wird in der lateinischen Dichtung z. B. der Begriff *penates*, Hausgötter, stellvertretend für das gesamte Haus gebraucht.

Mit scheinbar schmeichelnden Worten rechnet Catull mit dem berühmten Redner seiner Zeit, Marcus Tullius Cicero, ab (*Carm*. 49).

W nepōs, post, alius, grātia, pessimus, optimus

G Superlativ, Korrelativa

2 Disertissime Romuli nepotum,
quot sunt quotque fuere, Marce Tulli,
quotque post aliis erunt in annis,
gratias tibi maximas Catullus
agit, pessimus omnium poeta,
tanto pessimus omnium poeta,
quanto tu optimus omnium patronus.

disertus: redegewandt
fuēre ~ fuērunt
Marce Tullī: Marcus Tullius Cicero
EV
post Adv.: später

1. Erklären Sie auf der Basis Ihrer mythologischen Kenntnisse, wer mit den *Romuli nepotes* gemeint ist.
2. Erörtern Sie unter Berücksichtigung der Superlative, wie das Lob auf Cicero zu verstehen ist.

3. Diskutieren Sie in der Gruppe, wie Catulls Selbstbezeichnung als *pessimus omnium poeta* aufgefasst werden kann.
4. Untersuchen Sie, wie die verwendeten Stilmittel (→ GW: Stilmittel, S. 152f.) zur Aussage des Textes beitragen.
5. Lassen Sie sich von Ciceros Porträtmimik und M inspirieren und schreiben Sie aus seiner Perspektive eine Entgegnung auf Catull.

Marcus Tullius Cicero (106–43 v. Chr.), Museo della Civiltà Romana, Rom

M Cicero und Catull

Über das Verhältnis zwischen Catull und Cicero ist nichts außer diesem Gedicht bekannt. Man weiß lediglich, dass Cicero als der Ältere einer anderen Generation angehörte und andere Werte als die jungen Dichter um Catull vertrat. Anders als diese sah er den Dienst für das Gemeinwesen als unerlässlich an, während sich die *poetae novi* aus der Politik heraushielten und für ihr Dichten lebten. Man weiß auch, dass Cicero einen anderen literarischen Geschmack als die Neoteriker hatte: Er schätzte die dichterischen Großformen wie Epos und Tragödie und äußerte sich herablassend über Lyriker – für die Lektüre solcher Werke habe er keine Zeit, selbst wenn ihm sein Leben verlängert würde.

Cäsar hatte seine Tochter Julia aus politischem Kalkül mit Pompejus, dem zweiten mächtigen Mann in Rom, verheiratet. Zur Zeit der Abfassung des folgenden Gedichts blickten beide Politiker bereits auf beachtliche militärische Erfolge zurück und bestimmten als Dreimännerbund (Triumvirat) zusammen mit Crassus die römische Politik. Sowohl Cäsar als auch Pompejus begünstigten einen Mann namens Mamurra (→ M 3, S. 130), den Catull nicht nur in folgendem Text verspottet (*Carm.* 29).

W pati, ante, ultimus, ferre, perdere

G Dat. commodi

3 Quis hoc potest videre, quis potest pati,
nisi impudicus et vorax et aleo,
Mamurram habere, quod Comata Gallia
habebat ante et ultima Britannia?
Cinaede Romule, haec videbis et feres?
Et ille nunc superbus et superfluens
perambulabit omnium cubilia,

impudīcus: schamloser Kerl – **vorāx, ācis:** Vielfraß – **āleō, ōnis:** Spieler, Zocker – **comātus:** langhaarig (Beiname aufgrund der üppigen Haartracht der Gallier)

cinaedus: Schimpfwort, etwa ‚Schwuchtel' – **superfluēns:** im Überfluss lebend – **perambulāre:** besuchen

ut albulus columbus aut Adoneus?
Cinaede Romule, haec videbis et feres:
es impudicus et vorax et aleo.
Eone nomine, imperator unice,
fuisti in ultima occidentis insula,
ut ista vestra diffututa mentula
ducenties comesset aut trecenties? [...]
Nunc Galliae timetur et Britanniae.
Quid hunc malum fovetis? Aut quid hic potest
nisi uncta devorare patrimonia?
eone nomine urbis † o putidissimi
socer generque, perdidistis omnia?

albulus: weißlich – **columbus:** Taubenmännchen – **Adōneus:** EV, vgl. i
eō nōmine: zu dem Zweck – **mentula:** männliches Glied, als Spottname gebraucht: „Schwänzlein" – **diffutūtus:** (durch häufigen Beischlaf) geschwächt – **ducentiēs:** zweihundertmal – **trecentiēs:** dreihundertmal
comedere: schlemmen – **ūnctus:** fett – **patrimōnium:** Vermögen
† verderbte Textstelle – **pūtidus:** widerlich – **socer:** Schwiegervater (Cäsar) – **gener:** Schwiegersohn (Pompejus)

1. Gliedern Sie das Gedicht in Sinnabschnitte.
2. Stellen Sie alle Begriffe beleidigenden Inhalts zusammen und ordnen Sie die darin enthaltenen Unterstellungen den angesprochenen Personen des Textes zu.
3. Erschließen Sie mithilfe von M 1, wer mit *cinaedus* gemeint ist, und erklären Sie die mögliche Aussageabsicht der Bezeichnung *Romulus*.
4. Diskutieren Sie darüber, wie diese Art von Spott über Politiker heute aufgenommen würde. Beziehen Sie M 3, i und die Abbildung auf S. 130 mit ein.
5. a) Arbeiten Sie anhand von M 2 die Aufgaben der Satire heraus.
   b) Vergleichen Sie Tucholskys Verständnis von Satire mit den möglichen Intentionen der Texte von Petron, Horaz und Catull.

M 1 Homosexualität als politisches Kampfmittel in Rom

Gleichgeschlechtliche Liebe war im antiken Rom einerseits akzeptiert, andererseits wurde das Gerücht, jemand sei homosexuell, auch als Waffe eingesetzt, um einen politischen Konkurrenten als unmännlich zu diffamieren. So wurde dem jungen Cäsar homosexueller Umgang mit dem bithynischen König Nikomedes nachgesagt – wichtig für seine Gegner war nicht, ob das stimmte, sondern wie sich aus dieser Behauptung politisches Kapital schlagen ließ.

M 2 Was darf die Satire?

Satire scheint eine durchaus negative Sache. Sie sagt: „Nein!" [...] Die Satire beißt, lacht, pfeift und trommelt die große, bunte Landsknechtstrommel gegen alles, was stockt und träge ist. Der Satiriker ist ein gekränkter Idealist: er will die Welt gut haben, sie ist schlecht, und nun rennt er gegen das Schlechte an. [...] Übertreibt die Satire? Die Satire muss übertreiben und ist ihrem tiefsten Wesen nach ungerecht. Sie bläst die Wahrheit auf, damit sie deutlicher wird, und sie kann gar nicht anders arbeiten als nach dem Bibelwort: Es leiden die Gerechten mit den Ungerechten. [...] Die echte Satire ist blutreinigend: und wer gesundes Blut hat, der hat auch einen reinen Teint. Was darf die Satire? – Alles. (Kurt Tucholsky, Gesammelte Werke in 10 Bänden, Hrsg. von M. Gerold-Tucholsky und F. J. Raddatz. Rowohlt Verlag, Reinbek 1975. Band 2, S. 42ff.)

M 3 Wer war Mamurra?

Mamurra stammte aus einer italienischen Stadt namens Formiae und diente als römischer Offizier in Cäsars Heer. Als Anführer der Pioniere (*praefectus fabrum*) war er im Gallischen Krieg u.a. für den Bau der Brücke über den Rhein verantwortlich. Durch Cäsars Protektion kam er zu großem Reichtum: Laut Cornelius Nepos soll Mamurra der erste Römer gewesen sein, der sein Haus auf dem Mons Caelius in Rom mit Marmorsäulen erbaut hatte. Catull griff ihn wegen seines luxuriösen, verschwenderischen Lebenswandels und seiner zahlreichen Affären mit Frauen an und bezichtigte ihn sogar eines homosexuellen Liebesverhältnisses mit Cäsar.

i Adonis

„Das ist ja ein richtiger Adonis", sagt man, wenn man einen ausnehmend gut aussehenden jungen Mann meint. In der griechischen Mythologie galt Adonis als Muster an Schönheit, sodass sich sogar die Liebesgöttin Aphrodite in ihn verliebte. Als auch die Unterweltsgöttin Persephone Anspruch auf ihn erhob, verfügte der Göttervater Zeus, Adonis solle sich je ein Drittel des Jahres sowohl der Aphrodite als auch der Persephone widmen, das letzte Drittel einer Frau seiner Wahl.

John William Waterhouse (1849–1917): Auferweckung des Adonis, Privatsammlung

Catull spottet über Mamurras Dichterambitionen (*Carm.* 105).

4 Mentula conatur Pipleium scandere montem:
    Musae furcillis praecipitem eiciunt.

mentula: männliches Glied, als Spottname gebraucht: „Schwänzlein"
Pipleius ~ Pimpleus: Adj. den Musen heilig – **scandere:** ersteigen
furcilla: Heugabel

1. Ordnen Sie die Bezeichnung Mamurras als *mentula* in die passende Stilmittelkategorie ein (→ GW: Stilmittel, 152f.) und erklären Sie die Funktion dieses Stilmittels für die Textaussage.
2. Beschreiben Sie den besonderen Witz von V. 2. Beziehen Sie dabei die Abbildung mit ein.
3. Untersuchen Sie, inwiefern dieser Text als typisches Epigramm bezeichnet werden kann (→ GW, S. 148).

Drei Musen, Relief (o. J.), Archäologisches Nationalmuseum, Athen

Catulls Vater soll mit Cäsar befreundet gewesen sein. Beklagte sich Cäsar bei ihm über Catull? *Carm.* 93 könnte als Reaktion darauf gelesen werden.

5 Nil nimium studeo, Caesar, tibi velle placere,
    nec scire, utrum sis albus an ater homo.

nīl = nihil

1. Entwickeln Sie Deutungsmöglichkeiten für die Farbadjektive „schwarz" und „weiß", wobei Sie Ihr bisher erworbenes Wissen über Cäsar mit einbeziehen.
2. Recherchieren Sie die altgriechische Vorbildsentenz für *Nil nimium*. Erläutern Sie, wie die Aussage sich ändert, wenn nach *Nil nimium* ein Ausrufezeichen stünde.

6 *Carmina Burana – O Fortuna*

Als *Carmina Burana* bezeichnet man die bedeutendste Sammlung mittellateinischer Vagantenlieder aus der Abtei Benediktbeuern (um 1250). Das Liederbuch enthält drei Hauptgruppen von Texten: 55 moralisch-satirische Stücke, 131 Liebeslieder und 35 Trink- und Spiellieder. Dazu kommen sechs geistliche Spiele und einige deutschsprachige Texte. Die Handschrift ist zum Teil mit Noten versehen. Der Komponist Carl Orff ließ sich davon inspirieren und vertonte 1937 eine Auswahl der *Carmina Burana*.

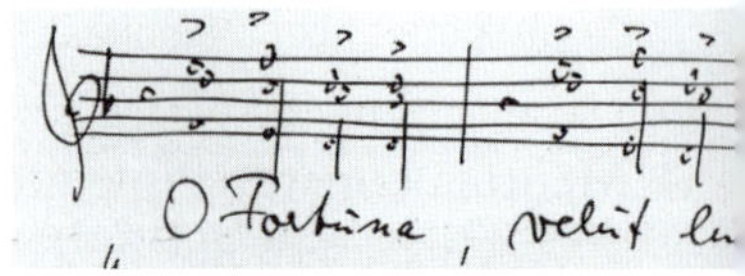

Carl Orff (1895–1982): *Carmina Burana*, Albumblatt

Carm. Bur. 17

O Fortuna, velut luna statu variabilis,
semper crescis aut decrescis. Vita detestabilis
nunc obdurat et tunc curat ludo mentis aciem,
egestatem, potestatem dissolvit ut glaciem.

Sors immanis et inanis, rota tu volubilis,
status malus, vana salus semper dissolubilis,
obumbrata et velata mihi quoque niteris.
Nunc per ludum dorsum nudum fero tui sceleris.

Sors salutis et virtutis mihi nunc contraria,
est affectus et defectus semper in angaria.
Hac in hora sine mora chordae pulsum tangite!
Quod per sortem sternit fortem, mecum omnes plangite!

O Glück, wie der Mond, im Zustand wechselhaft,
nimmst du ständig zu oder ab;
dein abscheulicher Lebenswandel
lähmt jetzt und erquickt dann, spielerisch,
den scharfen Verstand;
Elend und Macht lässt es schmelzen wie Schnee.

Schicksal, gewaltig und eitel, du kreisendes Rad,
schlechter Stand, flüchtiges Wohl,
jederzeit vergänglich, verhohlen und verborgen
richtest du dich auch gegen mich;
durch dein tückisches Spiel trage ich nun nichts am Rücken.

Ein Schicksal aus Wohlergehen und Stärke
hat sich mir abgewandt.
Mein Verlangen und mein Bangen steht
allzeit unter seinem Gebot!
In diesem Moment, ohne Aufschub
fangt an, die Saiten zu schlagen:
Dass es den Tüchtigen durch Würfel niederstreckt,
beklaget alle mit mir!
(Übersetzung: M. Hackmann)

M *Carm. Bur.* 196

In taberna quando sumus, non curamus, quid sit humus,
sed ad ludum properamus, cui semper insudamus.

Quid agatur in taberna, ubi nummus est pincerna,
hoc est opus, ut quaeratur, sed quid loquar, audiatur.

Quidam ludunt, quidam bibunt, quidam indiscrete vivunt;
sed in ludo qui morantur, ex his quidam denudantur,

quidam ibi vestiuntur, quidam saccis induuntur.
Ibi nullus timet mortem, sed pro Baccho mittunt sortem.

Primo pro nummata vini, ex hac bibunt libertini,
semel bibunt pro captivis, post haec bibunt ter pro vivis,

quater pro Christianis cunctis, quinquies pro fidelibus defunctis,
sexies pro sororibus vanis, septies pro militibus silvanis,

octies pro fratribus perversis, novies pro monachis dispersis,
decies pro navigantibus, undecies pro discordantibus,

duodecies pro penitentibus, tredecies pro iter agentibus.
Tam pro papa quam pro rege bibunt omnes sine lege.

Bibit hera, bibit herus, bibit miles, bibit clerus,
bibit ille, bibit illa, bibit servus cum ancilla,

bibit velox, bibit piger, bibit albus, bibit niger,
bibit constans, bibit vagus, bibit rudis, bibit magus.

Bibit pauper et aegrotus, bibit exul et ignotus,
bibit puer, bibit canus, bibit praesul et decanus,

bibit soror, bibit frater, bibit anus, bibit mater,
bibit ista, bibit ille, bibunt centum, bibunt mille.

Parum durant sex nummatae ubi sic immoderate
bibunt omnes sine meta, quamvis bibant mente laeta.

Sic nos rodunt omnes gentes et sic erimus egentes.
Qui nos rodunt, confundantur et cum iustis non scribantur.

Hieronymus Bosch (1450–1516): Die sieben Todsünden und die vier letzten Dinge (Detail)

1. Arbeiten Sie mithilfe der Abbildung und i (S. 55) die dem Text zugrundeliegende Weltsicht heraus.
2. Vergleichen Sie in Partnerarbeit *Carm. Bur.* 17 mit seiner Vertonung durch Carl Orff. Nehmen Sie Stellung dazu, ob Orffs Bearbeitung den Sinn des Originals trifft.
3. Paraphrasieren Sie *Carm. Bur.* 196 (→ M) in Gruppen mithilfe eines Wörterbuchs.
4. Überprüfen Sie, ob man die Empfehlung aus M als einzige Konsequenz aus der in *Carm. Bur.* 17 vorgestellten Weltsicht ziehen kann.
5. Recherchieren Sie zu den sog. sieben Todsünden (→ i, S. 57) und interpretieren Sie die Abbildung. Untersuchen Sie im Vergleich von Bild und *Carm. Bur.* 196 die jeweils zutage tretende Haltung.

Fortsetzung folgt …

Die Werke Senecas, Ciceros, Petrons, Horaz' und Catulls wurden über zwei Jahrtausende bis in die heutige Zeit hinein eifrig gelesen – ganze Bibliotheken könnte man füllen, wenn man alle Dokumente ihrer Nachwirkung versammeln wollte. Einige Beispiele aus verschiedenen Epochen mögen Ihnen die immense Strahlkraft dieser Schriftsteller vor Augen führen.

M 1 Cicero und der italienische Dichter Petrarca (1304–1374)

Der bedeutende italienische Dichter Francesco Petrarca, der als Mitbegründer des Humanismus gilt, beschreibt in seinem Werk *Trionfi*, wie Cicero mit Vergil an der Spitze der römischen Literatur steht:

[…] ed un al cui passar l'erba fioriva:
questo è quel Marco Tullio in cui si mostra
chiaro quanti eloquenzia ha frutti e fiori;
questi son gli occhi de la lingua nostra.

[…] und derjenige, unter dessen Tritten der Rasen erblüht.
Das ist jener Marcus Tullius, bei dem sich deutlich zeigt,
wie viel Blumen und Früchte die Beredsamkeit hat;
die zwei sind die beiden Augensterne unserer Literatur.
(Übersetzung: Th. Zielinski)

M 2 Seneca, Justus Lipsius (1547–1606) und Peter Paul Rubens (1577–1640)

Justus Lipsius gilt als Begründer des Neostoizismus, einer christlich-philosophischen Lehre, die sich am Stoiker Seneca orientierte. Kern der neostoischen Tugendlehre ist die angestrebte Selbstkontrolle der Triebe und Leidenschaften durch die sittliche Vernunft. Zum Kreis des Lipsius gehörte der Maler Peter Paul Rubens, der der Gelehrtenrunde und dem gemeinsamen philosophischen Vorbild Seneca künstlerische Denkmäler setzte.

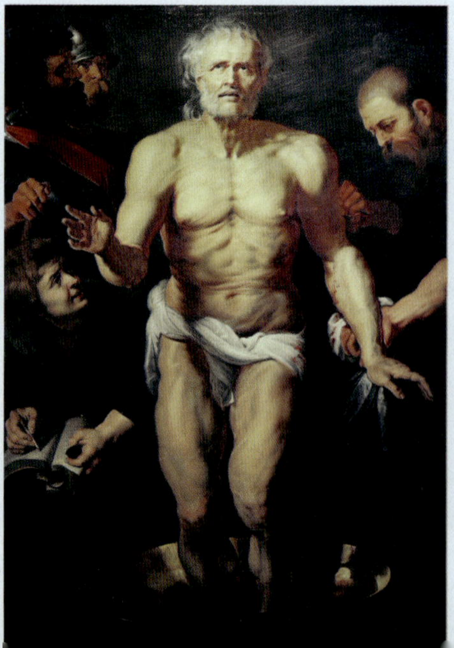

Peter Paul Rubens (1577–1640): Der Tod Senecas

Peter Paul Rubens (1577–1640): Die vier Philosophen

M 3 Petron und der spanische Schelmenroman des 16. Jahrhunderts

Auf Petron berufen könnten sich die in Spanien des 16. Jahrhunderts aufkommenden, später auch in anderen Ländern nachgeahmten Schelmenromane wie der Lazarillo de Tormes oder der Gil Blas. In dieser Tradition geht es ebenso wie bei Petron darum, an Hand der Abenteuer eines durchaus amoralischen Helden das Bild einer ganzen Gesellschaft, und nicht zuletzt ihrer Unsitten und Laster, zu zeichnen, und zwar ohne das Pathos des Sittenpredigers. (A. Dihle, Die griechische und lateinische Literatur der Kaiserzeit, München 1989, S. 145)

M 4 Horaz und der Aufklärer Christoph Martin Wieland (1733–1813)

In seiner 1786 erschienenen Übersetzung der Satiren des Horaz schrieb der deutsche Dichter Christoph Martin Wieland über den Römer:
„Wenn er auch in der großen und schimmernden Gesellschaft, worin er zu Rom lebte, zuweilen was anders, als er wirklich war, zu sein schien: so erhielt er sich doch immer in der möglichsten Unabhängigkeit; verlor selbst in dem üppigen Mäcenatischen Hause nie die Federkraft seines Geistes; kehrte immer wieder in seinen eignen Charakter zurück und behauptete ihn, sonderheitlich in seinen männlichen Jahren, mit einer immer zunehmenden Weisheit und Übereinstimmung mit sich selbst."

M 5 Catull und der deutsche Lyriker Volker von Törne (1934–1980)

Zu Beginn der Achtzigerjahre. Nach Catull

Was, Törne, hält vom Tode dich noch ab?
Der alte Schrecken geht einher in neuen Waffen.
Die Angst hat Flügel und der Zorn ist kalt.
Was, Törne, hält vom Tode dich noch ab?

1. Recherchieren Sie zu Person und Werk Petrarcas und seiner besonderen Beziehung zu Cicero. Präsentieren Sie die Ergebnisse Ihren Mitschülern.
2. Beschreiben Sie präzise die Details beider Bilder. Arbeiten Sie anhand des linken Bildes heraus, auf welch besondere Weise der greise Seneca dargestellt ist, anhand des rechten, welche Rolle Seneca in der Bildkomposition spielt.
3. Recherchieren Sie zur Gattung des Pikaro- bzw. Schelmenromans. Präsentieren Sie Ihren Mitschülern einzelne Beispiele im Vergleich zu Petrons Roman.
4. a) Diskutieren Sie aufgrund Ihrer Horazkenntnisse, ob Wielands Charakterisierung zutrifft.
   b) Recherchieren Sie zu Christoph Martin Wieland als Satiriker und Übersetzer.
5. Vergleichen Sie Catulls *Carm.* 52 (Kap. 5, T1, S. 126) mit dem Gedicht Volker von Törnes. Versuchen Sie eine Interpretation des modernen Textes vor dem Hintergrund des Kalten Krieges und der Tatsache, dass der Autor sich mit 46 Jahren das Leben nahm.

Lernwortschatz

Der folgende Lernwortschatz ist nach Autoren angeordnet. Die Verweise im Kommentar beziehen sich auf die Lernwortschätze zu dem jeweiligen Autor.

Lernwortschatz Cicero

LW 2

philosophia	Philosophie
societās, ātis f	Gemeinschaft; Bündnis
domicilium	Wohnsitz
coniugium	Ehe, Ehebund
commūniō, ōnis f	Gemeinschaft
disciplīna	Lehre; Zucht; Disziplin
penitus *Adv.*	innen; völlig
praeceptum	Vorschrift; Befehl, Lehrsatz
antepōnere, -pōnō, -posuī, -positum	voranstellen, vorziehen
tranquillitās, ātis f	Ruhe; Windstille

LW 3

situs, a, um	liegend, gelegen
necesse est (+ AcI / + Konj.)	es ist nötig, dass
fruī, fruor (+ Abl.)	(etw.) genießen, sich (an etw.) erfreuen; (etw.) haben
continērī (+ Abl.)	enthalten sein (in etw.), beruhen (auf etw.)
ut suprā dīxī	wie ich oben gesagt habe
exsistere, -sistō, -stitī	auftreten, entstehen, werden
honestās, ātis f	Ehre, Anständigkeit; Tugend, Sittlichkeit
prōpōnere, -pōnō, -posuī, -positum	darlegen, in Aussicht stellen, vor Augen stellen
cognitiō, -ōnis	Erkenntnis, Erforschung
intelligentia	Erkenntnisvermögen; Erkenntnis
fingere, fingō, finxī, fictum	gestalten, sich (etw.) ausdenken; sich vorstellen
eximius, a, um	außerordentlich, ausgezeichnet
positum esse in (+ Abl.)	beruhen auf etw.
explicātiō, ōnis f	Erklärung
expetendus, a, um	erstrebenswert
fugiendus, a, um	vermeidenswert
disserere, -serō, -seruī, -sertum	erörtern, besprechen

LW 4

animal, ālis n	Lebewesen, Geschöpf, Tier
dēclīnāre	ablenken, abbiegen
nocēre	schaden, hinderlich sein
particeps, participis (+ Gen.)	beteiligt (an), teilhaftig
similitūdō, inis f	Ähnlichkeit
proprius, a, um	eigen, eigentümlich
vacuus, a, um (+ Abl.)	frei (von)
admīrābilis, e	erstaunlich, bewundernswert
simplex, simplicis	einfach; arglos, schlicht
aptus, a, um	passend, geeignet
pulchritūdō, inis f	Schönheit
cōnstantia	Beständigkeit; Standhaftigkeit
laudābilis, e	lobenswert

LW 5

mundus	Welt
nūmen, inis n	Gottheit, (göttlicher) Wille

ūnusquisque	ein jeder, jeder einzelne
sapiēns, entis	weise, verständig; Subst.: der Weise
ūtilitās, ātis f	Brauchbarkeit, Nutzen, Vorteil
ex quō fit, ut (+ Konj.)	daraus folgt, dass
decet (+ Akk.)	es geziemt sich (für), es gehört sich (für)
recūsāre (**quōminus** + Konj.)	zurückweisen, sich weigern (, dass)
vulgāris, e	allgemein üblich, gewöhnlich; weit verbreitet
aliquandō *Adv.*	endlich, irgendwann; manchmal
īnfīnītus, a, um	unbegrenzt
nātūrālis, e	natürlich
prōdesse, prōsum, prōfuī	nützen
quam (+ Superl.)	möglichst
prūdentia	Klugheit, Einsicht
ops, opis f	Hilfe; Kraft; Pl.: Macht, Mittel, Reichtum
incitāre	antreiben
convenīre, -veniō, -vēnī, -ventum	besuchen, zusammenkommen; zusammenpassen
vīlis, e	gering, wertlos, verachtet
quod nī ita sē habēret	wenn es nicht so wäre
iūstitia	Gerechtigkeit
administrāre	verwalten; leiten

LW 6

expetere, -petō, -petīvī, -petītum	erstreben; aufsuchen; verlangen
glōriārī	sich rühmen, prahlen
ex quō efficitur (+ AcI / + ut m. Konj.)	daraus folgt
firmus, a, um	fest, stark, sicher
pōnere in (+ Abl.)	definieren als
contemnere, -temnō, -tempsī, -temptum	geringschätzen, verachten
quae (quod) cum ita sint (sit), ...	weil das zutreffend (so) ist, ...
excellēns, entis	hervorragend, vortrefflich

LW 7

explicāre	entfalten, erklären
error, ōris m	Irrtum; Irrfahrt
dēlicātus, a, um	köstlich; verwöhnt
sevērus, a, um	ernst, streng
prīvāre (+ Abl.)	berauben
molestia	Beschwerlichkeit, Ärger
offendere, offendō, offendī, offēnsum	Anstoß erregen; Anstoß nehmen
sitis, is f	Durst
extrēmus, a, um	der äußerste, der letzte
status, ūs m	Stellung; Zustand, Bestand
inesse, insum, infuī	enthalten sein (in)
fīnīre	begrenzen, beenden; bestimmen
potīrī, potior, potītus sum (+ Abl.)	sich bemächtigen; beherrschen
pendēre, pendeō, pependī, pēnsum	(herab)hängen; abhängen; an etw. hängen

LW 8

occupātiō, ōnis f	Besetzung; Beschäftigung
sapientia	Weisheit, Einsicht, Klugheit
fore ~ futūrum esse	sein werden
cum ... tum	sowohl ... als besonders
gubernāre	steuern, lenken, leiten
astrum	Stern
contemplārī	betrachten
molestus, a, um	beschwerlich, lästig; verdrießlich

sēcūritās, ātis f	Sicherheit
opus est (+ Abl.)	man braucht, es ist nötig
innumerābilis, e	unzählbar
aliquī, aliqua, aliquod (n Pl. aliqua)	irgendein
īnsistere, -sistō, -stitī	sich hinstellen, Halt machen
atomus, ī f	Atom
figūra	äußere Gestalt; Figur
fātālis, e	schicksalhaft
necessitās, ātis f	Zwang, Notwendigkeit
fluere, fluō, flūxī	fließen, strömen
indoctus, a, um	ungelehrt

LW 9

administrātiō, ōnis f	Verwaltung; Leitung
quod sī *Subj.*	wenn aber
melior, ius	besser
quōmodo *Adv.*	wie, auf welche Weise
cadere in (+ Akk.)	vereinbar sein mit
māiestās, ātis f	Erhabenheit, Würde, Maiestät
prōvidentia	(göttliche) Vorsehung
atquī	aber doch, trotzdem
sī modo *Subj.*	wenn nur
compos, otis (+ Gen.)	im Besitz (von), mächtig (einer Sache)
cīvīlis, e	bürgerlich
prāvus, a, um	verkehrt, schlecht

Lernwortschatz Seneca

LW 1

attendere, -tendō, -tendī, -tentum	beachten, merken
ēlābī, -lābor, -lāpsus sum	(unbemerkt) entgleiten; entkommen
cottīdiē *Adv.*	täglich
complectī, -plector, -plexus sum	umarmen; sich aneignen
pendēre, pendeō, pependī	(herab)hängen; abhängen; an etw. hängen
fugāx, ācis	flüchtig
vīlis, e	gering, wertlos, verachtet
fortasse *Adv.*	vielleicht
redigere, -igō, -ēgī, -āctum	(in einen Zustand) bringen, zu etw. machen
sat *Adv.*	genug
īmus, a, um	der unterste, niedrigste, tiefste

LW 2

id agere, ut/nē (+ Konj.)	danach streben, dass/dass nicht
cum maximē *Adv.*	ganz besonders, gerade jetzt
ideō *Adv.*	deshalb
fruī, fruor (+ Abl.)	(etw.) genießen, sich (an etw.) erfreuen; (etw.) haben
senectūs, ūtis f	Greisenalter
necessitās, ātis f	Zwang, Notwendigkeit
avidus, a, um	gierig, begierig

LW 3

sapientia	Weisheit, Einsicht, Klugheit
philosophia	Philosophie
appāret	es ist offenkundig

fīnīre	begrenzen; definieren
scientia	Wissen, Kenntnis
corrigere, -rigō, -rēxī, -rēctum	verbessern
quōmodo *Adv.*	wie; auf welche Weise

LW 4	
persevērāre	beharrlich bleiben
prōficere, -ficiō, -fēcī, -fectum	vorwärts kommen, Fortschritte machen
aliquī, aliqua, aliquod (n Pl. aliqua)	irgendein
barba	Bart
ambitiō, ōnis f	Ehrgeiz
modestus, a, um	maßvoll, bescheiden
dissimilis, e	unähnlich, verschieden
toga	die Toga (Obergewand des röm. Mannes)
frūgālitās, ātis f	Anspruchslosigkeit
aliōquīn *Adv.*	im Übrigen; ansonsten
ēmendāre	von Fehlern befreien, verbessern
fugāre	in die Flucht schlagen, vertreiben
hūmānitās, ātis f	Menschlichkeit, Freundlichkeit; Bildung
nempe *Adv.*	doch wohl; natürlich (ironisch)
prōpositum	Vorsatz; Thema
secundum (Präp. m. Akk.)	entlang; gemäß, in Übereinstimmung mit
luxuria	Luxus, Genusssucht
dēmentia	Wahnsinn
exigere, -igō, -ēgī, -āctum	(ein)fordern, vollenden
suspicere, -spiciō, -spexī, -spectum	emporblicken zu, bewundern; beargwöhnen

LW 5	
liquēre	klar sein
meditātiō, ōnis f	das Nachdenken; Vorübung; Einübung
assiduus, a, um	fleißig, unermüdlich, ununterbrochen
rōbur, oris n	Kraft, Stärke
opus est (+ Abl.)	es ist nötig, man braucht
observāre	beobachten
artificium	Kunstfertigkeit, Kunst; Kunstwerk; Handwerk
adhibēre	zu etw. heranziehen; bei etw. anwenden
fōrmāre	formen, gestalten, bilden
dispōnere, -pōnō, -posuī, -positum	ordnen, verteilen, (an verschiedenen Punkten) aufstellen
gubernāculum	Steuer(ruder); Lenkung
sēcūrus, a, um	sorglos
innumerābilis, e	unzählbar
prōdesse, prōsum, prōfuī	nützen
cāsus, ūs m	Fall; Zufall; Unglücksfall
philosophārī	philosophieren
arbiter, trī m	Schiedsrichter
prōvidentia	(göttliche) Vorsehung
adhortārī / exhortārī	ermuntern / aufmuntern
subitus, a, um	plötzlich
dominārī	herrschen

LW 6	
salūtāris, e	heilsam
magnificus, a, um	großartig, prächtig
ūnusquisque	ein jeder, jeder einzelne
orīgō, inis f	Ursprung
proprius, a, um	eigentümlich, charakteristisch

ratiōnālis, e	vernünftig
animal, ālis n	Lebewesen; Tier

LW 7

fōrmōsus, a, um	schön, hübsch
velōx, ōcis	schnell
bēstia	(wildes) Tier
mōbilis, e	beweglich; schnell, flink
laudābilis, e	lobenswert

LW 8

prūdentia	Klugheit, Einsicht
decet (+ Akk.)	es geziemt sich (für), es gehört sich (für)
licēre (3. Pers. Sg. Präs.: licet)	erlaubt sein, möglich sein
ingenuus, a, um	frei geboren, edel
pāstor, ōris m	Hirte
cāsa	Hütte
contemnere, -temnō, -tempsī, -temptum	verachten, geringschätzen
disputāre	erörtern, untersuchen
praeceptum	Weisung; (philosophische) Lehre
quantus, a, um	wie groß, wie viel
clēmēns, entis	sanft, mild, nachsichtig
nocēre	schaden
(nōn) est, quod (+ Konj.)	es besteht (kein) Grund, dass

LW 9

fēlīcitās, ātis f	Glück
suādēre, suādeō, suāsī, suāsum	raten
malitia	Schlechtigkeit, Bosheit
immōbilis, e	unbeweglich, unerschütterlich
fās n (nur Nom. und Akk.)	(göttliches) Gesetz, (göttliches) Recht
dēterrēre	abschrecken
vīrus, ī n	Gift, Schleim
impedīre, quōminus (+ Konj.)	daran hindern, dass
intervallum	Entfernung, Zwischenraum

Lernwortschatz Petron

LW 1

capillātus	behaart, langhaarig
lūdere, lūdō, lūsī, lūsum	spielen
pila	Ball
notāre	bemerken
circulus	Kreis, Reif
argenteus, a, um	Adj. zu argentum
lūsus, ūs ~ lūdus	Spiel
lautitia	Pracht, Luxus, Eleganz
prīncipium	Beginn, Anfang
digitus	Finger

LW 2

admīrātiō, ōnis f	Bewunderung
satur, ura, urum	satt
iānua	Eingang
longē	weit
pingere, pingō, pīnxī, pictum	malen, bemalen
dēsistere, -sistō, -stitī	aufhören
titulus	Aufschrift

LW 3

exprimere, exprimō, expressī, expressum	ausdrücken, darstellen, entlocken
cervīcēs, um f (Pl.)	Hals, Nacken
extrēmus, a, um	äußerster
plānē	völlig
dēns, dentis m	Zahn

triclīnium	Triklinium, Speisezimmer
LW 4	
mulsum	Met, Honigwein
cantāre	singen
porrigere, porrigō, porrexī, porrēctum	darreichen, anbieten
LW 5	
mēnsa	Tisch
frequentia	Häufigkeit, Menge, Gefolge
amphora	Amphore (Krug mit zwei Henkeln)
heu/ēheu	ach weh! (Ausruf)
herī *Adv.*	gestern
semel *Adv.*	einmal
aliquot	etliche
LW 6	
gustāre	probieren, kosten
nummus	Münze, Geld
pānis, is m	Brot
ad summam	kurz und gut
LW 7	
minister	Gehilfe
vindicāre	*hier:* frei lassen
convīva, ae m	Tischgenosse, Gast
lībertus	Freigelassener
LW 8	
nancīscī, nancīscor, nactus sum	erlangen
frīgus, frīgoris n	Kälte
balneum	Bad
LW 9	
lavāre	waschen
cotīdiē *Adv.*	täglich
inflāre	aufblasen

ambulāre	sich herumtreiben, spazierengehen
medicus	Arzt
manū mittere	frei lassen
plōrāre	weinen
LW 11	
meherculēs	beim Herkules
perseverāre	andauern
arcus, ūs m	Bogen
annōna	Jahresertrag, Getreide
dēvorāre	verschlingen
LW 12	
porcus	Schwein
crās *Adv.*	morgen
LW 13	
ideō	deshalb
thēsaurus	reicher Vorrat, Schatz
LW 14	
hilaris, e	heiter, fröhlich
silentium	Stillschweigen, Stille
īnsānīre	rasen, toben
explicāre	erklären, darlegen
LW 15	
albus, a, um	weiß
recreāre	sich erholen
corōna	Kranz
unguentum	Parfüm, Salbe
saltāre	springen, tanzen
LW 16	
citō *Adv. zu* citus	schnell
hērēs, edis m, f	Erbe, Erbin
mortuus, a, um	tot
grātias agere	danken
requiēscere, -quiēsco, -quiēvī, -quiētum	ruhen

LW 17	
subīre	nachrücken, folgen
invādere, -vādō, -vāsī, -vāsum	bestürmen, angreifen
faciēs, ēī f	Gesicht
trepidāre	vor Angst beben

LW 18	
suāviter *Adv.*	angenehm, gemütlich
dissilīre, -siliō, -siluī	zerspringen, platzen
onerāre	(be)laden
patrōnus	Anwalt, Herr

LW 19	
vīcīnus, a, um	Nachbar-, benachbart
occāsiō, ōnis f	Gelegenheit
opportūnus, a, um	günstig, geeignet

Lernwortschatz Horaz

LW 1	
suāviter *Adv.*	angenehm, gemütlich
interdum	manchmal
sūdor, ōris m	Schweiß
gārrīre	schwätzen
longē	weit

LW 2	
citō *Adv. zu* citus	schnell
cantāre	singen
tardus, a, um	langsam
gārrulus	Schwätzer
sapere, sapiō	Verstand haben
adolēscere, -olēscō, -olēvī	heranwachsen, zunehmen
interīre, -eō, -iī	umkommen

LW 3	
sānus, a, um	gesund, vernünftig
pūrus, a, um	rein, unkompliziert
crēdibilis, e	glaubhaft
dēsistere, -sistō, -stitī	aufhören

LW 4	
īnfirmus, a, um	schwach, kraftlos
aliās	ein andermal
niger, gra, grum	schwarz, finster
obvius	entgegen
utrimque *Adv.*	von beiden Seiten

LW 5	
vīcīnus, a, um	Nachbar-, benachbart
prīncipium	Beginn, Anfang
īnsānus, a, um	ungesund, wahnsinnig
salīre, saliō, saluī	springen
crās *Adv.*	morgen
convīva, ae m	Tischgenosse, Gast
saltāre	springen, tanzen

LW 6	
hospitium	Gastfreundschaft
dēns, dentis m	Zahn
exsilīre, -siliō, -siluī, -sultum	hinausspringen
trepidāre	vor Angst beben
sōlārī	trösten

LW 7	
fortūnātus, a, um	glücksbegütert, glücklich
mīlitia	Kriegsdienst
meritō *Adv.*	verdientermaßen
lūdus, ūs m	Spiel

LW 8	
pingere, pingō, pīnxī, pictum	malen, bemalen
nūmmus	Münze, Geld
pānis, is m	Brot
extrēmus, a, um	äußerster
satur, ura, urum	satt

Lernwortschatz Catull	
LW 2	
quot *Adj. undekl.*	wie viele
grātiās agere	danken
poēta, ae m	Dichter
patrōnus	Anwalt, Herr
LW 3	
cubīle, is n	Bett
ūnicus, a, um	einzigartig, unvergleichlich
fovēre, foveō, fōvī, fōtum	begünstigen, unterstützen
dēvorāre	verschlingen
LW 5	
utrum ... an	ob ... oder
albus, a, um	weiß
āter, ātra, ātrum	schwarz

Die abendländische Philosophie – der griechische Begriff Philosophie bedeutet „Liebe zur Weisheit" – begann im 6. Jh. v. Chr. in Griechenland.

Philosophie bei den Griechen

Vorsokratiker (6. und 5. Jh. v. Chr.)

Aufgrund der zentralen Bedeutung des Sokrates für die antike griechische Philosophie bezeichnet man die ersten griechischen Philosophen, da sie vor Sokrates lebten, als Vorsokratiker. Diese beschäftigten sich vor allem mit der Natur (Physik). Im Mittelpunkt ihres Forschens und Fragens stand die Frage nach dem Ursprung der Dinge, wobei sie zu verschiedenen Ergebnissen kamen: Für **Thales** von Milet bestand alles aus Wasser. Für **Pythagoras** hingegen war der Ursprung von allem die Zahl. Für die Atomisten **Demokrit** und **Leukipp** wiederum war der Wechsel von Atomzusammensetzungen und leerem Raum konstitutiv für die Welt.

Sokrates (469–399 v. Chr.; zum Tode verurteilt)

Obwohl er selbst keine Schriften verfasste, galt Sokrates als der berühmteste Philosoph der Antike und gilt bis heute als einer der berühmtesten Philosophen der Weltgeschichte. Sokrates wendete den Schwerpunkt philosophischen Fragens und Forschens von der Natur zum Menschen hin (sog. „Sokratische Wende") und fragte, wie man ethisch richtig und moralisch gut lebt. Der bedeutendste Schüler des Sokrates war Platon, der die Grundgedanken der sokratischen Philosophie in seinen philosophischen Schriften für die Nachwelt erhielt.

Platon (427–347 v. Chr.)

Im Gefolge des Sokrates erhielt Platon in seinen Schriften nicht nur das Andenken an und die Faszination für Sokrates wach, sondern gab zugleich Antworten auf die Frage nach dem Ursprung allen Seins (Physik) und der richtigen Lebensführung (Ethik): Als Urgrund allen Seins erkannte er die Ideen (**Ideenlehre**); als Richtschnur für die Ethik die vier **Kardinaltugenden** Weisheit (*sapientia*), Tapferkeit (*fortitudo*), Besonnenheit (*temperantia*) und Gerechtigkeit (*iustitia*). Darüber hinaus beschäftigte er sich mit der politischen Frage nach dem besten Staat, den er dort gegeben sieht, wo ein Philosophenkönig herrscht. Während Sokrates seine Schüler eher lose um sich scharte, gründete Platon eine Philosophenschule in Athen, die **Akademie**. Diese bestand die gesamte Antike hindurch fort und wurde erst 529 n. Chr. geschlossen. Ihr und zugleich Platons berühmtester Schüler war Aristoteles.

Aristoteles (384–322 v. Chr.)

Während Platon seine Gedanken „himmelwärts" in die Welt der Ideen richtete, blieb Aristoteles eher „erdverbunden". Diese verschiedene Grundausrichtung der beiden bildete in der Renaissance **Raffael** in seinem berühmten Gemälde **„Die Philosophenschule von Athen"** anhand der Gestik der beiden Figuren ab. War also Platon eher ein „Idealist", zeigte sich Aristoteles eher als „Empiriker" und „Systematiker", dem es gelang, das gesamte Wissen der damaligen Welt (4. Jh. v. Chr.) systematisch geordnet aufzuschreiben. In Abgrenzung zu Platon gründete Aristoteles eine eigene Schule in Athen, den **Peripatos**. Wie bedeutend Aristoteles zu seiner Zeit war, kann man daraus erkennen, dass ihn König Philipp von Makedonien zum Erzieher seines Sohnes Alexander berief.

Diogenes (ca. 405–320 v. Chr.)

Ein Zeitgenosse des Aristoteles war Diogenes. Dieser war ein Schüler des Antisthenes, der wiederum ein Schüler des Sokrates gewesen war. Diogenes gründete keine Philosophenschule, da das seiner absolut bedürfnislosen Grundüberzeugung widersprach. Denn Diogenes, der so einfach, frei und unabhängig wie möglich leben wollte, verzichtete auf jeden Besitz und somit auch auf ein Haus bzw.

eine Schule. Da er lebte wie ein Hund (griech. *kýon*), nannte man nicht nur ihn, sondern auch seine Anhänger und Schüler **Kyniker**. Da er zudem dazu neigte, seine Mitmenschen in Wort und Tat zu provozieren, bezeichnet man noch heute ähnlich provokante Menschen als „Zyniker". Als Beispiel für die unkonventionelle Art des Diogenes kann seine „Tonne" gelten, ein riesiges Vorratsgefäß aus Ton, in dem er wohnte; als Beispiel für seine Respektlosigkeit selbst gegenüber den Mächtigen die Antwort, die er Alexander dem Großen gab, als dieser ihm einen Wunsch freigestellt hatte: „Geh mir aus der Sonne!" Ebenso wie den Kynikern ging es den Stoikern und den Epikureern darum, so autark wie möglich, d.h. von äußeren Einflüssen unabhängig zu leben. Es gilt deshalb, die Bedürfnisse so gering zu halten, dass sie problemlos befriedigt werden können, gemäß dem Motto: „Man muss wollen, was man kann." Denn dann kann man stets, was man will, und ist zufrieden. Wenn man aber mit sich zufrieden ist, ist man innerlich ruhig und damit glücklich. Anders als für die Kyniker war für die Stoiker und mit Einschränkungen auch für die Epikureer klar, dass dieses Ziel innerhalb der normalen Lebensgewohnheiten der Gesellschaft erreicht werden musste. Die Kyniker unterscheiden sich deshalb zwar nicht in der Theorie und Grundüberzeugung, sehr wohl aber in der Radikalität der Umsetzung derselben von den Stoikern und Epikureern.

Zenon von Kition (333-264 v. Chr.)

Die Anhänger der von Zenon von Kition ca. 300 v. Chr. in Athen geründeten **Stoa** waren der Überzeugung, dass die Welt durch die Vorsehung (*providentia* ~ πρόνοια) und Vernunft (*ratio* ~ λόγος) der Götter gelenkt wird und alle Menschen gleich sind, da jeder einen Funken des göttlichen Urfeuers in sich trägt (**Kosmopolitismus**). Sich dieser grundsätzlichen Gleichheit bewusst wollten die Stoiker ihr Leben gemäß der Vernunft führen (*secundum rationem vivere*) und sich gelassen (*aequus animus*; Apathie) in ihr Schicksal (*fatum* ~ εἱμαρμένη) fügen, um so das Glück (*beatitudo*; Eudämonie) als ihr höchstes Lebensziel (*summum bonum*) zu erreichen. Für die seelische Unerschütterlichkeit - sie lebt bis heute im Begriff „stoische Ruhe" fort - sahen die Stoiker im politischen Einsatz kein Hindernis, sondern sogar eine Voraussetzung, da der Mensch erst durch den Einsatz für die Gemeinschaft zum Glück, das in vollendeter Tugend (***virtus***) bestand, gelangen könne. Besonders maßgebenden Einfluss auf die weitere Ausprägung der philosophischen Lehre der Stoa hatten Chrysipp und Panaitios. **Chrysipp** (276-204 v. Chr.) vertrat die Überzeugung, dass das Glück dem Menschen nicht in den Schoß fällt, sondern Ergebnis harter Arbeit ist. **Panaitios** (185-110 v. Chr.) deutete *virtus* als allmählichen Lernprozess. Damit versuchte er das frühere logische Dilemma der Stoa aufzulösen: Da das Glück nämlich identisch war mit dem Besitz der *virtus*, man diese aber nur ganz oder gar nicht, aber nicht in Stufen haben konnte, konnte nur der stoische Weise, nicht aber ein normaler Mensch das Glück erreichen. Panaitios postulierte deshalb, dass man zum vollkommenen Glück über verschiedene Stufen aufsteigen können muss, womit das Glück zumindest teilweise durch richtige Einsicht (*recta ratio*) möglich wird.

Epikur (341-271 v. Chr.)

Die Epikureer glaubten im Gefolge des von ihnen wie ein Gott verehrten Epikur zwar an in den Intermundien lebende Götter, bestritten aber, dass diese Einfluss auf Welt und Menschen haben. Die aus Atomen aufgebaute Welt werde ebenso wenig wie das menschliche Leben durch göttliche Vorsehung gelenkt, da alles dem Zufall (*fortuna* - τυχή) unterworfen sei. Das höchste Glück des Menschen sah Epikur in der „Lust" (*voluptas* - ἡδονή), was zu hedonistischen Fehlinterpretationen führte. Epikurs Betonung der *voluptas* wurde nämlich allzu gerne als Aufforderung zu einem luxuriösen Leben missverstanden. Epikur, der ca. 306 v. Chr. in Athen den sog. **Kepos** gründete und über dessen Lehre wir vor allem durch das vom lateinischen Dichter Lukrez im 1. Jh. v. Chr. verfasste Lehrgedicht *De rerum natura* informiert sind, sah aber sein Ziel der *voluptas* dann erreicht, wenn der Mensch frei von Schmerz und Affekten (z. B. Hoffnung, Todesfurcht) ist. Da sich Epikur bewusst war, dass dieses Ziel inmitten des normalen Alltags nur schwer erreichbar ist, forderte er seine Anhänger zum weitgehenden Rückzug aus dem politischen Leben und zu einem Leben im Verborgenen („*Láthe biósas!*") auf. Der geeignete Ort dafür ist für Epikur ein ruhiger Landsitz, wo man zusammen mit Gleichgesinnten nicht ein luxuriöses, sondern ein anspruchsloses Leben führen soll. Aus diesem Grund maßen die Epikureer der Freundschaft (*amicitia*) eine sehr hohe Bedeutung bei.

Philosophie bei den Römern

Die Römer zeigten lange Zeit zumindest offiziell eine grundsätzlich skeptische Grundeinstellung gegenüber der griechischen Philosophie, wie sie am prägnantesten **Ennius** formuliert: *Philosophari sibi necesse esse, sed paucis* (Philosophieren ist nötig, aber nur mit wenigen Worten). Gemäß dieser Maxime flossen populärphilosophische Gedanken zunächst nur als schmückendes Beiwerk in Theaterstücke oder Satiren ein. Als Erster brach im 1. Jh. v. Chr. **Lukrez** mit diesem Grundsatz, indem er die epikureische Lehre in Versform ins Lateinische übertrug. Diese erfreute sich nämlich auch in Rom großer Beliebtheit, auch wenn man als typisch römisch eher eine Mischung aus Stoa und Epikureismus ansehen kann: Im öffentlichen Bereich dachte man stoisch, privat aber folgte man gerne den Ratschlägen Epikurs, wobei nicht wenige Römer Epikur falsch aufgefasst haben dürften und dem Hedonismus frönten. Dass das nicht der Intention Epikurs entsprach, gestand selbst Cicero ein, auch wenn er anders als sein Freund Atticus den Epikureern eher ablehnend gegenüberstand.

Cicero (106–43 v. Chr.; ermordet)

Obwohl Cicero Ennius sehr verehrte, widmete er sich der Philosophie nicht nur ein wenig, da er überzeugt war, dass der perfekte Redner, Anwalt und Politiker nicht nur umfassende Kenntnisse in den Bereichen der Rhetorik und des Rechtswesens benötigt, sondern auch in der Philosophie. Deshalb absolvierte er eine lange Studienreise nach Griechenland, um dort seine Ausbildung zu vervollkommnen. Umfassend gebildet, wurde er später, nachdem er durch die mit dem Aufstieg Cäsars verbundenen politischen Wirren in Rom ins Abseits geraten war, zum ersten eigenständigen Vermittler und Interpreten griechischer Rhetorik und Philosophie in Rom. Als Anhänger der **skeptischen Akademie** brachte er die griechische Philosophie in eigener Auswahl (**Eklektizismus**) und mit einer gewissen Vorliebe für stoische Positionen in Einklang mit den Vorstellungen der Römer und entwickelte eine entsprechende lateinische Fachterminologie. Die große Leistung Ciceros war es deshalb, die griechische Philosophie für Rom und das lateinisch sprechende Mittelalter erschlossen zu haben. Seine wichtigsten philosophischen Werke werden bis heute nicht nur als Quelle für Gedanken der griechischen Philosophie und römischen politischen Theorie, sondern auch als lebensphilosophischer Ratgeber für den privaten Bereich herangezogen. Als wichtigste Werke seien genannt:

Politik:

De re publica (Über den Staat)
De legibus (Über die Gesetze)

Philosophie:

Physik:

De natura deorum
(Götterglaube aus philosophischer Sicht)

Ethik:

De finibus bonorum et malorum
(Maßstäbe des Guten und Bösen)

Tusculanae disputationes
(Grundfragen des menschlichen Daseins)

De amicitia (Freundschaft)

De officiis (Pflichtgemäßes Handeln)

Seneca (ca. 0–65 n. Chr.; Selbstmord)
Ebenso wie Cicero wurde der Redner, Politiker, Schriftsteller und Philosoph Seneca vorübergehend in die Verbannung geschickt. Nach seiner Rückkehr stieg er als Erzieher und Lehrer Neros bis zum Schattenkaiser auf, was ihn zu einem der reichsten Männer seiner Zeit machte. Aus Enttäuschung über die negative Entwicklung Neros hin zum Despoten zog er sich aber ins Privatleben zurück und wurde schließlich von Nero aufgrund der angeblichen Beteiligung an einer Verschwörung gegen ihn zum Selbstmord gezwungen. Gerade gegen Ende seines Lebens nützte Seneca die Gattung Brief in seinen *Epistulae morales ad Lucilium* für eine Einführung in die **stoische Philosophie**. Aber auch zuvor schon hatte Seneca mehrere, noch heute als Lebensratgeber verwendete, im Geist der Stoa abgefasste Abhandlungen zu verschiedenen Themen verfasst, z.B.:

De tranquillitate animi
(Innere Ruhe und Gelassenheit)

De brevitate vitae (Leben und Tod)

De ira (Affekte)

De vita beata (Glück)

All diese Werke schrieb Seneca in der Überzeugung, dass Philosophie lebenspraktische Bedeutung hat, da sie in erster Linie Lebenshilfe bietet. In der Nachfolge des Sokrates, für den der Mensch zum Guten hin erziehbar war, verfolgte Seneca deshalb eine pädagogische Absicht. Anders als Cicero, der dasselbe pädagogische Anliegen teilte, versuchte Seneca dieses Anliegen mit rhetorisch durchformten, knappen und pointierten Sätzen zu erreichen. Deshalb wird Seneca bis heute als philosophischer Motivationskünstler und Lebensratgeber herangezogen, anders als Cicero, der in seiner Wesensart als die großen Bögen spannender und den Gesamtzusammenhang überblickender Erzähler heutige Leser eher ermüdet. Sowohl Seneca als auch Cicero haben aber die großen philosophischen Fragen,

Was kann ich wissen?

Was soll ich tun?

Was darf ich hoffen?

Was ist der Mensch?,

die Immanuel Kant im 18. Jh. erneut stellte, schon lange vor diesem nicht nur aufgeworfen, sondern auch zu lösen versucht.

Catull

C. Valerius Catullus wurde um 84 v. Chr. in Verona geboren, lebte aber wohl die meiste Zeit seines Lebens in Rom. Seine umfangreiche Gedichtsammlung, die eine große Vielfalt an Stoffen und Versmaßen bietet, wurde erst postum in der heute vorliegenden Form zusammengestellt. Ein Großteil seiner Texte, die den Dichtungsprinzipien der **Neoteriker** (→ S. 149) verpflichtet sind, handelt von Liebe und Liebesleid. Berühmt geworden ist sein Gedichtzyklus, den er einer verheirateten Dame namens Clodia gewidmet hat, für die er das Pseudonym ***Lesbia*** verwendet. In der neueren Forschung nimmt man Abstand davon, Äußerungen des lyrischen Ichs autobiographisch zu deuten. Dagegen ermöglichen die Gedichte, in denen Catull Ciceros Einsatz für den Staat ironisiert und Cäsar und dessen Anhänger scharfzüngig kritisiert, Rückschlüsse auf seine (neoterische) **Distanz zur Politik** seiner Zeit.

Epigramm

Ursprünglich bedeutete das griechische Wort *epígramma* soviel wie **„In- bzw. Aufschrift"** als Beschriftung von Denkmälern. Es hatte sich bereits bei den Griechen als literarische Gattung in Versform verselbständigt. Als die Römer diese literarische Form übernahmen, diente sie hauptsächlich dazu, menschliche Makel zu verspotten. Charakteristisch für das Epigramm sind Kürze, Prägnanz, stilistische Finesse und seine Abfassung im elegischen Distichon. Von Catull sind Epigramme überliefert, mit denen er Verhaltensweisen seiner Zeitgenossen mit namentlicher Nennung kritisiert. Martial (40–103 n. Chr.) wählte dagegen fiktive Namen nach dem Motto ***parcere personis, dicere de vitiis***. Seine pointierten Verse dienten vielen europäischen Epigrammatikern zum Vorbild. Berühmt geworden ist die von Gotthold Ephraim Lessing festgestellte Zweiteilung der Epigramme Martials in **„Erwartung"** und **„Aufschluss" (Pointe)**.

Freigelassene

In der griechisch-römischen Antike war es unter bestimmten Umständen möglich, dass Herren ihre Sklaven freiließen (so genannte ***manumissio***). Der Freigelassene (*libertus*) stand dem Freigeborenen (*ingenuus*) allerdings in seinen Rechten nicht gleich. Er schuldete seinem ehemaligen Herrn (*patronus*) noch Ehrerbietung (*reverentia*) und Gehorsam (*obsequium*). Gerade für das 1. Jh. n. Chr. sind Freigelassene bezeugt, die es zu bedeutendem Reichtum gebracht haben. Kaiser Claudius ersetzte in seiner Regierungszeit (41–54 n. Chr.) die meisten Staatsbeamten in der Verwaltung durch ihm persönlich ergebene Freigelassene. Diese Gruppe gewann zunehmend großen Einfluss am Kaiserhof. Dafür erwartete Claudius ein hohes Maß an Loyalität, die allerdings auch großzügig belohnt wurde.

Horaz

Quintus Horatius Flaccus (65–8 v. Chr.) hat wie kaum ein anderer römischer Dichter in seinen Werken Informationen über seine Herkunft, seine politische Einstellung, Wertvorstellungen und literarische Intentionen hinterlassen. Als junger Mann äußerte er in den **Epoden** offene Kritik an den Bürgerkriegen und damit auch an Octavian. Später wandelte sich seine Einstellung und Sichtweise der neuen politischen Ordnung und er wurde zu einem überzeugten Vertreter der augusteischen Erneuerung. Dichterisches Schaffen in finanzieller Sicherheit ermöglichte ihm Mäcenas, engster Vertrauter des Kaisers Augustus und großer Kunstförderer, indem er ihm im Sabinum ein Landgut schenkte. Hier entstanden wohl auch zum Teil die **Satiren** (***Sermones***) und die **Episteln** (***Epistulae***).

Horazens Satire

In seinen Satiren (*saturae* bzw. *sermones*) erweist sich Horaz als „dichterischer Gestalter des urbanen Gesprächs, von der Plauderei und der kurzen Erzählung einer Begebenheit bis zum gehaltreichen Gespräch über die vielseitige Lebenskunst" (Knoche, Die römische Satire, S. 51). In seinen im Hexameter verfassten **Verssatiren** kritisiert Horaz menschliche Verhaltensweisen, ohne jedoch persönlich verletzen zu wollen – nach dem Motto ***ridentem dicere verum***. Dabei versteht er sich als Fortsetzer und Verbesserer des Lucilius, der die Gattung der Satire in Rom heimisch gemacht hatte.

In *Serm.* 1,9 wird Horaz auf der *Via Sacra* von einem aufdringlichen Menschen belästigt, der sich über Horaz Zugang zum Mäcenaskreis verschaffen möchte. Für diese Satire hat sich wegen der dauernden Überredungsversuche des Ehrgeizigen der Name **„Schwätzersatire"** eingebürgert.

In der Satire mit der **Fabel von der Stadt- und Landmaus** (*Serm.* 2,6) äußert Horaz zunächst seine Freude über das ihm von Mäcenas geschenkte Landgut (Sabinum) und dankt Schutzgott Merkur, bevor er die Plagen und Pflichten des Lebens in der Großstadt Rom den Freuden des Landlebens gegenüberstellt. Die abschließende Fabel von Stadt- und Landmaus illustriert diesen Sachverhalt.

Mäcenaskreis

Dass wir heute einen Förderer von Kunst, Musik, Literatur als **Mäzen** bezeichnen, geht auf den etruskischen Ritter C. Cilnius Mäcenas zurück, der zur Zeit des Augustus eine Gruppe von Schriftstellern um sich versammelte und finanziell unterstützte. Sie wohnten im Hause des Mäcenas auf dem Esquilin oder in seiner Nähe und erhielten großzügige Geschenke. Kontakt zu diesem Kreis war sehr begehrt, u. a. weil Mäcenas über beste Verbindungen zu Kaiser Augustus verfügte. Neben **Horaz** sind weitere prominente Mitglieder Dichter wie **Vergil** und **Properz**. Auch wenn Vergil und Horaz in ihren Werken ihre augustusfreundliche Grundhaltung deutlich zum Ausdruck bringen, darf man nicht zwangsläufig davon ausgehen, dass im Mäcenaskreis eine vom Princeps gesteuerte Kulturpolitik betrieben wurde.

Menippeische Satire

Diese Form der satirischen Dichtung geht auf den kynischen Autor Menippos von Gadara (330–270 v. Chr.) zurück, der im ernst-komischen Stil **Prosa und Verse verschiedener Metren (Prosimetrum)** miteinander verband. Damit war er Vorbild für die *Saturae Menippeae* des römischen Dichters Varro (1. Jh. v. Chr.), für Petrons Roman *Satyrica* und Senecas Satire *Apocolocyntosis* („Verkürbissung", 1. Jh. n. Chr.).

Neoteriker

Die Dichter, die sich dem Kreis der ***poetae novi***, der Neoteriker, zurechneten, gehörten einer Generation an, die die intakte Republik vor Sulla und den Bürgerkriegen nicht mehr und die Friedenszeit unter Augustus noch nicht erlebt hatten. Sie waren ihrer Gegenwart und der Politik überdrüssig und wandten sich folgerichtig in ihrer Literatur **unpolitischen Themen** wie ausgefallenen Mythen und subjektiven Erlebnissen zu. Sie verabscheuten traditionelle Großgattungen wie das Epos und die Tragödie und bevorzugten stattdessen **literarische Kleinformen** wie das Epigramm, die Elegie und das Epyllion, die sich an **alexandrinischen Vorbildern** orientierten. Sie verstanden sich als professionelle Dichter, die durch Gelehrsamkeit (***poeta doctus*-Ideal**) und häufige Überarbeitungen ihrer Texte nach **dichterischer Perfektion** strebten.

Petron

Gaius (oder Titus) Petronius Arbiter (gest. 66 n. Chr.) war ein hoher römischer Beamter, der als ***elegantiae arbiter*** („Schiedsrichter des guten Geschmacks") Ansehen am Hofe Neros genoss. Doch fiel er in Ungnade und wurde zum Selbstmord getrieben, den er laut Tacitus gelassen auf sich nahm. Er verfasste den ersten bekannten lateinischen Roman (*Satyrica*), der trotz seines nur fragmentarischen Zustandes eine wertvolle Quelle für das so genannte Vulgärlatein darstellt.

Petrons Roman lässt sich keiner Gattung eindeutig zuordnen: Sein Titel spielt auf die Satire mit ihrer Vielfältigkeit behandelter Stoffe an, der **Wechsel von Prosa- und Verspartien** erinnert an die Menippeische Satire. Als Roman steht das Werk in der **Tradition des hellenistischen Liebesromans**, in dem häufig ein verliebter junger Mann von seiner Geliebten getrennt und beide erst nach vielen Reiseabenteuern glücklich wiedervereint werden. Petron stellt allerdings mit dem Ich-Erzähler Enkolp und seinem Freund Askylt ein homosexuelles Liebespaar in den Mittelpunkt, das zusammen mit dem Lustknaben Giton das Unteritalien zur Zeit Neros bereist und in niedrigen gesellschaftlichen Milieus (Prostituierte, ehemalige Sklaven, Matrosen) einschlägige Erfahrungen sammelt – ein deutlicher Hinweis auf eine **Parodie des griechischen Liebesromans**. Aber damit nicht genug: Oft finden sich auch **parodistische Anspielungen auf das homerische Epos**, etwa, wenn die Hauptfigur Enkolp vom Zorn des kleinen und lächerlichen Garten- und Fruchtbarkeitsgottes Priap von einem Liebesabenteuer zum anderen getrieben wird, so wie der hohe epische Held Odysseus in Homers Epos vom Zorn des Meeresgottes Poseidon wegen der Blendung Polyphems über die Weltmeere gejagt wird. Petrons nur in Bruchstücken erhaltener Roman wurde zum Vorbild für den im 16. Jahrhundert in Spanien entstandenen **picaro- („Schelm") bzw. Schelmenroman**, in dem ein Held von niederer Abkunft sich dank seiner Bauernschläue in einer Reihe von Abenteuern durchs Leben schlägt. Der berühmte italienische Filmregisseur Federico Fellini hat Petrons Werk mit seinem Film „Satyricon" (1969) ein cineastisches Denkmal gesetzt.

Vulgärlatein

1. Das so genannte Vulgärlatein ist keineswegs an eine bestimmte Schicht gebunden, sondern bezeichnet die gesprochene **Umgangs- und Alltagssprache** im Gegensatz zur gehobenen Schriftsprache.

   Allgemeine Kennzeichen des Vulgärlateins sind:
   - bildhafte Ausdrucksweise, z. B. *calda potio vestiarius est* (*Sat.* 41,12)
   - gefühlsbetonte Ausdrucksformen: Ausrufe, Interjektionen, Anakoluthe, z. B. *eheu ... ergo diutius vivit vinum quam homuncio!* (*Sat.* 34,7)
   - sprachliche Klischees: Redewendungen, Sprichwörter, Schimpfwörter, z. B. *est tamen malae linguae, pica pulvinaris* (*Sat.* 37,7); *manus manum lavat* (*Sat.* 45,13)
   - von der Schriftsprache abweichende Formulierungen, z. B. *meminisse* mit Akkusativ anstatt mit Genitiv, *vinus* statt *vinum* (*vinus mihi in cerebrum abiit, Sat.* 41,12)
   - Ellipsen, z. B. *heu, heu, cotidie peius* (*Sat.* 44,12)
   - parataktischer Satzbau
   - doppelte Negierung zur Verstärkung einer Aussage, z. B. *neminem nihil* (*Sat.* 42,7)
   - Gräzismen, z. B. *saplutus* (*Sat.* 37,6); *sophos* (*Sat.* 40,1). Sie zeugen vom Einfluss des Griechischen auf die lateinische Sprache
   - Wiederholungen und Tautologien, z. B. *quem amat, amat* (*Sat.* 37,7)
   - ein Hang zu Alltagsweisheiten, z. B. *in manu illius plumbum aurum fiebat* (*Sat.* 43,7)

2. Die Veränderung einer Sprache spielt sich fast ausschließlich in ihrer gesprochenen Form ab. So lassen sich am Vulgärlateinischen Entwicklungen feststellen, die sich in den romanischen Sprachen fortsetzen:
   - das Neutrum als Nominalform verschwindet, z. B. *caelus* (*Sat.* 45,3) statt *caelum*, vgl. il cielo (it.); *lactem* (*Sat.* 71,2) statt *lac*, vgl. il latte (it.), le lait (frz.)
   - das Pronomen *ille* gewinnt an Bedeutung und entwickelt sich schließlich zu Artikel und Personalpronomen, z. B. *quid ille, qui libertini loco iacet ...* (*Sat.* 38,11), vgl. le, la, les (frz. Artikel); il, la, i (it. Artikel)
   - Deminutiva treten an die Stelle der ursprünglichen Nominalformen z. B. *homuncio* (*Sat.* 34,7) statt *homo*, vgl. *auris* (lat.) - *auriculum* (lat.; Deminutivum) - orecchio (it.), oreille (frz.)
   - Deponentien und synthetische Formen der Passivbildung sterben aus, z. B. *loquis* (*Sat.* 46,1) statt *loqueris*, vgl. *mori* (lat.) - morire (it.), mourir (frz.); *cantavi* - *habeo cantatum* (lat.) - j'ai chanté (frz.), ho cantato (it.)
   - der AcI wird ersetzt durch mit *quia* oder *quod* eingeleitete Nebensätze, z. B. *sed subolfacio, quia nobis epulum daturus est* (*Sat.* 45,10), vgl.: che (it.), que (frz.)

Zum Vulgärlatein vgl. auch S. 74f.

Alliteration	Wiederholung des Anlauts bei aufeinander folgenden Wörtern → Betonung durch akustischen Reiz	*indormis inhians* (Kap. 4, T8, Z. 4)
Anapher	Wiederholung eines Wortes bzw. einer Wortgruppe am Anfang von Sätzen oder Satzteilen → Verdeutlichung	***Quid** mihi **prodest** philosophia, **si** fatum est? **Quid prodest, si** deus rector est? **Quid prodest, si** ...* (Kap. 2, T5, Z. 27f.)
Antithese	Gegensatz → Verdeutlichung wesentlicher Begriffe bzw. Themen	*non in verbis, sed in rebus est* (Kap. 2, T5, Z. 19) *seu ratio dederit, seu fors obiecerit* (Kap. 4, T7, Z. 2)
Asyndeton	Unverbundene Nebeneinanderstellung von Wörtern oder Sätzen, die nur durch Kommas getrennt werden → nachdrückliche Betonung	*Alius libidini servit, alius avaritiae, alius ambitioni, omnes spei, omnes timori.* (Kap. 2, T8, Z. 31f.)
Chiasmus	Über-Kreuz-Stellung von Wortgruppen → Betonung eines Gegensatzes durch Gegenüber- bzw. Randstellung der aufeinander bezogenen Kontrastbegriffe	*dabo consularem* (A) *aniculae* (B) *servientem, dabo ancillulae* (B) *divitem* (A) (Kap. 2, T8, Z. 32f.) *cita* (A) *mors* (B) *venit aut victoria* (B) *laeta* (A) (Kap. 4, T7, Z. 8)
Ellipse	Auslassung eines vom Sinn her selbstverständlichen Wortes → Prägnanz und Schwung	*„Servi sunt." Immo homines <sunt>.* (Kap. 2, T8, Z. 4)
Enallage	Bezugsvertauschung → stärkere Anschaulichkeit, Weckung von Assoziationen	*dente superbo* (Kap. 4, T6, Z. 10) hier ist nicht der Zahn hochmütig, sondern sein Träger
Enumeratio	oft asyndetische Aufzählung einer Vielzahl von Beispielen → Unterstreichung eines Arguments durch Fülle	*neque dira venena nec hosticus auferat ensis nec laterum dolor aut tussis nec tarda podagra* (Kap. 4, T2, Z. 11f.)
Exclamatio	Ausruf → emphatische Betonung	*o rus* (Kap. 4, T5, Z. 29)
Hendiadyoin	„Eins durch Zwei": Anstatt durch ein Adjektiv wird ein Substantiv durch ein mit „und" angehängtes zweites Substantiv präzisiert: Bemühungen und Fehler ~ fehlerhafte Bemühungen → Klarheit, Betonung	*Necesse est deorum consilio et providentia administrari.* (Kap. 1, T9, Z. 33f.)
Hyperbaton	Trennung grammatisch zusammengehöriger Wörter → besondere Betonung der einrahmenden oder eingerahmten Wörter; gedankliche Klammer	*sustinendi muneris propter inbecillitatem difficultas* (Kap. 1, T9, Z. 19); *multo iam fractus membra labore* (Kap. 4, T7, Z. 5)
Hyperbel	Übertreibung → Hervorhebung; oft ironisch	*aliena negotia centum* (Kap. 4, T5, Z. 23); *dulcissime rerum* (Kap. 4, T1, Z. 4)
Ironie	„Verstellung": das Gemeinte tritt im Gewand des Gegenteils auf → Witz, Verspottung	*parcere sacris* (Kap. 4, T8, Z. 4)
Klimax	stufenweise Steigerung, meist in Dreierformel → starke Betonung v.a. des letzten Begriffs, Beeindruckung der Zuhörer	*libris, somno, inertibus horis* (Kap. 4, T5, Z. 30); *tempora quaeram, occurram in triviis, deducam* (Kap. 4, T3, Z. 16f.)
Litotes	Verneinung des Gegenteils → Verstärkung	*civilis officii non ignarus* (Kap. 1, T5, Z. 6f.); *nec non verniliter* (Kap. 4, T6, Z. 31)
Metapher	übertragene, meist bildhafte Verwendung eines Begriffes → Veranschaulichung, Konkretisierung	*me in arcem removi* (Kap. 4, T5, Z. 6); *me sub cultro linquit* (Kap. 4, T4, Z. 14f.)

Metonymie	„Begriffsvertauschung": Das eigentliche Wort wird durch ein anderes ersetzt, das zu ihm in einer logischen Beziehung steht, häufig als *pars pro toto* → meist konkretisierend und Assoziationen weckend	*ante Larem proprium* (Kap. 4, T5, Z. 35), Hausgottheit steht für das gesamte Haus
Oxymoron	„scharfsinniger Unsinn": Verbindung sich vordergründig widersprechender Begriffe zu einer (griffigen) Einheit → Verblüffung, Nachdenklichkeit	*aiebam tacitus* (Kap. 4, T1, Z. 12)
Parallelismus	parallele Abfolge von Wortgruppen → Hervorhebung gegenübergestellter Begriffe, oft in linearem Gedankengang, teils antithetisch	*seu ratio dederit, seu fors obiecerit* (Kap. 4, T7, Z. 2); *tamquam parcere sacris – tamquam gaudere tabellis* (Kap. 4, T8, Z. 4f.)
Paronomasie	Wortspiel, das auf einer Klangähnlichkeit beruht → Betonung durch akustischen Reiz	*nec magis his aliena malis* (Kap. 4, T3, Z. 8)
Polyptoton	Wiederholung eines Substantivs oder Adjektivs mit verändertem Kasus → Betonung	*murem mus; veterem vetus* (Kap. 4, T6, Z. 3f.)
Polysyndeton	Durch *et* verbundene Reihung von Wörtern oder Sätzen → nachdrückliche Betonung, „Einhämmerung"	*Et in sermonem illum admitte et in consilium et in convictum!* (Kap. 2, T8, Z. 28f.)
Rhetorische Frage	Frage, auf die eine Antwort nicht erwartet wird, da sie vorausgesetzt ist → Einbezug des Adressaten, teils lenkend, manipulativ	*Quomodo autem revocari ad salutem possunt, quos nemo retinet?* (Kap. 2, T6, Z. 33f.)
Trikolon	Dreigliedrigkeit, oft verbunden mit Klimax und Asyndeton → emphatische Verstärkung	*fures, incendia, servos* (Kap. 4, T8, Z. 10)
Vergleich	Gegenüberstellung zweier Gegenstände mithilfe der Vergleichspartikel „wie" (*ut*) → Veranschaulichung	*Tibi nos, ut antea magna ex parte, sic nunc penitus totosque tradimus.* (Kap. 1, T2, Z. 16f.)

Grundwissen: Metrik

Die römischen Dichter beachteten beim Bau ihrer Verse strenge Regeln. Es gibt verschiedene Versformen, die durch eine bestimmte Abfolge von langen (–) und kurzen (⏑) Silben definiert sind.

Der Hexameter (gr. „Sechsmaß") besteht aus sechs Versfüßen. Bei Versfuß 1-4 hat der Dichter die Auswahl zwischen Daktylus (–⏑⏑) und Spondeus (– –), Versfuß 5 ist meistens ein Daktylus, Versfuß 6 besteht aus zwei Silben (–⏑ oder – –). Die letzte Silbe, *syllaba anceps*, ist lang (–) oder kurz (⏑).

–⏔ | –⏔ | –⏔ | –⏔ | –⏑⏑ | –⏒
1 2 3 4 5 6

Der Pentameter (gr. „Fünfmaß") besteht aus zwei Halbversen von der Grundform –⏑⏑–⏑⏑–. Nur im ersten Halbvers können die Daktylen durch Spondeen ersetzt werden. Der Vers wird durch eine Zäsur (||) in zwei Hälften geteilt.

–⏔ | –⏔ | – || –⏑⏑ | –⏑⏑ | ⏒
1 2 3 4 5

Die Satiren des Horaz sind im Hexameter verfasst. Catull verwendete für seine Gedichte unter anderem den iambischen Trimeter (*Carm.* 29), den Hendekasyllabus (*Carm.* 32, 49) und eine Kombination aus Hexameter und Pentameter - das elegische Distichon (*Carm.* 93, 105).

Zur Metrik und metrischen Analyse vgl. auch S. 110f.

Eigennamenverzeichnis

Achillēs, is	bedeutendster Held der Griechen vor Troja
Adōneus, ī	Adonis, Geliebter der Aphrodite
Aenēās, ae	Sohn des Anchises und der Venus; trojanischer Held und Stammvater Roms bzw. der julischen Familie; nach ihm werden die Römer von Lukrez als Äneaden benannt
Agamemnō, ŏnis	König von Mykene, Bruder des Menelaos, oberster Feldherr der Griechen vor Troja; in der *Cena* Gast des Trimalchio, Redelehrer
Aiāx, ācis	griechischer Held vor Troja
Antiochus, ī	Antiochos von Askalon; Philosoph der jüngeren Akademie; Lehrer Ciceros
Antisthenēs, is	griechischer Philosoph, Schüler des Sokrates, Gründer der Schule der Kyniker
Antōnius, ī	Marcus Antonius (83-30 v. Chr.); lässt Cicero als Triumvir zusammen mit Oktavian auf die Proskriptionsliste setzen
Apollō, inis	griechischer Gott der Dichtung, Musik und Weissagung
Arellius, ī	reicher Grundbesitzer
Aristotelēs, is	griech. Philosoph (384-322 v. Chr.); Schüler Platons; Erzieher Alexanders des Großen; Gründer des Peripatos → GW, S. 144
Armeniī, ōrum	die Armenier; Bewohner des Landes links und rechts des Euphrats
Ascyltos, ī	Gefährte und Rivale des Ich-Erzählers Enkolp
Atticus, ī	Titus Pomponius Atticus (109-32 v. Chr.); römischer Ritter; wohl bester Freund Ciceros
Balbus, ī	Quintus Lucius Balbus; vertritt in Ciceros *De natura deorum* die stoische Position

Caesar, aris	Gaius Julius Cäsar (100–44 v. Chr.); römischer Politiker und Schriftsteller; 44 v. Chr. an den Iden des März als Diktator ermordet
Cassandra, ae	trojanische Seherin
Catō, ōnis (1)	Marcus Porcius Cato (234–149 v. Chr.) = Cato der Ältere; römischer Politiker und Schriftsteller; Titelheld von Ciceros Dialog *Cato maior de senectute*
Catō, ōnis (2)	Marcus Porcius Cato (95–46 v. Chr.) = Cato der Jüngere; Gegner Cäsars; vertritt in Ciceros *De finibus* die stoische Position
Catullus, ī	Gaius Valerius Catullus = Catull (ca. 84–54 v. Chr.) → S. 126; GW, S. 148
Chrysanthus, ī	verstorbener Bekannter des Seleucus
Chrysippus, ī	stoischer Philosoph aus Soloi in Kilikien; dritter Schulleiter der Stoa → GW, S. 145
Cicerō, ōnis	Marcus Tullius Cicero (106–43 v. Chr.); römischer Politiker und Schriftsteller; 63 v. Chr. Konsul; 43 v. Chr. auf Betreiben von M. Antonius ermordet → S. 8; GW, S. 146
Cotta, ae	Gaius Aurelius Cotta; vertritt in Ciceros *De natura deorum* die Position der Akademie
Crīspinus, ī	Plotius Crispinus, viel schreibender stoischer Philosoph
Croesus, ī	sagenhaft reicher König von Lydien; 546 v. Chr. vom Perserkönig Kyros II. besiegt
Dāma, ae	einer der Freigelassenen unter den Gästen des Trimalchio
Dārēus, ī	König der Perser (336–330 v. Chr.); von Alexander dem Großen besiegt
Dēmocritus, ī	griechischer Philosoph (gest. 361 v. Chr.); Begründer der Atomlehre
Diāna, ae	Diana, römische Mond- und Jagdgöttin
Diodotus, ī	stoischer Philosoph, Lehrer Ciceros
Diogenēs, is	griechischer Philosoph (404–323 v. Chr.); Begründer der Schule der Kyniker
Diomēdēs, is	griechischer Held vor Troja
Echiōn, ōnis	berühmtester der fünf Spartoi, der mythischen Stammväter Thebens; in der *Cena* einer der Freigelassenen unter den Gästen des Trimalchio
Encolpius, ī	Enkolp, Ich-Erzähler des Romans *Satyrica*
Ennius, ī	römischer Dichter (239–169 v. Chr.); Verfasser von Theaterstücken und mit seinen *Annales*, in denen er die römische Geschichte beginnend mit Romulus bis in seine Zeit in Hexametern darstellt, Schöpfer des römischen Epos
Epicūrus, ī	griechischer Philosoph (342–270 v. Chr.); Gründer des Kepos → GW, S. 145f.
Fabius, ī	Zeitgenosse des Horaz, der sich als Philosoph gibt
Fortūna, ae	Fortuna, römische Schicksalsgöttin
Fortūnāta, ae	eine Freigelassene, Ehefrau des Trimalchio
Fuscus Aristius, ī	Freund des Horaz
Ganymēdēs, is	von Zeus geraubter Hirtenjunge; in der *Cena* einer der Freigelassenen unter den Gästen des Trimalchio
Gitōn, ōnis	Freund des Ich-Erzählers Enkolp
Habinnas, ae	Gast des Trimalchio, Steinmetz
Hecuba, ae	Königin von Troja; nach dessen Untergang Sklavin des Odysseus
Helena, ae	Ehefrau des Spartanerkönigs Menelaos
Herculēs, is	größter Held der griechischen Mythologie; Ideal männlicher Tugend; vollbringt mit seinen zwölf Arbeiten übermenschliche Taten und wird schließlich in den Olymp aufgenommen

Hermerōs, otis	Gast des Trimalchio
Homērus, ī	Homer, ältester griechischer Dichter
Horātius, ī	Quintus Horatius Flaccus = Horaz (65-8 v. Chr.); römischer Dichter → S. 104; GW, S. 148
Hortēnsius, ī	Quintus Hortensius Hortalus (114-50 v. Chr.); berühmter röm. Redner; nach ihm benannte Cicero seine philosophische Schrift *Hortensius*
Iānus, ī	römischer Gott des Anfangs und des Endes
Iphigenīa, ae	Tochter Agamemnons
Īsocratēs, is	berühmter athenischer Redner (436-338 v. Chr.)
Iuppiter, Iovis	Jupiter (Zeus), Göttervater
Iuvenālis, is	Decimus Iunius Iuvenalis = Juvenal (ca. 60-140 n. Chr.); römischer Satiriker
Laelius, ī	Gaius Laelius Sapiens (2. Jh. v. Chr.); Freund des jüngeren Scipio; Titelheld von Ciceros Dialog *Laelius de amicitia*
Lepidus, ī	Marcus Aemilius Lepidus (gest. 13 v. Chr.), schloss nach der Ermordung Cäsars 43 v. Chr. zusammen mit Oktavian und Antonius das zweite Triumvirat
Libitīna, ae	römische Göttin der Begräbnisse
Lucilius, ī	Freund Senecas, Adressat seiner *Epistulae morales*
Lucretius, ī	Titus Lucretius Carus (ca. 98-55 v. Chr.); römischer Dichter; Verfasser des epikureischen Lehrgedichts *De rerum natura*
Maecēnās, ātis	Gaius Cilnius Maecenas (ca. 70-8 v. Chr.), Vertrauter und Berater des Kaisers Augustus, Förderer junger Dichter → S. 105; GW, S. 149
Māmurra, ae	römischer Offizier, Günstling Cäsars
Mārs, tis	römischer Kriegsgott
Mārtiālis, is	Marcus Valerius Martialis = Martial (ca. 40-98 n. Chr.); römischer Epigrammdichter
Mātūtīnus, ī	römischer Gott des frühen Morgens
Menelāus, ī	Bruder des Agamemnon, in der *Cena* Gast des Trimalchio, Assistent des Redelehrers Agamemnon
Menippus, ī	griechischer Philosoph (ca. 330-260 v. Chr.), Vertreter der Schule der Kyniker
Menophila, ae	Ehefrau des Philargyros
Mercurius, ī	Merkur, römischer Gott des Handels, Götterbote
Nerō, ōnis	Tiberius Claudius Nero; römischer Kaiser von 54-68 n. Chr.
Petrōnius, ī	Gaius Petronius Arbiter = Petron → S. 60f.; GW, S. 149f.
Philargyros, ī	Sklave des Trimalchio
Philēros, ōnis	einer der Freigelassenen unter den Gästen des Trimalchio
Philō, ōnis	Philon von Larissa (159/8-84/3 v. Chr.), akademischer Philosoph
Pindarus, ī	Pindar (ca. 522/518-445 v. Chr.), bedeutender griechischer Dichter
Platō, ōnis	griechischer Philosoph (427-347 v. Chr.), Schüler des Sokrates → GW, S. 144
Pompēius, ī	Gnaeus Pompeius Magnus (106-48 v. Chr.); römischer Politiker; zunächst Partner, dann Widersacher Cäsars im Kampf um die Vorherrschaft in Rom
Pythagorās, ae	griechischer Philosoph und Mathematiker (um 540 v. Chr.); Gründer der Schule der Pythagoreer
Safinius, ī	Lokalpolitiker, erwähnt in der *Cena*

Sallustius, ī	Gaius Sallustius Crispus (86–34 v. Chr.); römischer Geschichtsschreiber; Verfasser der Monographien *Coniuratio Catilinae* und *Bellum Iugurthinum*
Scintilla, ae	Gast des Trimalchio, Ehefrau des Steinmetzes Habinnas
Seleucus, ī	vornehmer Makedone, Gründer des seleukidischen Reiches; in der *Cena* einer der Freigelassenen unter den Gästen des Trimalchio
Seneca, ae	Lucius Annaeus Seneca (ca. 0–65 n. Chr.) = Seneca der Jüngere; römischer Philosoph und Schriftsteller → S. 36f.; GW, S. 147
Sōcratēs, is	griechischer Philosoph (470–399 v. Chr.) → GW, S. 144
Tantalus, ī	mythischer König von Phrygien, der für seine Freveltaten damit bestraft wurde, dass er, obwohl er im Wasser stand und Früchte vor sich hängen sah, nicht trinken und essen konnte, weil die Nahrung zurückwich
Tarentīni, ōrum	Einwohner der griechischen Hafenstadt Tarent
Trimalchiō, ōnis	zu immensem Reichtum aufgestiegener Freigelassener, Gastgeber der *Cena*
Trōiāni, ōrum	Trojaner
Varius, ī	Lucius Varius Rufus, Dichter aus dem Mäcenaskreis, Freund des Horaz
Vergilius, ī	Publius Vergilius Maro (70–19 v. Chr.) = Vergil; römischer Dichter, Verfasser der Äneis
Viscus, ī	Freund des Horaz
Zēnō, ōnis	Zenon von Kition (ca. 334–262 v. Chr.), stoischer Philosoph, Begründer der stoischen Schule

Cicero

1. Textausgaben und Übersetzungen

Cicero. Über das Fatum. De fato. Lat. - dt. übers. und hg. von K. Bayer, München - Zürich 1963

Cicero. Cato der Ältere. Über das Alter - Laelius. Über die Freundschaft. Lat. - dt. übers. und hg. von M. Faltner. Lit.-Hinweise von G. Fink, München - Zürich, Neuausgabe 1988

Cicero. Über die Wahrsagung. De divinatione. Lat. - dt. übers. m. Einf. von Chr. Schäublin, München - Zürich 1991

Cicero. Über die Ziele menschlichen Handelns. De finibus bonorum et malorum. Lat. - dt., übers. u. erläut. von O. Gigon u. L. Straume, München - Zürich 1988

Cicero. Vom Wesen der Götter. Lat. - dt. hg. von W. Gerlach u. K. Bayer, München - Zürich [3]1990

Cicero. Vom rechten Handeln. - De officiis. Lat. - dt. hg. von K. Büchner, München - Zürich [3]1987

Cicero. Gespräche in Tusculum. Lat. - dt. hg. von O. Gigon, München - Zürich [5]1984

2. Allgemeine Literatur

Fuhrmann, M.: Cicero und die römische Republik, Düsseldorf - Zürich [4]1997

Giebel, M.: Cicero, Hamburg [9]1993

Stroh, W.: Cicero, Redner, Staatsmann, Philosoph, München 2008

3. Erzählende Literatur / Film / Hörbuch

Harris, R.: Imperium, München 2006

ders.: Titan, München 2009

Seneca

1. Textausgaben und Übersetzungen

Seneca. Die kleinen Dialoge. Lat. - dt. hg. u. übers. von G. Fink. Mit Einf. 2 Bde., München - Zürich 1992

Seneca. Epistulae morales - Briefe an Lucilius über Ethik. Lat. - dt. hg. von F. Loretto (B.1 - 5;14) u. R. Rauthe (B. 6 - 13), Stuttgart 1977ff.

2. Allgemeine Literatur

Fuhrmann, M.: Seneca und Kaiser Nero, Berlin 1997

Giebel, M.: Seneca, Hamburg 1997

Hossenfelder, M.: Die Philosophie der Antike 3. Stoa, Epikureismus und Skepsis, München 1985

Maurach, G.: Seneca. Leben und Werk, Darmstadt [3]2000

ders.: Geschichte der römischen Philosophie, Darmstadt [3]2006

Ries, W.: Die Philosophie der Antike, Darmstadt 2005

3. Erzählende Literatur / Film / Hörbuch

De Crescenzo, L.: Die Zeit und das Glück, München 2002

Schönegg, B.: Der Tod des Seneca, Stuttgart 2001

Horaz

1. Textausgaben und Übersetzungen

Horatius, Opera, hrsg. von D.R. Shackleton Bailey, Stuttgart 1985

Horaz, Sermones / Satiren, lt. - dt., hrsg. und übers. von K. Büchner, 1972

2. Allgemeine Literatur

Holzberg, N.: Horaz, München 2009

Knoche, U.: Die römische Satire, Göttingen [3]1971

Lefèvre, E.: Horaz. Dichter im augusteischen Rom, München 1993

Petron

1. Textausgaben und Übersetzungen

Petronius, Satyrica. Schelmenszenen, lt. - dt., hrsg. und übers. von K. Müller und W. Ehlers, München ^{3}1983

Petronius, Satyricon oder die Begebenheiten des Enkolp, übers. von W. Heinse, Frankfurt a.M. 1980

2. Allgemeine Literatur

Hofmann, J. B.: Lateinische Umgangssprache, Heidelberg 1978

Holzberg, N.: Der antike Roman. Eine Einführung, Darmstadt ^{3}2006

Langosch, K.: Profile des lateinischen Mittelalters, Darmstadt 1965

Leonhardt, J.: Latein. Geschichte einer Weltsprache, München 2009

Lobe, M.: Von Seifen- und Spekulationsblasen, Forum Classicum 1 (2010)

Palmer, L. R.: The Latin Language, Bristol 1954

Schareika, H.: Die alten Römer bitten zu Tisch, Stuttgart 2007

Seidl, Ch. / Wirth, Th.: Unsere Sprachen sind vielfältiger als wir meinen. Ein Plädoyer für einen realitätsnahen Sprachunterricht, Forum Classicum 4 (2008), 220ff.

Weeber, K.-W.: Die Weinkultur der Römer, Zürich 1993

ders.: Alltag im Alten Rom, Das Leben in der Stadt, Zürich 1995

ders.: Alltag im Alten Rom, Das Landleben, Zürich 1995

ders.: Luxus im Alten Rom, Darmstadt 2003

3. Erzählende Literatur / Film / Hörbuch

Fellini, F.: Satyricon, 1969 (DVD 2008)

Harris, R.: Pompeji, München 2005

LeRoy, M.: Quo vadis, 1951 (DVD 2008)

Satyricon, gelesen von H. Qualtinger (CD 2010)

Catull

1. Textausgaben und Übersetzungen

Catull. Gedichte lt. - dt., hrsg. und übers. von W. Eisenhut, München / Zürich ^{9}1986

Catull. Sämtliche Gedichte. lt. - dt., hrsg. und übers. von M. v. Albrecht, Stuttgart 1995

2. Allgemeine Literatur

Holzberg, N.: Catull. Der Dichter und sein erotisches Werk, München 2002

Kroll, W.: Catull. Herausgegeben und erklärt, Stuttgart ^{7}1989

Syndikus, H. P.: Catull. Eine Interpretation I-III, Darmstadt 2001

Weiß, D.: Catull, c. 8 und der Übersetzungsvergleich, Pegasus-Onlinezeitschrift 7/1, 2007, S. 57ff.

3. Erzählende Literatur / Film / Hörbuch

Wilder, Th.: Die Iden des März, Frankfurt a.M. ^{5}2004

Abkürzungen

A	Aufgabe	FW	Fremdwort
Abb.	Abbildung	G	Grammatikwiederholung
Ad fam.	Ad familiares	GW	Grundwissen
Ann.	Annales	i	Informationstext
Bsp.	Beispiel	*K.*	Konstruktion
Carm.	Carmina	Kap.	Kapitel
Cat.	De coniuratione Catilinae	L	Lehnwort
De amic.	De amicitia	LW	Lernwortschatz
De div.	De divinatione	M	Material
De fin.	De finibus bonorum et malorum	*Rer. nat.*	De rerum natura
De ira	De ira Dei	*Sat.*	Satyrica
De nat.	De natura deorum	*Serm.*	Sermones
De off.	De officiis	T	Text
De senect.	De senectute	*Tusc. disp.*	Tusculanae disputationes
Ep.	Epigramm	W	Wiederholungswortschatz
Ep. mor.	Epistulae morales	Z.	Zeile
EV	Eigennamenverzeichnis		

Bildnachweis

akg-images, Berlin - S. 17, 67, 95, 101, 104, 105, 119, 126, 132; / Album Oronoz - S. 37; / Bildarchiv Steffens - S. 128; / British Library - S. 45; / Peter Connolly - S. 69; / De Agostini Pic. Lib. - S. 62; / Tristan Lafranchis - S. 77, 97; / Erich Lessing - S. 8, 43, 45, 70, 91, 93, 133; / Gilles Mermet - S. 71; / Nimatallah - S. 11, 99; / Schütze - S. 15; / Sotheb's - S. 130; Archäologisches Institut der Universität Göttingen / Stephan Eckardt, Göttingen - S. 25; Burkard Biesenbach-Klein, Windeck - S. 51; Bildarchiv Cinetext, Frankfurt - S. 65; Bildarchiv Cinetext / Bildarchiv Richter - S. 60; CartoonStock, Bath Somerset - S. 23; dpa Picture Alliance / GODONG, Michael Gounot Frankfurt - S. 47; / The Advertising Archives - S. 125; Matthias Emde, Frankfurt - S. 31; Fotolia - S. 73; Fotolia / Mikael Damkier - S. 123; Fotolia / ml - S. 81 (2); Ideenmanufaktur, Dortmund - S. 30; Luciano Pedicini, Neapel - Einband; PETRONIUS SATYRICON, Anaconda Verlag GmbH, Köln - S. 103; PETRONIUS SATYRICON, London House, Surrey - S. 103; Photo Scala / Courtesy of the Ministro Beni e Att. Culturali, Florenz - S. 55; Photo Scala / White Images - S. 115; Preußischer Kulturbesitz - S. 67, 79; / Antikensammlung / SMB, Ingrid Geske; Berlin - S. 63, 109; / Antikensammlung / SMB, Jutta Tietz-Glagow - S. 73; / Hermann Buresch - S. 33; / Herbert Kraft - S. 89; / Kupferstichkabinett, SMB / Jörg P. Anders - S. 83; / Johannes Laurentius - S. 59; / Joseph Martin - S. 87; / Münzkabinett, SMB / Reinhard Sczewski - S. 79; / Nationalgalerie im Hamburger Bahnhof, SMB Jörg P. Anders - S. 121; / Scala - S. 131; / Scala, Courtesy of the Ministro Beni e Att. Culturali - S. 67; The Bridgeman Art Library, Berlin - S. 105; The Bridgeman Art Library / Private Collection - The Stapleton Collection - S. 34; Cena Trimalchionis, Gastmahl bei Trimalchio, Deutscher Taschenbuch Verlag, München - S. 103; Verlagsarchiv - S. 85 (3), 107, 117; VG Bild-Kunst, Bonn 2013 - S. 119; www.bildung-mv.de - S. 53; www.wikipedia.org - S. 57, 80.

Übersicht

Jahr	Epoche	geschichtliche Ereignisse	geschichtliche Persönlichkeiten
150	KAISERZEIT		
			Hadrian
100		Pantheon	Trajan
		Titusbogen	Domitian
		Kolosseum	Titus
			Vespasian
50		Brand Roms	Nero
			Claudius
			Caligula
14			Tiberius
0		Ara Pacis	Augustus ← Octavian
31	RÖMISCHE REPUBLIK		Octavian ↔ Marcus Antonius
50		Bürgerkriege	
			Cäsar ↔ Pompeius
100			Marius ↔ Sulla
			Gracchen ↔ Scipio Minor
200		Eroberung Karthagos und Griechenlands	
			Scipio Maior ↔ Hannibal
300			
400		Eroberung Italiens	Camillus ↔ Veji
500		Vertreibung der Könige	Brutus ↔ Tarquinier
600	KÖNIGSZEIT		Tarquinius Superbus
700		Gründung Roms	Romulus